現代流通事典

［第3版］

監修／坂爪浩史
編集／日本流通学会

JN005634

東京 白桃書房 神田

まえがき

　今日，インターネットを中心とする情報化は社会の隅々に浸透し，社会のあり方そのものを大きく変えつつある。その過程で，これまで脇役であったIT関連産業は情報化社会の主役に躍り出て，ついにはその影響力の巨大さから，社会的な規制が求められる段階に至っている。加えて，2020年に世界に拡散した新型コロナウイルス，さらには2022年に突如始まったロシアによるウクライナ侵攻は，世界全体を強く揺さぶっている。それは外国人を含む観光需要や外食需要の一時的「蒸発」によるサービス業への打撃，物流上の混乱，原油・農産物需給の逼迫などとして，現代の流通にも極めて大きな影響を及ぼしている。

　こうした現実社会の目まぐるしい転回に日々，対応するばかりではなく，その背景や要因，メカニズムを正しく分析，理解する冷徹な視点と，その基盤となる理論に対する社会的な要請も高まっている。本学会は，現代流通分野を広い視野から学際的に研究する学会，歴史・理論・政策など総合的に流通分野に科学の光をあてる学会として，1987年に設立された組織である。本書の初版本はその目的のため，2006年に当時の加藤義忠会長の下，企画・刊行されている。

　本書（第3版）は，本学会設立35周年を記念して企画されたものである。当初は微修正による刊行の案もあったが，初版から15年を経過し，当時の中心メンバーの多くも現役を引退され，さらには逝去された方も少なくなかった。そこで，正副会長会議を開催して全面改訂の方針を決定し，第2版の10の分野（基礎理論，マーケティング，小売業，卸売業，サービス業，ロジスティクス，農水産物流通，消費・協同組合，流通政策，流通のIT化）はほぼ引き継ぎつつ，それぞれの責任者を新たに選考することになった。

　分野責任者となったのは井上真里（中央大学），原田将（明治大学），木下明浩（立命館大学），田中彰（京都大学），吉村純一（駒澤大学），中嶋嘉孝（拓殖大学），森脇丈子（流通科学大学），佐々木保幸（関西大

学），井上善美（淑徳大学）の各氏であり，それぞれの分野内における項目の再検討，執筆者の選定，依頼，原稿収集などの実務を担当して頂いた。

　その結果，本事業に参集した執筆陣は113名に達し，このうち55名，ほぼ半数が新たに執筆者となった。また，全147項目のうち3割に当たる44項目のタイトルが新たなものになり，継続となった項目を含め，内容は全面的に更新されている。これら膨大な編集作業を統括したのは，副会長・企画委員長の宮崎卓朗氏（佐賀大学）である。本書がこうして陽の目を見ることができたのは，同氏を始め，分野責任者ならびに全執筆者のご尽力の賜であり，心から謝意を表したい。

　新装成った本事典が，研究者，学生・院生のみならず，実業界で働く多くの人々の目にとまり，活用されることを切に願う。一読されてお気づきの点があれば，ぜひとも遠慮なくご指摘頂きたいと思う。今回の経験を踏まえると，本事典の改訂作業は10年ごとに行うのが適当と考えられる。寄せて頂いたご意見等は必ず，次の改訂作業の参考にし，本事典が長く愛され続けるものになることを祈念したい。

　最後になったが，全面改訂をともなう本事典第3版の出版をこころよくお引き受けくださった白桃書房代表取締役社長大矢栄一郎氏に，衷心よりお礼申し上げたい。

　　2022年12月吉日

日本流通学会会長

坂爪　浩史

執筆者一覧

(50音順。★は分野責任者〔 〕内の数字は担当分野）を表す。)

秋 川 卓 也（日本大学）

粟 島 浩 二（県立広島大学）

李 旻 泰（中央大学）

池 澤 威 郎（阪南大学）

石 橋 貞 男（元・和歌山大学）（故人）

磯 村 昌 彦（名古屋外国語大学）

伊 藤 祥 子（北海道大学非常勤講師）

★井 上 真 里（中央大学）〔2〕

★井 上 善 美（淑徳大学）〔10〕

岩 尾 詠一郎（専修大学）

薄 井 和 夫（埼玉大学名誉教授）

遠 藤 元（大東文化大学）

太 田 真 治（中京大学）

太 田 壮 哉（近畿大学）

大 野 哲 明（駒澤大学）

大 吹 勝 男（元・駒澤大学）

大 藪 亮（岡山理科大学）

小 熊 仁（高崎経済大学）

小 沢 道 紀（立命館大学）

小 野 雅 之（摂南大学）

加賀美 太 記（阪南大学）

葛 西 恵里子（大阪学院大学）

加 藤 義 忠（関西大学名誉教授）
　　　　　　（故人）

唐 沢 龍 也（関東学院大学）

河 田 賢 一（常葉大学）

河 田 祐 也（熊本学園大学）

川 野 訓 志（専修大学）

川 端 庸 子（埼玉大学）

川 辺 亮（農都共生総合研究所）

菊 池 一 夫（明治大学）

木 立 真 直（中央大学）

★木 下 明 浩（立命館大学）〔3〕

金 度 淵（大阪商業大学）

キム リーナ（常葉大学非常勤講師）

草 野 泰 宏（名桜大学）

久 保 康 彦（相模女子大学）

侯 利 娟（九州産業大学）

小谷 健一郎（千葉商科大学）

小 林 富 雄（日本女子大学）

近 藤 充 代（元・日本福祉大学）

今 野 聖 士（名寄市立大学）

齋 藤 文 信（高崎健康福祉大学）

齋 藤 雅 通（立命館大学）

★坂 爪 浩 史（北海道大学）〔7〕

佐久間 英 俊（中央大学）

佐々木 悟（旭川大学名誉教授）

★佐々木 保 幸（関西大学）〔9〕

佐 藤 和 憲（東京農業大学）

佐 藤 信（北海学園大学）

塩 見 英 治（中央大学名誉教授）

清水池 義 治（北海道大学）

下 門 直 人（京都橘大学）

鐘 淑 玲（東京工業大学）

凡　例

1. 各項目の末尾に括弧書きで書かれている人名は項目執筆担当者を指す。

2. 専門用語は，事典全体で一貫させるため，できるだけ統一した。それぞれの専門分野では異なる呼称もあるが，読者の利便性を優先した。

3. 外国人名は，姓をカタカナ表記し，その後に括弧書きで原綴りを付けた。

4. 外国語の簡略語は，初出の時だけ簡略語を先に書き，直後に括弧書きで日本語名あるいは外国語表記を入れた。日本語名が一般化している場合にはできるだけ日本語名を使用している。

5. 索引項目については，「PB」と「プライベート・ブランド」など，どちらも一般に使用される用語は両方とも掲示したが，場合によっては一方のみのこともあるので類推して検索してもらいたい。

6. 関連する内容が他の項目にもある場合は，文中に「☞1-1」の形で示している。

目　次

3 小売業

4 卸売業

5 サービス業

6 ロジスティクス

7 農林水産物流通

8 消費・協同組合

9 流通政策

10 流通の情報化

1 基礎理論

1-1 商品流通

　商品流通とは，簡単にいえば商品の流れいく有様のことであり，売り手が買い手に商品を引き渡すという行為を，物である商品という物体に即して叙述した概念である。商品と貨幣が当事者間で交換され，その結果として商品は人から人へと流れていく。このとき，手から手へと渡されることもあれば，倉庫に保管されて，さらにトラックなどで輸送されるということもあろう。商品生産者である A は，商業資本家である B に商品を引き渡す。B は A にたいして，商品代金を貨幣形態で引き渡す。商品は A から B に流通し，貨幣は B から A に逆向きに通流する。

　ここで，W（ドイツ語で商品を示す Ware の頭文字）を商品とし，G（ドイツ語で貨幣を示す Geld の頭文字）を貨幣とすれば，商品生産者が生産した商品を B に売却し，得た貨幣で，自分の欲望対象物の商品を購入して，そのあとに消費したとしよう。

　……生産……W——G——W……消費……という図式で，A にとっての時間の流れを商品流通を中心にして表現できる。

　つぎに，物質がどのように，循環して流れていくかを例示してみよう。自然界——生産界——流通界——消費界——自然界という順番で，その物質循環が，自然界から開始され，結局は自然界に還元していく。資本主義は，初期においては環境破壊的に商品流通を実現してきたが，徐々に，環境と調和を取りつつ，商品流通を埋め込むように進化してきた（☞2-5，6-7）。たとえば，環境を破壊する現象は，商品流通の図式を前後に拡大して，以下のように考察することができる。

　消費界から排出されるであろうゴミとしての廃棄物が，自然界に還元される際に，自然界とうまく融和しえないという側面が自然破壊の一面である（☞8-7）。さらには，生産の資源を自然界から獲得する際に，自然界のもつ復元力を超えて，人間の欲望の大きさを優先的に充足するために，人間の世界（人間界）に移すということであり，資源を枯渇させた時点で，経済活動はデッドロックに遭遇する。さらには，生産活動や

消費活動で副産物として，外部不経済を誘発させるということとして表現できる。たとえば，自動車をつくるときに有害物質をばら撒いたら，これは外部不経済であるし，消費するときに騒音や排気ガスを撒き散らせば，これもまた外部不経済である。

　商品所有者が，商品流通の起点になって，商品を販売するという形式に類似したものとして，労働力の商品化が存在する。

労働力商品の流通と循環

労働力という商品（資本家が消費する）W_1	賃金生活手段の購入資金G	最終消費財の購入とその家庭内部での消費W_2

　資本主義の社会が成立すると，多くの大衆は，生産手段や生産の技術をもたず，あるいは安く買って高く売るという資本家的な活動を行うだけの資本力を有しない。この時，生存していくためには，何かを商品として交換に提供しなければならない。彼には，自分の自由な時間が自分の健康な肉体の活動可能性とともに存在する。それを必要とするのは，自分の活動を他人の協力で補填しようとする資本家である。労働者は，単純な商品としての労働可能性を時間決めで資本家に譲渡して，報酬としての賃金を入手するのである（☞8-1）。資本家は，G──W──G'（G' は利潤を含んだ貨幣）という価値増殖運動が，労働者は，W_1──G──W_2という商品流通運動が可能となり，資本主義の社会がこの二大階級の相互依存で継続していくのである。　　　　　　　（松尾秀雄）

─────────

KEYWORD

商品，貨幣，生産，消費，物質循環

1-2　流通と商業

　経済とは，人間にとって有用性をもったものを生産・交換・消費する人間と自然の間の物質代謝の過程である。まず，人間は自然に働きかけて有用性をもった生産物（財・サービス）を生産する。そして，その生産物を消費することによって，生命を維持し，再び自然にたいして働きかける労働力を再生する。ただ，生産と消費は，あらゆる社会において直結しなかった。人間の自然にたいする働きかけである人間労働の特徴は，分業や協業といった社会的労働である点にある（☞8-1）。したがって，生産物は社会的に生産されるが，その消費は個人や家族でなされるから，生産物をめぐって生産と消費の間にズレが生じる。そこで，生産と消費の間には，配分や交換が必要となる。生産物を配分したり，生産物を他の生産物と交換したりしなければならない。1つの共同体の中では配分ですべてが処理されうるが，共同体の間では交換が行われた。そして，その交換が共同体内部にも浸透していく。

　しかし，物々交換では効率が悪い。なぜなら，生産物を交換し合うには，お互いが相手のもっている生産物を同時に欲する関係が成立しなければならない。これを「欲望の二重の一致」という。この不便を解消するために，ある1つの生産物を媒介して交換するという形式が発生した。その生産物が貨幣となる。貨幣との交換に提供される生産物は商品と呼ばれる。つまり，1つのある生産物を除いたすべての商品は，まずその1つの生産物との交換を求めるのである。それが成功してその生産物が手に入れば，すべての商品と自動的に交換できる。なぜなら，すべての商品はその1つの生産物との交換を求めているからである。

　生産物の交換は，まず商品を貨幣に交換する（販売する）。そして，その貨幣を商品に交換する（購買する）という2つの取引に分割された。自分の商品が，自分が欲する商品と交換されている点で物々交換と同じだが，お互いに生産物を交換し合っているわけではない。自分の商品はAという人物に買われ，自分はBという人物から商品を買うという形に

変わっている。生産物が貨幣によって買われて，生産部面から消費部面へと商品として流通部面をあたかも流れていくようにみえる。生産物の交換は，貨幣によって商品の流通という形式をとることになった。

生産物の交換が商品流通に変われば，つぎのようになる。生産者は商品を買ってくれる多くの消費者を捜さなければならず，そして貨幣を手にした生産者は今度は消費者として自分の欲しい商品を売っている多くの生産者を捜さねばならない。商品をめぐる生産者と消費者との多くの出会いが，効率よく実現されなければならない。この場合も貨幣の発生と同じで，ある仲介者を媒介にして売買をすれば取引はより容易になる。なぜなら，生産者はある仲介者に1回だけ売ればよく，消費者はある仲介者を捜しだしさえすれば，さまざまな生産者の商品の中から欲しい商品を選んで買うことができるからである。この仲介者が商人であり，仲介行為が商業である。

生産者は商人に売り，消費者は商人から買うことにより，商品流通は商業によってより効率的になされる。商人からみれば，たんに生産者からより安く買い，消費者により高く売っているだけである。そして，そこから獲得する差額の貨幣で生産物をつくらずに生産物を消費できる。しかし，そのことによって社会的には，商人により売買の集中がなされ，いわゆる取引費用が生産者にも消費者にとっても節約されている。そして資本主義経済になると，生産と流通は，それぞれ貨幣増殖をする運動体としての資本の中で行われる。生産物の生産・交換・消費は，資本のもとで商品の生産・流通・消費となり，生産は産業資本により，流通は商業資本によって担われるようになる。　　　　　　　　　（石橋貞男）

KEYWORD

商品，貨幣，取引費用，商業資本，売買の集中

1-3　商業資本の自立化

　商業資本には商品取扱資本と貨幣取扱資本の2つの特殊的形態があるが，今日では後者の機能は銀行資本に吸収されているがゆえに，ここではもっぱら商品取引を業とする前者を商業資本とする。商業資本の自立化とは，産業資本（製造業に投下される資本）の総再生産過程の一段階を形成する流通過程にある商品資本が，それから分離独立して，もっぱら流通過程においてのみ機能する特殊な種類の資本となることである。

　産業資本は，貨幣資本（G）から生産資本（P）へ，生産資本から商品資本（W′）へ，商品資本から貨幣資本（G′）へと価値の形態を変えながら価値増殖する資本である。その運動は

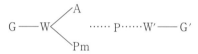

として図式化（A は労働力，Pm は生産手段）される。商業資本は，G——W——G′ という独自の運動形態をとって産業資本の一機能形態である商品資本の機能を特殊な種類の資本の専門の機能として遂行する。つまり，商業資本の本質は産業資本の商品資本であり，その本質的機能は貨幣資本に転形する商品資本の機能である。なぜなら，産業資本家が商人に商品を販売しても，社会的にはいまだ貨幣に転形しておらず，市場において商品資本として存在するのであり，商品資本が貨幣に転形したのはそれを販売した産業資本家にとってにすぎないからである。

　産業資本の一機能形態である商品資本にたいして，特殊な種類の商業資本としての自立した性格を与える契機は，第1に産業資本家が生産した商品が，販売代理者である商人によって販売されることである。第2に，商人が商品買取資本を投下することである。商人は純粋流通費用にも資本を投下するが，商業利潤の取得を目的として再販売する商品の買取に貨幣資本を投下することが商品資本の機能を，特殊な投資の事業として自立化させ，商人は特殊な種類の資本家である商業資本家となるの

である。

　商業資本の自立化の利益である，流通時間の短縮，貨幣準備資本の縮小，純粋流通費用の節約は，つぎの3つの契機によって実現する。第1は，商業資本の自立化は一種の社会的分業であり，この社会的分業そのものから生じる利益である。社会的分業による商業資本の集中は，生産資本としては機能しないが，流通時間の存在ゆえに各産業資本が確保しなければならない貨幣準備の総額を社会的に縮小するのである。さらに，大規模商業資本への売買の集中は，産業資本家の販売時間と購買時間を短縮し，純粋流通費用を節約する。第2は，商業資本による商品販売の専門化による利益である。商業資本家が商品販売を専門の業務として，専門的知識などを発揮し，売り手・買い手のより迅速な発見を可能にし，売り手としての産業資本家の販売時間が短縮されるだけでなく，商業資本家から産業資本家（あるいは最終消費者）への販売時間を短縮することによって，「商品資本そのもの」の貨幣資本への転形を速め，資本の流通時間を短縮するのである。これが，商品資本を本質として，貨幣資本への転形を機能とする自立化した商業資本のもたらす本質的な利益である。第3は，社会的に自立化した存在である商業資本の性格から生じる利益である。商業資本は個別の産業資本の運動に縛られることなく，同種・異種の生産諸部門の複数の産業資本の回転を媒介するがゆえに，多数の産業資本が確保すべき貨幣準備を縮小代位するのである。ちなみに，この契機によっては直接には流通時間が短縮されることはない。

　商業資本は価値も剰余価値も創造せず，その実現を媒介するにすぎないが，資本の流通時間の短縮をもたらし，その回転を速めることによって価値増殖を増大させると同時に貨幣準備および純粋流通費用を社会的に節約することによって一般的利潤率を上昇させる。したがって，商業資本が自立化する根拠は，商業資本の本質である商品資本の機能の遂行のうちに求めねばならないのである。　　　　　　　　　（大吹勝男）

KEYWORD

商品買取資本，純粋流通費用，商業利潤の取得，商業資本の自立化の利益，一般的利潤率

1-4 商業利潤

　資本主義が確立する以前の前期的商業資本は，価格体系の異なる地域間の価格差の利用，あるいは流通経路や市場情報の独占による商品生産者からの割安な商品入手などによって，商業利潤を得たと考えることができる。資本主義的生産が確立・発展すると，国による保護や規制がなくなっていき，また自由な市場競争の中で，価格情報が広く伝わるようになると，そのような利潤源泉は消滅していく。では，資本主義的生産様式のもとでの商業資本の利潤はどう論じられるのであろうか。

　最初に，商業資本の本質は商品売買そのものを媒介する資本であるという点を確認しておこう。実際の商業資本は，運輸・保管など，いわゆる流通に延長された生産，あるいはどのような社会でも必要となる機能をも多かれ少なかれ果たしているが，そのことから商業資本の利潤源泉を規定することはできない。商業利潤は，商品の所有権の移転を媒介するという本質的側面に即して論じなければならない。

　商業資本は G──W──G′（G は貨幣資本，W は商品資本，G′ は利潤を含んだ貨幣資本）すなわち商品を安く購入し，高く販売することによって利潤を得る。もちろん，これを名目的な価格追加から説明することはできない。個別の取引では買い手の損失が売り手の利潤になることは十分ありえるが，そのような説明では，商業資本が総体として利潤を得る根拠は論じられないからである。資本主義的生産のもとでの商業利潤は，産業資本が社会的生産を編成する過程で商業資本が発揮する機能に即して規定されなければならない。

　商業利潤を論じる前に，産業資本の利潤規定について確認しておく必要がある。剰余価値の源泉は剰余労働にある（☞8-1）ということはあきらかであるが，利潤概念は，剰余労働から直接規定されるものではない。利潤は総投下資本にたいして規定されるものであり，労働力商品も含んだ生産手段を購入する資本部分にたいしてだけではなく，たとえば商品が販売されるまでの流通期間中，生産を継続するために追加的に投

じられる流通資本や，売買活動そのものに必要とされる純粋な流通費用として投じられる資本にたいしても要求されるという関係にある。簡単にいえば，流通上の諸費用に投じられた資本部分にたいしても利潤は要求されるわけである。

これをふまえると，商業資本はまずつぎのように規定される。商業資本の売買活動が結果的に産業資本の流通過程を一部委譲されたものとみなされる場合，もともと産業資本にあっても流通上の諸費用として投じられた資本にたいして計上される利潤が商業利潤となると。これを資本の立場から論じるとつぎのようになる。産業資本が商品の販売価格を多少引き下げても流通期間の確定化や短縮化あるいは流通上の諸費用の節約を図ることができ，利潤率が高まると判断すれば，そのような資本はそうした価格で販売に臨むであろう。他方，そのような産業資本から商品を仕入れた商業資本が当該商品を生産価格として算定される価格水準で販売することができれば，商業資本は利潤を得ることになる。このような売買にあっては，産業資本の流通過程の一部が商業資本に委譲され，その部分の利潤が商業利潤となると論じることができる。これを単純代位と呼ぶ。

さらに，産業資本と対比すると，商業資本は同一商品を多数の産業資本から購入する，あるいはさまざまな商品を取り扱うことができる点にその特質がある。商業資本はこの特質を生かした活動をすることによって，産業資本だけで流通活動を行っている状態と比較して，流通上の諸費用の節約や流通期間の確定化ないし短縮化を実現することが可能となる。これを節約代位と呼ぶ。この機能を発揮することで，商業資本は，とりわけ利潤率が高い部門で活動する産業資本の資本蓄積を促進し，利潤増大に貢献する。このように増大した利潤の一部も商業利潤となる。以上のように，商業利潤は，商業資本が産業資本の流通過程を単純代位ないし節約代位することによって得られると規定できる。　（菅原陽心）

KEYWORD

商品の所有権の移転，単純代位，流通上の諸費用の節約，流通期間の確定化ないし短縮化，節約代位

1-5　商業労働

　たとえば，デパートに行くと，多くの労働者が店員として，接客係などで働いている。また，工場を見学してみると，多くの労働者が工員として，製品の完成のために働いている。運輸業でも，多くの労働者が，日々労働に従事している。

　商業労働とは，最初のデパートなどでの労働をさす。商業労働とは，いかにして商品を安く買い，その商品の根本的な使用価値に変更を加えることなく，いかにして高く売るかという，人間活動のことをいう。商品経済が発展してくると，市場での登場人物が，利潤を追求するようになる。それにわれわれは，商人や資本家，商業資本家などの呼び名を与える。利潤追求活動の利潤とは，安く買って高く売り，商品売買の差額から，その活動に必要な費用である流通費用を差し引いた残余の部分であり，資本家は，この残余としての利潤を最大にしようという行動原理のもとで活動している。

　このような利潤追求の売買活動は，個人の1人の活動である場合と，協力者を得て行われる場合とがある。資本家個人が利潤追求の行為を実践しても，それは，通常の理論的用語では商業労働とはいわない。それは資本家的活動といわれる。資本家が自分の行動の代理ないし補助的行為を労働者に行わせる時，その労働者の労働を商業労働と呼ぶ。家族が商業活動の協力者となっている場合を，商業労働というべきか，資本家の活動というべきかどうかは，労働概念の主体性の度合いをどこまでみるかにかかっている。資本家が商業労働を行うという表現も成立しよう。一般に，労働は集団の規律のもとでの活動や，資本家に指揮監督される場合の人間の活動とみる見方があるからである。

　資本家が，自分の活動領域を生産活動まで拡大した場合，この領域でも自分個人で行う生産活動と，他人の協力を得て行う生産活動がある。それらは，いわば工場内部で使用価値を変形したり，加工したりして，別個の商品としての使用価値として完成させる行為であり，生産的労働

者による生産的労働という。

　商業労働の起源は，人と人とが物と物を交換し合う，いわゆるギブ・アンド・テイクの行為に求められる。そこでもし，自分にとって有利な交換が目的に設定されるならば，いつ交換するのが有利か，どこにもっていって交換すれば有利か，誰と交換すれば有利かなどが，絶えず問題となる。交換活動に付随して，運輸・運搬が必要になるだろうし，保管や商品陳列などにも特殊の技能が要求されよう。また，将来の市場の需要の変化，供給の変化なども，情報収集しながら不断に考慮されなければならないだろう。活動は，組織的に行われるほうが，効率や規模や行動範囲や競争関係の発生などで，優位となろう。

　商業労働者は，売買活動のための接客と同時に，商品に使用価値的に変更を加える生産的活動をも担う。たとえば，運輸や保管，梱包や計量，陳列や包装，装飾などである。活動の記録は，簿記として記帳されなければならず，それは商業労働の一部でもある。宣伝や広告，客の呼び込みなど，市場に情報を伝達するという活動も実践される。

　しかしながら，理論的な固有の問題が未解決のまま，マルクス経済学には横たわっている。生産的な労働は商品の使用価値と（交換）価値をともに形成するものであるが，生産的ではない商業労働は，使用価値も（交換）価値も形成しないという理論がそれである。生産的労働者のもたらした剰余労働が，資本家の生存を保障するのと同様に，商業労働者は，剰余価値を食いつぶす不生産的存在である，という通説が定着した。スミス（Smith, A.）が，家僕の労働と生産的労働を区別したのを受けて，マルクス（Marx, K.）は，流通は価値を増加させないという命題を提起した。しかし，社会の存続にとって，流通と生産はともに必要であるという理解は，商業労働の価値論的理解に，新しい課題を提起することになるかもしれない。

　　　　　　　　　　　　　　　　　　　　　　　　　（松尾秀雄）

KEYWORD

流通費用，利潤追求の売買活動，資本家的活動，生産的労働者，不生産的存在

1-6 純粋流通費用

　純粋流通費用は，生産物が商品として生産される社会，特に資本制的商品生産社会において必要になる流通費用であるが，商品の使用価値の生産のためではなく，流通過程における商品の価値の実現のために必要な費用である。したがって，同じく流通費用に分類されてはいるが，商品の使用価値を対象にして，それに作用するがゆえに商品に価値を追加する輸送費用や保管費用などのいわゆる物的流通費用とは区別されねばならない。純粋流通費用は，①売買費用，②簿記費用，③貨幣費用の3つに大別される。

　売買費用は，商品の販売および購買過程に支出される費用であり，商品から貨幣および貨幣から商品への価値の形態変換のために必要な費用であって，商品の使用価値のためではなく，それに作用する費用ではないがゆえに商品に価値を追加することなく，価値損失となるのである。たとえば，事務所費，広告宣伝費，取引のための情報・通信費，および販売労働者・購買労働者や営業員の賃金などのように直接に商品取引に支出される費用である。

　企業簿記は，個別資本の価値増殖運動を対象に，貨幣で表現された価値額の変化を記録・計算することによって資本の運動を確定し，観念的総括を与え，運動の成果をあきらかにする。したがって，簿記費用は資本家の観念に反映する客観的な資本の運動を記帳し，計算するための費用であり，資本価値の姿態変換運動の検証および観念的総括のための費用であって，商品の使用価値を対象とする費用ではなく，商品に価値を追加することはないのである。それは，企業にとって必要な費用ではあるが，生産的に消費される時間あるいは生産過程において，生産物および価値形成に入り込む労働手段の控除をもたらす純粋流通費用である。たとえば，簿記・計算を行う事務労働者の賃金およびペン，インク，紙，机，今日ではパソコンなどの事務機器に支出される費用である。しかし，簿記費用は売買費用と同じ不生産的な費用ではあるが，それらには特定の

区別が存在するのである。後者は，商品の生産過程という一定の社会的形態から必要になるのにたいして，簿記は過程の管理統制および観念的総括としては，資本制的生産でよりも共同体的生産あるいは計画経済においてより必要になるのである。

貨幣費用は，その特殊性から２つに分けることができる。１つは，すでに流通部面において不生産的形態に拘束されて機能している貨幣そのものであり，もう１つは，すでに流通している貨幣の磨損分の補塡のために流通部面に投げ入れられる貨幣金そのもの，つまり貨幣の補塡費用である。生産物は商品として流通過程に入り，やがて個人的にか生産的に消費されるために流通過程からでていくのであるが，貨幣商品としての金は，いずれの消費にも入り込むことなく，流通過程を通流し不生産的形態に拘束されることによって機能を遂行するのである。貨幣は，価値尺度機能，流通手段機能，価値保存機能，支払手段機能を果たすが，いずれの貨幣機能も商品の使用価値に作用することなく，たんに価値の形態変換のために作用するにすぎないがゆえに，貨幣の価値はもちろんのこと商品の価値を高めることはない。貨幣商品としての金は流通過程の犠牲にされねばならない社会的富の一部分であり，自由に処分できる富からの控除である。ちなみに，貨幣用金の生産費および鋳貨鋳造費は現実的使用価値を生産しない生産上の空費ではあるが，それ自体は純粋流通費用ではない。

このように，純粋流通費用は直接的生産過程には入りこまないが，流通過程に支出され，したがって再生産の総過程に入りこむ費用として，資本の再生産にとって必要不可欠な費用であり資本の再生産費用を形成する。しかし，純粋流通費用自らは生産物・使用価値も価値も生産しない費用であり，したがってその補塡は生産過程において創造された剰余価値から行われ，社会的には総剰余価値から控除される。　（大吹勝男）

KEYWORD

物的流通費用，売買費用，簿記費用，貨幣費用，不生産的費用

1-7 商業資本の回転

　商業資本はその資本運動の中に生産過程がないことから，独自な回転を行うことができる。多数の資本から同一の商品を仕入れ，販売することも，また多種の商品を取り扱うことも可能である。資本の回転に即していえば，商業資本は多資本回転の媒介，つまり1回転で多数の資本の回転を実現することが可能となる。

　マルクス（Marx, K.）はこれにかんして，第1に商業資本は独自に回転するが，それは産業資本の資本蓄積に規定されざるをえず，たとえば薄利多売をすることなどによって，商業資本が自由に利潤率を高めることはできない，第2に商業資本の独自の運動が資本の過剰蓄積を促進し，恐慌のきっかけになると論じた。これについてはつぎのように考えることができる。

　高利潤率をあげている商品について考えてみる。産業資本はこうした商品をより多く生産・販売し，また資本の回転を速め，利潤率を高めようとする。他方，商業資本も，この商品は販売期間も短く，販売価格も高くなってくるので，競って取り扱おうとする。こうした商業資本同士の競争によって，産業資本はより有利な条件で商品を販売することができるようになる。この競争の結果，商業資本の商品の買入価格は高くなるが，商業資本は回転をいっそう速めることによって利潤率を高めようとする。このように，社会的需要にたいして社会的供給が不足しているような商品については，商業資本はいわゆる薄利多売の販売戦略をとり，回転を速め，利潤率を高めようとすることになる。その結果，産業資本は本来負担すべき流通上の諸費用の一部も商業資本に転嫁した条件で商品を販売することも可能となり，流通上の諸費用は大幅に節約され，資本蓄積はいっそう加速する。

　以上は，好況中期に利潤率が高い生産部門で生産される商品にかんして論じられるものである。商業資本は独自の回転を行い，産業資本の蓄積にとって有利な状況をつくりだし，結果的に，一般的利潤率をめぐる

資本間の競争を円滑にするという機能を発揮することになる。

　他方，労働力商品の不足・労賃水準の上昇という状況の中で，一般的利潤率が低下する好況末期にあっては，商品の円滑な追加供給は不可能となり，利潤率の高い部門における資本蓄積の進行や直接的な資本移動による産業資本の円滑な部門間移動が困難になる。そのような局面では，たとえば高い価格水準にある商品価格が低下しない，あるいはいっそう高騰するというような状況がもたらされる。こうした商品市場の状況にあっては，投機的な活動が成功する機会は多くなり，商業資本は投機的活動を活発に行うようになる。そうすると，そうした商業資本の活動によって，社会的需要とは異なった架空の商品需要がつくりだされ，本来はすでに社会的需要にたいして過剰に生産されている商品がさらに生産されるということも生じることになる。つまり，商業資本の活動によって産業資本の過剰蓄積が促進されるのである。これも，その運動に生産過程を含まないという商業資本の特質による。簡単にいえば，商業資本は，産業資本と比較して，より容易に投機的な在庫を形成することができ，こうした商業資本の独自の回転が産業資本の過剰蓄積をいっそう促進するのである。こうした商業資本の活動によって形成された過剰な商品在庫は，激発的な信用恐慌をきっかけとして一気に商品市場にはきだされ，商品価格の暴落を引き起こし，産業恐慌へと広がっていく。

　このように，商業資本はその独自の回転によって，産業資本の蓄積を加速させるという機能を発揮するのであるが，それは好況中期のような資本が社会的生産を順調に編成していく状況にあっては，一般的利潤率をめぐる資本間の競争を円滑にするという効果をもたらすことになり，他方，労働力商品の不足という好況末期の状況にあっては，架空需要の創造が資本の過剰蓄積を加速し，信用恐慌を産業恐慌へつなげる道筋をつくることになると考えられる。

（菅原陽心）

KEYWORD

多資本回転の媒介，薄利多売，一般的利潤率，投機的な在庫，産業資本の過剰蓄積

1-8 商業資本の分化

　商業資本（商品取扱資本または商業者）は，産業資本（生産者）によって生産された商品の消費者（個人的消費者または生産的消費者）への販売過程を産業資本にかわって担当するものとして自立化した存在である。特に，資本主義の自由競争段階においては，生産者も相対的に大規模な存在は稀であり，個人的消費者は零細かつ多数であり，かつ生産者も消費者も空間的に分散して存在しているわけであるから，商業者の介入する社会的メリット（販売の偶然性の相対的除去や流通費用の節約などによる一般的利潤率の上昇など）は大きい。生産力の増大と社会的分業の発展が進めば進むほど，商業の存在意義が増すものといえる。

　それとともに，商業者の卸売業と小売業への段階別分化（垂直的分業）が進行する。ここで卸売業とは個人的消費者以外の経済主体（生産者または生産的消費者，卸売業，小売業）へ商品を販売する業者であり，小売業とは個人的（最終）消費者へ商品を販売する業者のことである（☞3-1）。

　一般に，商業者がその社会的役割を果たすためにはできるだけ大規模である必要があるが，それにたいして個人的消費者は小規模性・個別性・分散性をその特性としているから，どうしても生産者と消費者との間に一段階のみが介在するのでは，そこに存在する矛盾を解消することができなくなる。その矛盾を解消するために，商業者は卸売業と小売業とに分化せざるをえないのである。

　さらに，市場の量的拡大・空間的拡大とともに，卸売業の収集・仲継・分散段階への細分化がなされる。

　収集卸売業は，比較的小規模な生産者（工業・農業・漁業など）から商品を買い集めて相対的に大ロットな品揃えをし，これを他の卸売業や生産者に販売する業者である。産地商人とも呼ばれる収集卸売業は，生産者の大規模化が進んだり，農業協同組合などが形成されたりすると，その存在意義がうすれていく。

仲継卸売業は，分散卸売業や比較的大規模な生産者に商品を販売する業者である。大規模な消費財産業や生産財産業と大口の需要者との仲介にあたったりする。また，農業品・漁獲物などを取り扱う中央卸売市場の卸売業や国外の商業者と国内の商業者とを仲継する貿易商や総合商社などがそれに相当する（☞4-8，4-9）。

分散卸売業は，小売業または比較的小規模な生産者に販売する業者である。

上記のような段階別分化とともに，部門別分化もまた進行する。たとえば卸売業内部では，商品種類別の専業化が進む。その取扱商品によって消費財専門卸となったり，生産財（産業財）卸に分化する。また，消費財卸内部でも，最寄品・買回品・専門品などに細分化していく。最寄品であっても，生鮮食料品に専業化したり，加工食品に専業化したりする。また，国内市場と国外市場とでも分化が進む。それぞれの商品ごとに販売技術が異なり，経営方法も異質であるからである。

上記のような細分化が進む一方で，小売業におけるさまざまな業態（経営販売方法）の登場や生産者の製品多角化などによって統合化の要請もまた生まれる。それは卸売内部での細分化とは相反するものである。

資本主義の独占段階への移行とともに，自由競争段階で合理性をもちえていた商業資本の分化・細分化によって形成された流通機構が大規模産業資本と大規模小売商業資本との登場によって，独占資本にとって桎梏となり，商業資本の排除要請が生まれる。　　　　　（但馬末雄）

KEYWORD

小売業，収集卸売業，仲継卸売業，分散卸売業，商業資本の排除

1-9 現代流通の特質

　資本主義の独占段階では，生産と消費の矛盾としての市場問題，いいかえれば販売の偶然性ないし困難性がいっそう激化するといってまちがいないが，このような中で巨大な生産力を掌握するにいたった独占的産業資本としての大規模製造業は，生産を支配するのみならずマーケティング活動を行って流通をも支配し，管理価格としての独占価格でもって独占的高利潤を獲得しようとする（☞2-1）。その結果，自立的な商業資本の存立が制限ないし否定される傾向が現れ，基本的には独占的産業資本の商品資本の直接無媒介の運動が規定的なものとなる。ここでは，流通は生産とともに独占的な個別資本のもとにつつみこまれて一体化している。

　商品流通が基本的に独占的産業資本の商品資本の直接無媒介の運動として行われるといっても，ここでは商業がまったくなくなってしまうわけではない。商業が名実ともに排除され，独占的産業資本が直接販売する場合をのぞいて，商業はなお存在する。だが，その種の商業の多くは独占的産業資本全体に一般的に従属させられたり，あるいは独占的産業資本に個別的に系列化されたりして，本来の独自性を喪失し，総じて形式的なものに変質している。

　ところが，具体的には大規模卸売業や大規模小売業として現れる独占的商業資本については事情が異なる。独占的商業資本はそれ自体として売買両面で流通を支配・統制するだけでなく，その展開の過程で必然的に独占的産業資本や大銀行としての独占的銀行資本と結合して企業集団のようないわゆる三位一体の金融資本グループを形成し，そのグループの流通担当者としての役割をも演じるようになる。ここでの独占的商業資本はほかの形の独占資本に従属しているわけではないが，独占的産業資本全体や特定の金融資本グループの売買部門を軸として機能するようになっているから，古典的な意味での自立的な商業資本とはもはやいいがたいものに変質している。

　このように資本主義の独占段階においては，商品流通の主要で規定的な部分は直接販売や商業系列化という形をとって実質的には独占的産業資本の直接無媒介の運動として，あるいは独占的商業資本を介して，国家機構の支援を受けながら行われるのであるが，ここでは基本的に独占資本による流通の支配・統制が推し進められ，それが流通の末端にまで達している。しかも，この流通の支配・統制は金融資本グループにおいていっそう強められ拡大されたものとなる。

　ともあれ，ここでは生産と流通は若干の矛盾をはらみながらも，事実上直接内的に統合されている。したがって，独占段階の流通機構の基本は縦断的な組織であり，ここでの調整の軸は資本による支配と従属の関係によってなされている。しかも，この支配従属の関係は商業の独自性やそれにもとづく商業の社会性を否定するものではあるが，にもかかわらずここでは生産と流通ならびに流通の諸段階が組織化・結合化され，独占資本のマーケティング活動や金融資本グループにおける共同の販売努力によって流通の管理・統制のレベルと領域がさらに高められ拡大され，しかもこれをとおして消費の管理も強められるわけだから，この意味ではよりいっそう高度な社会化が達成され深化するといってよい。このことは，独占資本とそれを支援する国家によって推し進められる経済の計画的領域の質的深化および量的拡大として認識することもできよう。もっとも，このようにいったからといって，このことは独占資本ないし金融資本によって社会全体の生産や流通や消費が管理・統制しつくされているということを意味するものではない。　　　　　　　　　（加藤義忠）

《KEYWORD》

独占的産業資本，直接販売，独占的商業資本，商業系列化，流通の支配・統制

1-10 商業資本の排除

　資本主義が独占段階にはいると，大規模な産業資本によって商業資本の自立性が制限を受ける傾向が生じる。こうした傾向の中で，産業資本が商業資本に代わって自ら販売を行う現象のいくつかを商業資本の排除と呼ぶ。この現象については，古くはヒルファディング（Hilferding, R.）なども記述していた。

　しかし，現在では産業資本の直接販売が効率的であると考えたヒルファディングの記述は正確ではなかったと考えられている。森下二次也（『現代商業経済論』〔改訂版〕有斐閣，1977年）は，それ以前の諸見解が同一視していた商業資本が収縮していく傾向が，２つのものに分類されることを示した。２つのものが合成された結果として現実には流通資本や流通費用の増減傾向が現れるとする。その１つは，商業資本の収縮・消滅と呼ばれるもので，これは商業資本がその存続の基礎を失うことによって生じる自生的な消滅である。商業資本は多数の売り手と多数の買い手を結ぶことで社会的流通費用を節約するが，少数の売り手と少数の買い手の間では商業資本の量は収縮する傾向をもつ。この場合は，流通費用節約的と考えられる。このような場合が商業資本の収縮・消滅である。

　しかし，もう一方で，商業資本が未だに自立性をもちうるにもかかわらず，産業資本による直接販売が生ずるケースがある。これが商業資本の排除と呼ばれるものである。この場合は，社会的流通費用を節約するという機能をもつ商業資本を強制的に排除するのであるから，流通費用の増大が生じることになる。

　商業資本の排除が生ずる根拠は，産業資本による独占利潤の確保という点にある。産業資本が独占利潤を確保するために，高い価格を維持して多くの商品を売りさばかなくてはならない。このことが商業資本の社会的性格と矛盾するのである。これはさらに２つの矛盾に分けて考えることができる。１つは，商業資本に販売を依存していては独占価格を維

持することができないということである。自立した商業資本はさまざまな産業資本の商品を取り扱い，自らの判断で価格設定を行うので，個別産業資本の希望する高い価格で販売するとは限らない。むしろ，販売量を増大させるために，ほかの低価格商品に合わせて低価格で販売するかもしれない。独占価格維持は商業資本の社会的性格と矛盾するのである。

また，独占価格を維持できたとしても，商業資本はさまざまな産業資本の商品を取り扱う，いわば共同販売機関としての役割をもつものだから，当然に個別資本の商品の販売に専念することはない。狭隘化した市場では，産業資本はほかの産業資本の市場を奪うことで販売量を拡大することができるのだが，商業資本は社会的性格をもつから，すべての産業資本の商品を平等に取り扱う。個別産業資本の個別的市場拡大と商業資本の社会的性格が矛盾するのである。これがもう1つの矛盾である。

以上の2つの矛盾から，商業資本に販売を依存していては独占利潤が得られないので，産業資本は商業資本を排除する傾向をもつのである。

しかし，どのような場合でも商業資本の排除が生じるわけではない。それには条件がある。商業資本を排除した場合，流通費用は産業資本が負担することになる。これは商業資本が販売を行っていたとき以上に大きいのだが，これを補うだけの高い価格を設定できることが条件となる。それが不可能な場合は，より緩やかな形態である商業系列化を採用することもある（☞2-10）。また系列化にも卸売まで，小売までと程度に差がある。

系列化は商業資本がなくなるわけではなく，質的に変化したものである。それに対して，商業資本の排除はそこに商業資本は存在しないという意味での量的な変化である。そのため，系列化と商業資本の排除は同一に論じられない面がある。しかし，商業資本の排除の条件から考えると，この両方は同じ根拠で生じていると考えられることから，商業資本の排除の射程で論じることができる。 　　　　　　　　　　　　　　　（宮崎卓朗）

KEYWORD

直接販売，商業資本の収縮・消滅，商業資本の社会的性格，個別的市場拡大，商業系列化

1-11 独占的商業資本

　社会の商業資本全体，あるいは各部門の商業全体についてみれば，それに与えられる商業利潤量は，一般的利潤率と平均的回転数によって定まる必要資本量により決まるから，商業資本全体の回転数が増加したからといって，商業利潤量も増加するわけではない。だから，商業利潤の総量と商業資本全体の回転数とは，一応無関係であるということができる。現実的な個別商業資本の回転数は千差万別である。それぞれの商品の販売価格は，その部門における商業資本の社会的，平均的回転数を基準にして決定される。それゆえ，各個別商業資本の回転数の相違は，それぞれの商業資本の取得利潤量の多寡をもたらすこととなる。

　簡単な数字を用いて考えてみよう。ある商品を販売する商業資本，A，B，C，D，Eが存在し，それぞれが100円で商品を購入し，105円で販売すると仮定しよう。物事を単純化するために，純粋流通費用は捨象する。それぞれの回転数を3回，5回，7回，9回，11回とすれば，それぞれの年間利潤は15円，25円，35円，45円，55円である。個別の商業資本にとって，回転の速さは有利に作用する。なぜなら，平均価格で販売すれば，超過利潤を取得できるし，平均利潤で満足すれば，市場価格以下で販売でき，競争上きわめて優位な立場に立てるからである。

　平均利潤をはるかに上回る超過利潤を手にした商業資本E（商業資本Dも）は，商品買付けにおいて「数量割引」を要求するに違いない。「数量割引」の要求それ自体は，自由競争のもとでも存在する。自由競争にもとづく「数量割引」の要求か，取引上の強い立場を利用した「優越的地位の濫用」（☞9-6）かは，実際上紙一重だとしても，理論上別の問題である。

　このようにして，個別商業資本は競ってその回転の促進に努めることとなる。競争はここで終わるわけではない。商業資本はさらなる競争力を求め，大量購買，大量販売の方法，規模拡大などを追求する。後に続くほかの商業資本も追従するのはもちろんである。

　商業資本の拡大は，まず第1に利潤の再投資によって，つまり資本の集積によって達成される。第2の方法が商業資本の集中である。すなわち，ほかの商業資本の吸収・合併である。商業資本の集積・集中におけるさらなる促進において銀行資本は重要な役割を演ずる。

　このようにして，超過利潤の獲得によって優位に立った大規模商業資本は，最大限利潤の獲得を常態化するために，自由な競争を制限する手段を取るようになる。商品購買における優越的地位濫用の常態化，販売における価格競争の制限などがそれである。こうなると，その巨大商業資本は，もはや資本の集積，集中の結果としてのたんなる巨大な大規模商業資本ではなく，それは自由競争の産物でありながら，自由競争を制限，排除するところの独占的商業資本に転化する。商業における独占はこうして成立する。

　商業資本はそれが独占的商業資本に成長していく過程で，すでに銀行資本と結びつきをもつようになる。この関係は産業資本が大規模化するにつれ，銀行資本と融合するのと少しも変わるものではない。すでに，銀行と産業，銀行と商業の融合が進んでいるから，そこに三位一体の関係が成立，展開するのは当然のことである。こうして，銀行資本の介入によって産業資本と商業資本の結合が新しい段階を迎えるようになる。それまでまったく取引関係のなかった産業資本と商業資本が，銀行を媒介として最大限利潤の取得をめざし，さらなる高次の独占体に結合することを可能とするのである。

　このようにして，商業独占が銀行と，銀行を介して種々異なった生産部面の産業独占と，三位一体的な関係を取り結ぶにいたった時，商業独占はその最高段階に到達することとなる。　　　　　　　　（馬場雅昭）

KEYWORD

超過利潤，優越的地位の濫用，商業資本の集積・集中，価格競争の制限，巨大商業資本

1-12　商業とマーケティング

　商業とマーケティングとの関係にかんする理解は，マーケティングを
どのように規定するかに依存する。マーケティングを「独占資本による
市場獲得・支配活動」であるとする立場では，商業とマーケティングは，
第一義的には，対立関係にあるととらえられる。すなわち，資本主義の
独占段階においては，独占的産業資本が，独占的な高価格を維持しつつ
自己の製品の優先的な販売努力を確保するために，自ら活発な市場活動
を行うようになるが，この理論的立場では，こうした「独占的産業資本
の市場獲得・支配活動」がマーケティングと規定され，こうした活動は，
自立的な商業資本が本来遂行する，多数の売買を社会的に集中代位する
活動（売買の社会化）を制限ないし排除する性格をもつと理解される。
というのは，商業資本の自立的活動では，販売価格は商業自らの計算に
もとづいて設定され，取り扱われる商品も出自を問わずみな平等という
扱いを受けて，独占価格の維持や自社製品の優先的販売という産業独占
側の要求が満たされないからである。

　だが，独占資本の形成は商業部面においても行われ，独占資本による
市場獲得・支配活動も，独占的商業資本によっても行われることになる。
したがって，この理論的立場においても「独占的商業資本の市場獲得・
支配活動」をもマーケティングと呼ぶことが可能となる。この場合，マ
ーケティングの主体には商業の一部が含まれることになり，商業とマー
ケティングとを対立的にとらえるという見解は修正を迫られる。だが，
こうした商業独占によるマーケティングは，産業独占のマーケティング
の必然性を導く上述の論理的枠組みを否定するものではなく，むしろこ
うした論理を補足する性格をもつものである。この意味で，商業独占の
マーケティングは，独占資本の市場獲得・支配活動というマーケティン
グの規定のなかで第二義的な位置づけをもつものと理解される。

　ところで，以上のように，マーケティングを独占資本による市場獲
得・支配活動であると規定する場合，その実体的内容は，各種カルテル

など反競争的独占行為それ自体よりも，むしろ製品政策，価格政策，チャネル政策，プロモーション政策（いわゆる４つのP）を主な内容とする独占的競争の側面（これらの政策は競争と独占との融合であり，独占支配を可能にする競争という意味で独占的競争である）に力点をおいてとらえられてきた。商業独占による市場支配の実体的内容についても，後方統合によるプライベート・ブランド製品政策や，競争相手に壊滅的打撃を与える低価格政策，納入業者を支配したり，巨大ショッピング・センター建設による地域支配を行うチャネル・立地政策，全国イメージ広告政策など，４つのPに即してとらえることが可能である（☞2-8～2-11）。

　だが，このようにマーケティングを「４つのPの応用」という管理政策ないし戦略レベルで規定する場合は，独占にあらざる中小小売業であっても，こうした政策の応用が可能であるという論点を含むことになる（ただし，中小商業が主体となる場合，４P政策は競争的性格を強くもつものとなろう）。したがって，このようなレベルでマーケティングを規定する場合，マーケティングと商業は対立関係においてはとらえられず，むしろ商業マーケティングが積極的に主張されることになる（☞2-1）。また，そればかりではなく，こうした意味でのマーケティングは，銀行そのほかのサービス業や，病院や大学・美術館・政党・軍隊などを含む非営利組織，さらには個人にたいしてまでもその適用範囲を広げて考えることが可能となる（この場合，主体の社会的性格によって，４P政策は経済的・政治的・社会的支配の道具にもなるし，こうした支配にチャレンジする道具にもなりえよう）。現代マーケティング研究の主流はこうした管理政策レベルでの議論であり，ここではマーケティングと商業の関係が取り立てて問題となることはない。　　　　　　　　（薄井和夫）

1-13 商流と物流

　商流とは商的流通の略称であり，商品の所有権が商品の売買取引によって生産者（産業資本）から商業者（商業資本）へ移動（流通）し，さらには商業者から消費者（個人的消費者または生産的消費者＝生産者）へと移転・流通することをいう。私的所有者同士の社会的関係によってなりたっている資本主義社会では，貨幣を介しての商品の売買・取引こそがもっとも本来的な活動である。それゆえに，商流（商的流通）は取引流通といわれる。また，人格的流通ともいう。

　商流活動（操作）のためには時間と費用が必要である。生産者（より進んだ資本主義社会では，ほとんどが企業である）が商品を消費者にたいして直接販売する場合，消費者に出会うための探索費用や営業社員（セールスマン）にたいする報酬が必要である。また，社員のための事務所・情報機器・紙・携帯電話などが必要である。マルクス（Marx, K.）は，それらの売買取引のための諸費用を純粋流通費用と呼んでいる。営業社員にたいする賃金または人的流通費用を可変資本と呼び，事務所費などの物的流通費用を不変資本と呼んでいる叙述も残しているが，これは流通過程の費用を生産過程の費用になぞらえて簡略的に表現しただけのことであり，これらの費用が価値規定的なものであるという含意ではない。

　純粋流通費用（マルクスは，自立化した商業資本が産業資本に代位してそれを縮約的に投下する場合，その費用を商業費用と呼んでいる）は商品（使用価値）の貨幣への転化の過程（本来的流通）のために投下される費用であり，その商品自身の使用価値形成には無縁なものであり，それゆえに非価値創造的費用である。それは剰余価値（利潤）からの控除をなすものといえよう。

　企業（産業資本または商業資本）にとって，売買の成立（商品の貨幣への転化）は不確定そのものである。商品は売れるかどうかわからないし，売れるとしてもその価値どおりに売れるという保証はない。まさし

く，それはマルクスのいう「命がけの飛躍」なのである。

ここでは信用関係を捨象し，取引のすべてが現金決済と仮定するが，売買の成立があって後に，はじめて商品が消費者（購買者）のもとに移転する。この移転（流通）の過程を物的流通という。

物的流通は，主として空間的流通（商品の運輸または現実的流通）と時間的流通（保管・倉庫の過程）とに分かれる。何ゆえに，時間的流通といわれるかといえば，それは生産時間と消費時間との懸隔を埋めるための過程であるからである。たとえば，米の生産時間は通常秋季であるが，その消費時間は年中である。消費時間に合わせるためには，一定の設備（温度・湿度などを適宜管理した空間）でそれを保管しておく必要がある。そのような意味で時間的流通といわれるのである。

物的流通には，上記のほか，包装・荷役・計量・小分け・情報処理などの操作を含める場合が多い。マルクスの場合，運輸・保管・包装・計量・小分けなどは，商品の使用価値を形成するゆえに価値を追加するとされる。それは追加的生産の過程と考えられているのである。

近年，企業の製品開発から原材料の調達・生産・販売・廃棄物の回収・リサイクルにいたる全過程を物の流れとして把握し，それらを効率的なシステムとして構築しようとする考え方として，ロジスティクス（logistics）といわれるものがある。それはたんに1つの企業内部で完結するものではなく，さまざまな業種の企業や公共体など・消費者などの地域全体の効率的な物流システムの構築を志向するものである（☞6-2）。

（但馬末雄）

KEYWORD

人格的流通，純粋流通費用，空間的流通，時間的流通，ロジスティクス

1-14 外国貿易

　外国貿易とは，国民経済または国境を越えた商品流通のことである。数千年の歴史をもつ商品流通は，共同体と共同体との生産物の交換に始まるが，近代以前の封建社会では絶対主義国家のもとで遠隔地間商業として発展したのである。封建社会の最終段階である絶対主義国家は，市民革命を経て近代国家として，共通の言語や文化を基盤とする民族国家へと再編される。また，市民革命は農奴制を解体して，工場制手工業（マニュファクチュア）の発展を促し，商品生産を拡大する。市民革命とともに産業革命による機械制大工業の確立は物質的生産力の飛躍的拡大をもたらし，資本主義的生産様式の確立に道を開くとともに，資本家階級が権力を樹立し民族国家を資本主義国家として再編させる過程でもあった。

　外国貿易とは，産業革命の結果としての資本主義的生産様式の確立と権力を掌握した資本家階級の国家としての資本主義国家のもとに行われる対外的な国境を越えた商品流通である。ここに，外国貿易が国内流通と質的に異なる概念として存在する根拠がある。

　経済学の祖と称される，イギリス産業革命の黎明期のスミス（Smith, A.）は，絶対主義国家の経済政策としての金銀に代表される財宝こそが国富であるとする重商主義を批判して，富とは重商主義が求める金銀財宝ではなくて労働生産物であると主張し，富を生産過程に求めたのである。生産力の発展，社会的分業の深化，つまり国内市場の深耕を求めるスミスにとって，外国貿易とは，自国にとって需要のない余剰生産物を国外にもちだし，国内産業の需要を海外に拡大させることによって社会的分業を発展させ，労働の生産性を増進させるものとして必然的である。この議論は，「余剰はけ口説」，「生産性説」とよばれている。

　イギリス産業革命の確立期の経済学者，リカード（Ricardo, D.）は，余剰生産物が存在すれば，資本は何かより有利な用途に移されるだろうと主張して，スミスの「余剰はけ口説」を批判した。リカードにとって，

外国貿易において資本の使用は選択の問題であり，資本はより有利な部門に移動するだけのことであり，必然ではない。リカードの貿易理論として，貿易の参加国が比較優位の部門に特化することによって貿易の利益を享受するという「比較生産費説」がある。

世界恐慌を既知とするマルクス（Marx, K.）は，資本主義的生産様式の生産拡大と資本増大にともなう市場の拡大の必要性をリカードが否定しているとして批判して，世界市場は資本主義的生産様式の基盤であり，他方でこの生産様式に内在するところの，絶えずより大きな規模で生産するという必然性は，世界市場の不断の拡張に駆り立て，資本主義的生産様式は商業が産業を変革するのではなく，産業が絶えず商業を変革するのであると主張し，外国貿易の必然性を資本主義的生産様式との関連で把握し，先進国の再生産現象の中に他国を市場化しつつ世界市場を拡大・深化させる過程に潜む矛盾・対立を的確に指摘した。

現在の地球上には，さまざまな国が存在している。それらは，生産要素・天然資源の賦存，経済発展の段階，政治体制，宗教などの異なる国々で構成されている。今日では，それらの国々は孤立して閉鎖的な経済生活を営んでいるわけではなく，政治，経済，文化などの何らかの方法で他の国々と相互関係を保ちながら存在している（☞2-13）。中でも，経済的諸関係，なかんずく国民経済または国境を越えた商品流通としての外国貿易は，近代国家の成立から今日にいたるまでの国家間の国際的な経済関係を形成するもっとも基本的な経済関係であると同時に政治的な利害の対立する政治的な関係でもある。

そうした意味において，今日天然資源とりわけ石炭，石油，天然ガス，さらに希少金属（レア・メタル）獲得をめぐる各国の争いは，単なる経済的関係を越えて政治的問題としての様相を呈している。　（山岡隆夫）

KEYWORD

商品流通，国内流通，余剰生産物，比較優位，世界市場

1-15 世界市場

　世界市場とは，個々の国家（国民経済），その国内市場を構成部分とする全体としての市場である。個々の国家は，孤立して存在しているのではなく，対外的に何らかの経済的諸関係を構築している。国際的な経済的諸関係のもっとも基本的な形態は，国境を越えた商品流通としての外国貿易である。国際的な経済的諸関係は外国貿易だけではない。外国貿易とともに，資本の国際的な移動，労働力・人口の国際的な移動，さらには国際的な経済協力などの経済的関係がある。そうした国際的な経済的諸関係が複合的に絡み合う総体としての市場として世界市場は存在している。この世界市場は，18世紀末の産業革命にともなう機械制大工業の成立とともに進化をとげる資本主義的生産様式の内的必然として生みだされた資本主義の結果としての世界市場であり，その意味で資本主義的生産様式の支配する世界市場である。

　外国貿易が基本的な形態として行われる場としての世界市場は，資本主義の自由競争段階に対応している。19世紀末から20世紀初頭にかけて，各先進国内で生産と資本の集積・集中が生じる。その結果として巨大企業の出現とともに始まる資本主義の独占段階では，世界市場には，外国貿易と並んで資本の国際的な移動，すなわち資本輸出が顕著な現象として現れてくる。資本輸出は対外投資ともいわれるが，国内にある過剰な資本がより高い利潤を求めて海外に投資されることである。それは対外間接投資と対外直接投資に分けられる。資本主義の独占段階への移行から第2次世界大戦までは間接投資が中心であった。間接投資とは対外証券投資ともいわれるように，外国の国債や社債また株式などの有価証券への投資であり，主に投資した有価証券からの利子や配当を得ることを目的とした資本の国際的な移動である。

　これにたいして，直接投資とは第2次世界大戦後，とりわけ1950年代末から顕著になった現象である。対外直接投資は主に外国で実物資産を取得して，それらを稼働させることによって利潤を求めるものである。

たとえば，外国で企業や工場を設立したり，既存の外国企業を吸収・合併したりして，その企業の所有権を掌握し経営権を握ることによって利潤を得ることを目的とした資本の国際的な移動である。実物資産の取得による直接投資ではないが，5年以上にわたる長期貸付も対外直接投資である。こうした対外直接投資の企業形態として，世界市場で世界的な規模で事業展開をしているのが多国籍企業である（⇨2-13）。

　第2次世界大戦までは，資本の国際的な移動の中心は間接投資であることはすでに述べたが，この時期の間接投資は主に先進国から発展途上国への投資である。しかし，第2次世界大戦後の直接投資は，先進国の先進国への直接投資が主流を占めることになる。具体的には，戦後復興をなしとげたヨーロッパへのアメリカからの直接投資がその嚆矢である。アメリカの過剰な巨大資本は，アメリカ国内市場を越えてヨーロッパ諸国への対外直接投資に向かい，以後多国籍化する企業が多数出現する。同時に，ヨーロッパ諸国からのアメリカへの対外直接投資も行われ，直接投資は投資国も投資受入国も先進国が中心となる。先進国間相互投資の主体が多国籍企業である。多国籍企業は本社・子会社間で国境を越えた生産と流通のネットワークよって企業内国際分業を形成し，企業内貿易を行う。また直近では，多国籍企業は先進国間のみならず，新興工業諸国・地域をも巻き込んだグローバルな経営戦略のもとに世界市場を再編し続けている。現下では，多国籍企業同士のM&A（合併・買収）による国際寡占にとって，世界市場は競争と協調による市場分割の場としての様相を強めているのである。さらに言えば，今日外国為替市場，国際商品市場などの先物市場の発達は，実需的投資の域を越えて投機（speculation）としての様相を呈している。　　　　　　（山岡隆夫）

KEYWORD

国内市場，外国貿易，資本輸出，間接投資，直接投資

製販の分業関係の変化

　現在の商業理論の基礎になっているのは森下二次也氏が1960年代に構築した商業経済論である。本著の「基礎理論」は全てこの森下理論をもとにして書かれていると言ってよい。この理論の本質は，ある意味での「分業論」であるといえる。昨今の取引費用理論なども製販の分業を扱っている理論だが，森下理論はマクロの範囲でなぜ「生産者ではなく商業者による販売が一般的なのか」を明瞭に説明してくれる。

　ただし現在では製販の分業は複雑である。生産者が製品のすべてを作っているとは言えない状況がある。小売業者や卸売業者が製品の設計という，以前は生産者が行っていた活動を行うことが多くなっているのである。小売業者はビッグデータを使って消費者行動や嗜好を分析し，それをもとに PB を設計する。SPA といわれるアパレル小売業者の中にはみずから工場を持って生産する企業もいる。

　確かに PB は以前から存在したし，また日本ではアパレルメーカーと呼ばれたデザイン機能を内包するアパレル卸売業者もいた。しかし商業者の情報力が生産の一部を小売企業内に取り込むことを可能にしたのである。

　こればかりではない。小売企業の中には銀行を兼営するものもある。ここでも分業の変化，融業化が進んでいる。分業の境界線が大きく変動したことになる。資本の運動としての生産と流通の分業は森下理論が教えてくれた。だがそれだけでなく，流通研究において現在では製造企業と流通企業の間の新たな分業に関する理論が必要とされているのである。　　　　（宮崎卓朗）

2 マーケティング

2-1 マーケティングの概念

　マーケティングとは，商品の価値実現に関わる体系的な対市場活動である。それは一連の技法と思想体系からなるが，技法の中でも統合性を有する。マーケティング技法は単なる販売にとどまらず生産活動の一部も含み，市場調査，標的顧客の選定，製品開発，価格設定，チャネル管理，販売促進などからなる。マーケティング技法は国際マーケティング，関係性マーケティング，デジタル・マーケティング（ウェブ・マーケティングもここに含まれる），ブランド管理など今日多様に発展している。

　一方，マーケティング思想はマーケティングについての考え方の体系である。例えばコトラー（Kotler, P.）はマーケティング・コンセプトとして次の5つを挙げている。①生産志向は，顧客は提供された商品を歓迎するので，主要な課題は生産向上と流通効率化にあるとみる，②製品志向は，顧客は価格対比で最良の品質を好むので，主要課題は商品の品質向上にあるととらえる，③販売志向は，販売主体が商品に対する興味を刺激しなければ，顧客は自動的に商品を購入するのではないとみる。主要課題は販売促進である，④消費者志向（別名マーケティング志向）は消費者ニーズへの適応を主眼とする。販売志向では視点が実行する側にあり，売り込みとなりがちであるのに対して，消費者志向では視点は顧客側にあり，どのような商品を作れば喜ばれるかと考える。すなわち消費者志向は市場調査にもとづく製品開発を前提とし，生産活動の一部も包含する点で，①～③のコンセプトとは決定的に異なる。さらに⑤社会志向では，消費者志向（顧客満足）に加えて社会生活の向上や地球環境の保護（社会の満足）などを重視する。

　資本主義的企業が自己の利潤の最大化をめざす志向を利潤志向と呼べば，それは消費者志向や社会志向より上位に位置する。消費者ニーズや地球環境への配慮は，ほとんどの場合，コストを増大させるから，それらの実行は売上げ伸長による利益がコストの増加分を上回るかどうか，つまりニーズへの適合や環境配慮を顧客が重視して購買するかどうかに

よる。コスト削減が常に追求されるのに対し，営利企業の利潤志向から消費者志向や社会志向が必然的に出てくるわけではない。企業不祥事が後を絶たないことや，公害・地球環境対策がいつも後追いになることなどもここから説明できる。したがって，マーケティングを顧客満足でとらえる定義は一面的と言える。

今日の社会ではマーケティングの役割が増大している。企業組織においてもマーケティングの位置づけが高まり，トップレベルの意思決定領域にまで及んでいる（戦略的マーケティング）。

企業の社会的影響力が増した今日の市場では，企業側の満足（③）だけではなく，顧客の満足（④）や社会の利益との調和（⑤）が図られねばならない。これを保障するためには，独占禁止政策など国家の政策と，それにも影響を与える位置にある消費者運動が重要な役割を果たす。

マーケティングを行う主体の社会性は思想に反映する。同じ技法を用いても，主体が違えば意味が異なる。現代市場の主要な主体である独占資本が行う技法は市場支配という意味をもつが，パワーをもたない非独占資本が行えば単に利潤獲得の手法でしかなく，さらに営利を目的としない非営利組織（NPO）が行えば，利潤獲得という性格さえ失う。

営利企業のマーケティングには独占（強者が弱者を支配・収奪する関係）と競争という現代市場の二大法則が影響する。それゆえ，独占支配の看過も，競争をみない静態的独占観も，ともに不十分である。

マーケティングはNPOにも広がっている。利潤志向のバイアスがないNPOのマーケティングは消費者志向や社会志向を真に体現している。

ちなみに，マーケティングの語源はmarket（生産物を市場に出荷するという意味の動詞）であるから，それは市場を前提とした活動である。マーケティングの主体をNPOに広げるのは良いが，教会や政党など市場取引でない対象にまで広げるコトラーのような考え方は誤りである。

（佐久間英俊）

KEYWORD

競争と独占，消費者運動，非営利組織（NPO），マーケティング技法，マーケティング思想，利潤志向

2-2 マーケティング史

　マーケティングの歴史をどのように捉えるのかは，マーケティングをどのように捉えるのかによって異なる。マーケティングをコトラー（Kotler, P.）のように「ニーズに応えて利益を上げること（meeting needs profitably）」と一般的に規定するならば，それは人間の歴史とともに古いと言わなければならない。商人の活動は太古から存在し，そこでは売り手は買い手が欲しがる商品を準備するなど，その時代なりの売る工夫があったであろう。ここにマーケティングの始まりを見出す見解は欧米では少なくない。一方，コトラー自身はマーケティングの対象を人間のアイデアなどまで拡大し，最初にマーケティングを行ったのはイヴに禁断の木の実を食べてもよいというアイデアを受け入れさせた蛇だと主張する。これはマーケティング概念の拡張に基づく歴史観である。

　他方，マーケティングを近代的マーケティングに限定する場合も，何をもって「近代的」とするかによって見解は分かれる。ドラッカー（Drucker, P. F.）は，マーケティングが1650年代の日本で三井家の創始者によって考案されたという。たしかに江戸時代の三井越後屋（三越百貨店の前身）が町人たちに着物を売るために革新的工夫を行ったことはよく知られているが，江戸期を近代と同一視することはわが国では違和感が強いであろう。だが，江戸期を「近世」と呼ぶ日本史の呼称は英語では "early modern" と訳され，江戸期をモダンの一部として，商品経済面で明治期と連続的に捉える見解は欧米で少なくない。

　また，マーケティング論のテキストでは，マーケティングは生産志向時代，販売志向時代を経てマーケティング志向時代へという発展史観が披瀝されることがある。だが，アメリカのマーケティング史学会では，生産志向時代は「神話」にすぎないと批判される。生産志向時代の典型とみなされるイギリスの産業革命期でさえ，陶器製造企業ウェッジウッドなどのマーケティングが存在しており，むしろ「近代西洋マーケティング」は産業革命とともに始まったとする。

わが国では，これらの見解となり，マーケティングは製造企業が商業依存を脱却して自ら活発な市場掌握活動に乗り出すという流通の新しい現象（メーカー主導型商品流通パターン）であるとする見解が普及した。この理解は，マーケティングは，20世紀の寡占（独占）的資本主義の産物として，19世紀的な自由競争の資本主義で流通の主役であった自立的な商業資本の否定者・制限者として登場したという森下二次也の理論を基盤としていた。一方，P&G やコカコーラなど19世紀末に勃興した多くの新興消費財メーカーがマーケティングへの「前方統合」によって近代的産業企業へと発展したと描くチャンドラー（Chandler, Jr. A. D.）や，長きにわたる商人支配が20世紀初頭までに終焉に達し，多くの産業で商品の製造業者がその流通業者にもなったという事態を「マーケティング革命」としたポーター（Porter, G.）とリブセイ（Livesay, H. C.）のアメリカ経営史研究は，森下とは全く異なる理論背景の中で行われたにもかかわらず，その傍証的役割を果たした。

同時に，20世紀初頭にはアメリカ的なビジネス・スクールが成立し，マーケティングはその基幹科目の1つとなった。そこでは流通の社会経済的な分析も存在したが，次第に管理論の体裁が整えられ，1960年のマッカーシー（McCarthy, E. J.）による「4P」の定式化に結実する。4Pにおける製品が「作ったものを売るのではなく，売れるものを作る」という思想によって展開されるのは，商人ではなくメーカーの市場活動が基盤であったことを示唆している。流通の社会経済的議論や商人の実務知識にかんする記述は各国に存在したが，マーケティングを管理論として整備していったのはアメリカであった。そしてひとたび定式化された管理論は，その生まれ育った基盤を越えてあらゆる分野への適用が可能となり，イヴをそそのかした蛇が最初のマーケターであるという見解をも可能にするようになったのであった。　　　　　　　　　（薄井和夫）

KEYWORD

マーケティング史，マーケティングの拡張概念，商人，近代マーケティング，メーカー主導型流通パターン

2-3　マスマーケティングと市場細分化

　マス・マーケティングは，顧客ターゲットを特定せずに，すべての顧客に１つの製品を提供するものという理解が通説である。コカ・コーラを象徴した Universal Cola という表現はマス・マーケティングの特質を端的に示す。マス・マーケティングのもう１つの理解は，「大量販売による利益獲得」であると捉える考え方である。19世紀末から1930年代にかけてのアメリカ合衆国で，都市の形成，交通・通信などのインフラストラクチャーの形成とともに全国市場が成立する。同時期に消費財分野で連続工程機械に基礎を置いた大量生産が成立していく。大量生産はそれに対応した大量販売を要求する。ここに，企業の意識的な市場開拓活動としてのマーケティングが成立するわけであるが，それはマス・マーケットの創造として行われる。マス・マーケティングは，単位ごとの販売活動ではなく，大量現象としての販売活動をその主な内容とする。

　マス・マーケティングをどう理解するかは，市場細分化との関係の理解に相違をもたらす。マス・マーケティングが単一の製品をすべての潜在顧客に働きかけるものと捉えると，市場細分化はマス・マーケティングの否定として位置づけることになる。しかし，マス・マーケティングは，市場細分化の基礎をなしているのであり，顧客ターゲット別に異なる製品やサービスを提供してその多様性を実現する場合にあっても，依然として規模の経済性と範囲の経済性を基礎にして，マス・マーケットを創造している。

　市場細分化とは，市場の中で同じような欲求や購買力，地域，購買態度，購買習慣を備えているグループを識別することである。企業は，①ある製品についての市場細分化を設定し（Segmentation），②次にその中で自社の競争する標的市場を定め（Targeting），③その標的市場の中で，自社の製品ないしはブランドのポジショニングを行う（Positioning）。この一連の STP の最初の作業として，企業は事業の置かれた競争地位や独自の戦略の視点から市場細分化に取り組む。

マーケティング・ミックスは，STP に基づいた具体的なマーケティング行動の組み合わせを指し，製品・サービス（Product），価格（Price），チャネル（Place），プロモーション（Promotion）という4Pとして展開される。4P は供給側から捉えたマーケティング・ミックスであるのに対して，顧客にとっての価値の視点から，顧客価値（Customer Value），顧客コスト（Cost），顧客の利便性（Convenience），顧客とのコミュニケーション（Communication）」の4要素は，4C として表現される。

1990年代以後，カードによる取引やインターネット取引により，大量の顧客の属性や購買履歴がデータベースとして蓄積され，顧客データの分析が進む中で，情報技術に支援されて個別顧客ごとにカスタマイズされた One to One マーケティングが普及した。たとえば，インターネット書籍販売の最大手である「アマゾン」では，顧客の購買履歴や閲覧履歴に基づいて，個別顧客に関心のあると判断された書籍を「あなたへのおすすめタイトル」として掲載している。

21世紀には，モバイル端末によるアプリ利用，パソコンによるインターネット利用，実店舗の訪問などさまざまなタッチポイントが情報統合され，タッチポイント間でのシームレスな購買経験が実現されるような状況が生じてきた。個別の行動データがモバイル端末やインターネット，取引決済を通じて集まることで，企業は個別顧客の好みに応じたカスタマイズや取引に対応できるようになってきている。この個別対応は，個々の注文に応じた伝統的な一品生産・販売とは異なる。One to One マーケティングは，マス・マーケティングを基礎としながら，同時に個別へのカスタマイゼーションを実現するという点で画一的な製品の提供とも質的に異なる。

（木下明浩）

KEYWORD

大量生産，大量販売，標的市場，ポジショニング，マーケティング・ミックス，One to One マーケティング

2-4 　産業財マーケティング

　消費者を対象とした消費財マーケティング（B to C）に対して，企業・団体・政府などを対象にしたものを産業財（生産財）マーケティング（B to B）という。

　産業財マーケティングには，消費財マーケティングとは大きく異なる点がいくつかある。第1に，消費者はしばしば非合理的な意思決定を行うが，産業財顧客は合理的かつ組織的な意思決定を行うことである。企業・団体・政府等での購買活動では，直接の購買担当者のみならず，実際に購買する製品・サービスを利用する現場や財務担当者，役員など，複数の組織内関係者が関わって組織購買の意思決定が進められる。第2に，消費者への販売はしばしば1回きりであるが，産業財顧客への販売は継続的な取引関係になることが多い。産業財マーケティングでは，関係性や取引ネットワーク（取引関係の連鎖）に注目することが重要である。第3に，取引規模や製品の性質などにより，取引形態や流通経路が多様である。たとえば，自動車メーカーなどの大企業を対象とした取引では，しばしば各顧客企業を専任で担当する営業担当者が置かれて，「御用聞き」営業になることがある。逆に，多数の小口取引の顧客を対象とする場合では，販売代理店等を通じて間接的に販売する。第4に，取引関係でのパワー（交渉力）格差が価格政策や取引条件に大きな影響を与える。顧客市場が寡占で大規模である場合など，顧客側に取引パワーがある場合は値下げや納期の短縮などの圧力がかけられる。逆に売手が寡占で大規模で，買手企業が小規模である場合には値上げなど，「下請け」関係や売手に有利な取引条件が成立する。

　産業財マーケティングは，これまで各業界で規制する法律が異なり，業界ごとの取引慣行があったため，産業別マーケティングとして議論されてきた。しかし，今日では顧客企業担当者もまたインターネットなど等を活用した情報収集，購買行動を進めるようになってきており，また業界を超えてデジタル・マーケティングが普及しつつあり，産業財マー

ケティングのDX（デジタル・トランスフォーメーション）が進行している。見込み顧客（リード）の獲得段階では，デジタル領域での，顧客企業担当者の検索への対応（SEO検索エンジン最適化），顧客に見つけてもらうためのブログや製品活用事例などのコンテンツ提供に加え，リアル領域での展示会などが行われる。見込み顧客の選別・育成段階では，メールやチャット，電話，インサイドセールス（会社を訪問営業するのではない，内勤営業）など，見込み顧客とのやりとりを進める。クロージング（販売）段階では，販売見込みの高い顧客に対して営業・インサイドセールスをすすめて取引契約をまとめる。最後にデライト（アフターフォロー）段階では，顧客の評価，苦情などを収集し，サポートや反復購買，クロスセル（さらに別の製品やサービスの購入につなげる），口コミ（他社への推奨）を実現する。このように，営業中心の販売体制から，デジタルを活用し，見込み顧客を広げるマーケティングへの転換が進められている。

　取引を円滑にする売買プラットフォームも形成されており，それはインターネットを活用して大いに利用されている。これには，第三者企業が仲介する売手企業と買手企業をマッチングするプラットフォームもあれば，一売手企業が多数の買手企業を集める販売型プラットフォーム，逆に大規模買手企業が多数の売手企業を集める購買型プラットフォームもある。取引プラットフォームを運営すること自体が情報を集め取引を効率化し，競争力を高めるものとなっている。

　今日では，産業財マーケティングは顧客のニーズへの対応，効率性追求のみならず，環境問題や地政学的リスクなどへの対応のため，サプライチェーン（供給連鎖。原材料調達から生産管理，物流を通じて消費者に至るまでの一連のプロセス）について環境負荷の低減や立地の見直し，取引先の分散などが進められるようになっている。　　　　　　　（若林靖永）

KEYWORD

組織購買，関係性，取引ネットワーク，デジタル・マーケティング，サプライチェーン

2-5　企業の社会的責任とマーケティング

　江戸時代の近江商人に「三方よし（売り手よし，買い手よし，世間よし）」という思想がある。取引は売買の当事者だけでなく社会にも利をもたらすものでなければならないという意味で，日本にも企業の社会的責任（CSR：Corporate Social Responsibility）という考え方が古くからあったことを示している。しかし実際にCSRが広く当然のこととして認識されるようになったのは，ごく最近のことである。

　高度経済成長期までは，優れた商品・サービスを通じて社会に経済的な価値を提供し，利益のうちから納税することが「よい企業」の条件だと考えられていた。そして，それ以上の社会貢献は企業の付属的な役割であり経費だとされており，あまり顧みられることはなかった。

　しかし，巨大企業の過激な営利追求による公害問題や贈収賄等の不祥事，食品添加物による健康障害，欠陥商品問題などのさまざまな問題が発覚するにつれて社会も消費者の意識も変化し，どんなに利益を上げて納税していてもそれだけでは「よい企業」とはいえないという考え方が徐々に浸透してきた。そして1970年代，社会問題の解決にマーケティングの理論や手法を応用する仕組みとして「ソーシャル・マーケティング」が登場したのである。

　しかし当初，ソーシャル・マーケティングの中心として考えられていた社会貢献は，文化・芸術活動支援（メセナ）や慈善活動（フィランソロピー）が主流であり，本業とはあまり関係のない資金提供型のものが多かった。そのため，バブル崩壊後に不況が訪れると，それらにかかっていた経費は削減されてしまった。親会社の業績悪化を受けて廃部になった実業団スポーツクラブや，スポンサーが撤退したことでそれまで毎年開催されていたイベントが中止されるといった例は枚挙に暇がない。「社会貢献をしている優良企業」という宣伝効果を期待しただけの活動や，経営者の正義感のみが原動力である活動では，長続きしないことが明らかになったのである。しかも，このことから「CSRを果たすこと

ができるのは経済的余裕のある企業だけ」という認識が広まってしまった感も否めない。

　CSR と事業を結びつける「コーズ・マーケティング」が広まったのは1980年ごろのことである。社会問題を解決するという大義（Cause）を掲げ，その大義に参加する方法を消費者に与えて協力を得ることで，企業の売上げやイメージアップを図るというものであり，1983年にクレジットカード大手のアメリカン・エキスプレス社が行った「自由の女神像修復キャンペーン」がその例としてよくあげられる。

　さらに，CSR と事業を強く結びつけた「共有価値の創造（CSV：Creating Shared Value）」という概念がポーター（Porter, M. E.）によって提唱された（「共通価値の戦略」『ハーバードビジネスレビュー』ダイヤモンド社，2011年6月号）。ポーターは，企業にはその事業を通じて社会課題を解決する能力があり，社会的価値の創造と経済的価値の創造の両立によって企業価値の向上が実現すると考えたのである。企業が収益を得た後に社会貢献活動をするのではなく，事業を通して社会課題を解決しながら自社の競争力を高めることができるのであるから，CSV は大企業・中小企業の別なく，また好不況に左右されることも少ない。

　そして，2015年に国連サミットにおいて持続可能な開発目標（SDGs：Sustainable Development Goals）（☞6-15 ☞8-8）である17の目標と169のターゲットが採択されると，それまで国や地域，文化などによって偏りのあった CSR の内容が世界的に統合され，すべての企業が目指すべき目標が明確になった。すでに CSR に取り組んでいた企業は，SDGsと自社の取組みを照らし合わせることで，自社の活動が CSR をどのくらい果たせているか，残された課題は何かを明らかにすることができる。また，これから CSR に着手する企業にとっても，SDGs は最初の一歩となるべき取り組みやすい目標を探すためのよい指標になっている。

（武市三智子）

KEYWORD

三方よし，ソーシャル・マーケティング，コーズ・マーケティング，共有価値の創造（CSV），SDGs

2-6 ブランド

ブランドとは,「ある売り手の財やサービスが他の売り手のものとは異なることを証明する,名前,用語,デザイン,シンボル,その他の特徴」である。ブランドそのものは単なる名前やマークでしかない。しかし,その単なる名前やマークが企業のマーケティング活動において重要な役割を果たし,持続的な競争優位の源泉となる。ここにブランドの不思議さと面白さ,そしてそのマネジメントの難しさがある。

優れたブランドは,自社の商品を他社の同等の商品よりも高価格で販売できる価格プレミアム効果や,消費者が自社の商品を繰り返し購買するようになるロイヤルティ効果をもたらす。これにより企業は,取引業者の協力を得やすくなり,販売促進活動の展開が容易になる。ブランド拡張やライセンス供与によって事業拡張の機会も獲得しやすくなる。

このような効果が生じるのは,ブランドが次の3つの機能を有するからである。第1は,保証機能である。商品にブランドを付与することは,その責任の所在を明確にすることであり,品質や性能を保証することにつながる。ブランドは,商品の品質や性能に対する信頼の印となる。

第2は,識別機能である。商品に施された品質や性能の差異,そして込められた思いなどの差異は,ブランドが付与されて初めて容易に識別することができる。ブランドは,商品の独自性を示す識別の印となる。

第3は,想起機能である。ブランドを見たとき,消費者は,その商品の品質や性能はもちろん,ブランドのパーソナリティや世界観など様々なイメージを思い浮かべる。ブランドは,その提示と連動して想起される多様な意味,すなわちブランド連想の手がかりとなる。

このようにブランドそのものは単なる名前やマークであり,それ自体に価値が内在しているわけではない。例えば,Nike の「スウッシュ」や Apple の「かじられたリンゴ」は有名だが,それらが食品や化粧品に付与されても,ブランドの機能は働かないし,ブランドの効果も生じないだろう。「スウッシュ」はスポーツ用品と,「リンゴ」はデジタル機

器と結びついて初めて価値を持つのであり，ブランドだけでは価値は生じない。だが，ブランドがなければ価値は生じない。ブランドの価値は，ブランドと商品との支え・支えられる関係において生じるのである。

こうしたブランド価値の創造において重要な役割を果たすのが，ブランド連想である。商品とその情報であるブランドが並行して消費者に提供されることで，その商品の必要性や評価軸である観点が想起され，他のブランドが選択される可能性が隠蔽される。Apple を例に説明しよう。

デジタル機器を購入しようとすれば，消費者は，品質や性能，価格やデザインなど様々な属性を選択的に評価して最良と判断される代替案を選択する。このとき，価格が最も重要な属性であるとして評価がなされると，Apple が選択される可能性は低いだろう。しかし，「リンゴ」を用いたそれまでのマーケティング活動によって，「リンゴ」には，「ユーザーフレンドリー」，「グラフィックス」，「独創的」，「かっこよさ」といったイメージが蓄積されている。そのため，「リンゴ」を見た消費者が，デジタル機器の購入にあたって，「使いやすく視覚表現に優れていること」や「周囲の人から独創的でかっこいいと見てもらえること」が重要であったと想い起こす可能性が高まる。ひとたびそれらの観点で評価が行われれば，消費者は他ではない Apple のデジタル機器を選択する。そしてさらに，「リンゴ」が付与された商品は，使いやすく視覚表現に優れており，独創的でかっこいいデザインであるため，その商品の必要性や，評価にあたって採用された観点を妥当なものとして確立するための根拠となる。こうして，提示された商品とその情報であるブランドは，消費者にとって，「そうとしか見えない」，「欲しくてたまらない」，「確かに価値がある」ものとなるのである。

商品にブランドを付与することで，マーケティング活動の成果が消費者の認識と結びつく。ブランドは，マーケティングと消費者の間に介在することで，その価値を生み出しているのである。 （中西大輔）

(KEYWORD)

価格プレミアム効果，ロイヤルティ効果，保証機能，識別機能，想起機能，ブランド連想

2–7　市場調査と新製品開発

　企業は市場調査（マーケット・リサーチ）を通じて，製品開発とマーケティング施策に必要な市場情報（市場の構造・特性・規模，消費動向，需要と販売の見込みなど）を得る。ちなみに，マーケティング・リサーチという用語もあるが，それはマーケティングの諸問題にかかる幅広い情報を体系的かつ組織的に収集・分析・評価・報告する一連の活動を指し，市場調査を含む広義の概念として使われることが多い。

　一般的な市場調査プロセスは，課題と目的の明確化，計画立案，調査の実施，データの集計と分析，および結果報告で構成される。市場データには，自ら独自調査で集めた1次データと，別の目的で収集・刊行された2次データがあり，調査目的に合わせて補完的に用いられる。1次データの収集方法には，観察法，フォーカスグループ調査，実験調査，質問法などがある。さらに質問法には，郵送法，面接法，留置法，電話法，インターネット利用法などがある。その中でも近年は，インターネット調査が最も利用される手法の1つとなっている。一方，標本抽出法には，確率による抽出法（単純無作為抽出法，系統抽出法，層化抽出法，集落抽出法など）と確率によらない抽出法（割当抽出法，便宜的抽出法，判断的抽出法，スノーボール法など）がある。データ収集後には集計・分析・解釈を行い，報告書をまとめる。報告書は的確かつ簡潔に，わかりやすく作成する必要がある。報告を受ける意思決定者が必ずしも調査と分析に精通しているわけではないからである。

　近年の市場調査では，情報通信技術の発展とともに生成・収集・蓄積された，さまざまな種類や形式のデータ（ビックデータ）が利用可能となっている。それとともに人工知能技術を活用したデータの取得・連携・解析も進んでいる。調査担当者は，膨大かつ多様な市場データを有効活用するために新しい知識やスキルを習得する必要性が高まっている。

　市場調査の結果は新製品開発の土台となる。新製品開発は市場のニーズと企業のシーズを市場環境に適合するように結合して，価値ある新し

い市場提供物を具現化する活動である。どのような製品を開発するかによって価格・流通・プロモーションの施策も規定されるため，新製品開発はマーケティングの中核であり，企業の成長と競争優位に欠かせない。新製品開発の方向性は市場と技術が自社にとってどれほど新しいのかによって影響される。市場と技術が新しい場合には，不確実性が高い中でラディカル（radical）な製品開発が行われやすい。逆に，従来の市場と技術の場合には，既存製品の改良を中心に漸進的な開発が行われやすい。

　新製品開発プロセスは，製品の構想・設計・商品化にかかる一連の段階で構成される。典型的には，開発前の調査，アイデアの創出とスクリーニング，コンセプト策定，マーケティング戦略の検討，収益性分析，設計・試作・テスト，生産，市場導入の段階を経る。開発プロセスにおけるさまざまな不確実性を減らすためには，どのようなユーザーに，どのような便益を，どのように実現するかを表した，明確なコンセプトを策定することが重要である。そのコンセプトが以後の開発プロセスで指針の役割を果たすからである。また，開発プロセスのマネジメントでは，開発期間の短縮，コスト削減，品質改善を図る手法の1つとして，複数の段階を同時並行で進めるコンカレント（concurrent）型が広く導入されている。とくに現在は3次元CAD（Computer Aided Design：コンピュータ支援設計）や，種々の設計データを統合的に一元管理するPDM（Product Data Management）システムにより，コンカレント型製品開発がより効率的に実施できるようになっている。

　近年は新製品開発のイノベーションを起こすアプローチとして，デザイナーの感性と手法を応用するデザイン思考，重要な市場動向の最先端に位置し問題の解決策も知り得るユーザーを取り込むリードユーザー法，WEBを通じて一般ユーザーから幅広くアイデアを集め，製品開発につなげるクラウドソーシング法などが注目されている。　　　　（李　炅泰）

KEYWORD

市場調査，市場データ，標本抽出法，新製品開発，コンカレント型製品開発，イノベーション

2-8　製品戦略

　製品戦略は企業が特定市場における市場ニーズを集約的に描いた市場像との整合をはかるために行われる，マーケティング戦略の下位戦略の１つである。製品戦略は新製品の開発やその市場導入，既存製品の改良，デザイン，梱包，ブランドなど，製品についてのすべての活動が関わっている。企業は市場において販売の困難性が重大な問題とならないときにはプロダクトアウト，つまり生産の論理を貫徹することが可能であった。しかし，市場における販売の困難性が増大する場合は「売れるものを作る」というマーケットイン，つまり消費の論理に目を向けさせることになる。

　そこで，企業の製品戦略が製品の基本的・使用価値的な属性のみを有する製品としてではなく，製品を「属性の束」として拡張的に捉え，それを戦略に内包することが，まさに製品戦略がマーケティングの基本ともいうべき消費者視点を有している証左でもある。ここでの「属性の束」とは消費者の知覚集合を意味しており，属性とは消費者が認知可能な製品が所有する特徴である。狭義の意味として，製品の属性は製品の使用価値を意味している。言い換えれば，その属性が中核としてのベネフィット（本来的使用価値）であるかもしれない。しかし，他方では競争の手段としてその属性には多様な要素が盛り込まれることになる。しばし，それが本来的な使用価値とかけ離れる場合があるかもしれないが，それは決して重要な問題ではない。企業の製品戦略としての差別化が実践され，競争上有効であると判断されたものが属性として評価されるだけである。決してなんでもかんでも属性として現れてくるというわけではない。それが，「属性の束」の意味するところでもある。このような視点はまさに製品戦略のミクロ的視点と呼ぶことができる。

　一方，製品戦略にはマクロ的な視点からも捉えることが可能である。マーケティングにおける製品は，経済学や製造・技術系のそれとは違い，製品を顧客との関係性の中で捉えるのである。企業は製品を通じて消費

者と通じ合い，製品は企業と消費者を結びつける紐帯としての意味をもつ。ここでの紐帯がもつ意味は，製品戦略がもたらす需給調整としての活動である。需給調整とは企業のマーケティング戦略と消費の論理（生活の論理）のバトル（battle）の結果であるといえる。需給調整とはオルダーソン（Wroe Alderson）の言葉を借りれば，斉合（matching）の過程でもあり，「形態付与（shaping）」や「適合調整（fitting）」（もう一つは「品揃え形成（sorting）」の過程である。この形態付与や適合調整は財の形態転換にかかわる生産過程であり，この意味において製品戦略は需給斉合の役割を果たしているといえる。

　従来，消費者は製造企業が生産したものを選択・購入し，消費するという受動的な存在であったが，消費者が積極的・能動的に生産に関与し，参加型製品開発のみならず，文脈価値を共創する新たな共同主体として位置づけようとする動きがある。このように消費者とともに価値を共創することを「価値共創」と呼ぶとするならば，製品開発等の価値共創の広がりの背景には，あらゆる製品のコモディティ化，さらに製造企業が市場像をどのような市場像に描いたらよいのか分からなくなっていることや，インターネット，特にSNSの進展などが挙げられる。インターネットを通じた消費者間の繋がりは製品の使用や用途に関する情報伝播の範囲，ならびにスピードを格段にアップさせた。また，3Dプリンターなどの生産技術の普及も消費者の製品開発への関与を促進する基盤となっている。価値共創的な製品戦略は価値実現の観点からも更には需給調整の観点からも重要な活動分野である。製造企業など生産者と消費者との価値共創のプロセスをどのようにデザインするのかが，製品戦略のカギを握るといえる。　　　　　　　　　　　　　　　　　　　　（久保康彦）

KEYWORD

製品戦略，属性の束，需給調整，中核としてのベネフィット，需給斉合，価値共創

2-9 価格戦略

　企業が市場に新商品を投入する際に採用する代表的な価格戦略として，市場浸透価格戦略と上澄み吸収価格戦略が挙げられる。前者は，市場導入段階から低めの価格設定を行うことによって市場の浸透を目指す戦略のことをいう。最寄品（食品や日用品等）のような非計画的に高頻度の割合で購買される商品で採用されることが多いが，その他にも近年では有料動画配信等に代表されるサブスクリプションサービスでも本戦略を採用している。後者は，市場導入段階においては高めの価格設定を行い，需要の低下に伴い値下げをしていく戦略のことをいう。買回り品（家電製品等）のような計画的で低頻度の割合で購買される商品で採用されることが多い。本戦略では値下げが効果的に機能することを前提としているが，コトラー（Kotler, P.）とケラー（Keller, K. L.）は値下げの実施において，「低品質の罠（低品質だと知覚される可能性がある）」，「脆弱な市場シェアの罠（値下げにより獲得した顧客は競合他社へ流れる可能性がある）」，「乏しい財力の罠（高価格を維持できる競合他社に持続力で劣る可能性がある）」という 3 つの罠に陥る可能性があることを指摘している（フィリップ・コトラー，ケビン・レーン・ケラー，恩蔵直人監修，月谷真紀訳『コトラー＆ケラーのマーケティング・マネジメント』【第12版】ピアソン・エデュケーション，2008年）。

　上述の 2 つの戦略に加えて，近年ではダイナミック・プライシングという需要の変動に応じて柔軟に価格を変えるという価格設定戦略も見られるようになった。アミューズメントパークやプロスポーツの試合の入場券や航空券等で主に採用されていたが，その流れはスーパーマーケットにもきている。それを可能にさせているのがネットワークを通じてディスプレイ上の価格表示を変更することができる電子棚札である。これまでの電子棚札は 1 枚当たり1000円以上と高額なコストが問題視されていたが最近では電子棚札の提供と管理も含めたサブスクリプションサービスも登場し 1 枚当たり数十円にまで 1 枚当たりのコストが低減されて

いる（『日経ビジネス』2021年3月1号）。

　それでは次いで，消費者が価格に対しての価値評価をどのように行っているかについてその知見の一部を紹介しておきたい。

　カーネマン（Kahneman, D.）が提唱したプロスペクト理論では，人は参照点に基づき金銭的な価値評価を行うとしている。参照点を上回れば利得，下回れば損失という価値評価が下されるが，利得に比べて損失の方が強く反応するとされており，このような傾向を損失回避性（loss aversion）と呼んでいる（ダニエル・カーネマン著，村井章子訳『ファスト＆スロー（下）』早川書房，2012年）。マーケティング領域では，プロスペクト理論における参照点に当たる価格を参照価格と呼んでいる。このプロスペクト理論に基づいて考えると，変動された価格に対して消費者はこの参照価格を基準に商品の価格の価値を判断し，利得よりも損失の方に重きを置いた判断を下す傾向があると考えることができる。

　参照価格には外的な情報（お店の値札等）によって形成される外的参照価格と，自身の記憶等の内的な情報（過去の購買経験等）によって形成される内的参照価格がある。この2つの参照価格の内，どちらの基準も同程度に用いられるが，「特定のブランドへの嗜好が弱い」，「特定のカテゴリーにおいて複数のブランドを購入している」，「特定のカテゴリーにおいて購買頻度が低い」場合において外的参照価格の方を重視する傾向があることを指摘している研究も存在している（Rajendran, K. N., & Tellis, G. J. "Contextual and Temporal Components of Reference Price," *Journal of Marketing, 58*（1），1994年）。　　　　（太田壮哉）

KEYWORD

市場浸透価格戦略，上澄み吸収価格戦略，ダイナミック・プライシング，参照価格，外的参照価格，内的参照価格

2-10 流通チャネル

　生産された商品は市場を経由し，価値の実現，換言すれば価格への転化を達成し，市場から抜け出していく。ある商品が生産者から消費者に至る間に，市場関係に規定されながらたどる売買の継起的な段階の総体を，その商品の流通チャネルないし流通経路という。商品の種類によって，流通チャネルが異ったり，同一種類の商品が複数の流通チャネルを構成したりすることもあるが，経済発展の一定の段階においては，その段階で一般的，支配的な流通チャネルを商品流通全体の中で位置づけると商品流通のいっそう具体的な形態を認識することができる（森下二次也『現代の流通機構』世界思想社，1974年）。なお，流通チャネルは商品の価値的側面からみれば，それが実現される過程として認識できるが，商品の使用価値的側面からみれば，商品の所有権が移転していく過程として捉えることができる。

　流通チャネルと同様の概念に，マーケティング・チャネルがある。コトラー（Kotler, P.）は，マーケティング媒介者の集合をマーケティング・チャネルまたは流通チャネルと定義し，両者を同列に扱っているが，流通チャネルは商品売買の段階全体を社会経済的観点から把握する概念であるのに対して，マーケティング・チャネルは商品の取引段階について，マーケティング活動を実践する個別企業の観点から捉えた概念であると理解できよう。

　現実の流通チャネルは，さまざまな卸売業者や小売業者などによって組織され，資本主義の自由競争段階においては，一般的に自立的な商業によって担当されていたといってよいが，資本主義の独占段階においては，巨大製造企業や大規模小売企業を中心とした VMS（Vertical Marketing System，垂直的マーケティング・システム）が構築され，それが流通チャネルの主要な部分を占めるようになる。VMS には，チャネル全体を単一企業の資本的支配下に置くものを企業型 VMS，フランチャイズシステムのように独立した事業者が契約によって結束し，単独で

はできない販売効果を得ようとする契約型VMS，チャネル内で支配的地位にあるメンバーが規模やパワーに応じてリーダーシップを発揮する管理型VMSがある（フィリップ・コトラー，ゲイリー・アームストロング，マーク・オリバー・オプレスニク著，恩藏直人監訳『コトラーのマーケティング入門』【原書14版】丸善出版，2022年）。この他，同一段階にある複数の事業者が提携し，共同で新たな市場を開拓する水平的マーケティング・システム，単一の事業者が複数のマーケティング・チャネルを利用するマルチチャネル流通システムがある（同上書）。

　VMSを構築する際には，チャネル全体を統括する意思決定者の役割が重要となる。この機能を果たすものをチャネル・キャプテンという。チャネル・キャプテンの種類によって，VMSは生産者主導型，卸売業主導型，小売業主導型，消費者主導型チャネル・システムに分類することができる。消費者主導型は，生活協同組合のような消費者の出資金をもとに運営される流通機関によって構成されるチャネル・システムである。これらの内，資本主義の独占段階では，商業資本の排除傾向が傾向となり，生産者主導型チャネル・システムが主導的地位にある。巨大製造企業は，チャネルの各段階での流通業者の数やチャネル支配の程度に応じて，開放的チャネル，選択的チャネル，排他的チャネル（閉鎖的チャネル）の設定を選択する。例えば，最寄品を扱う企業はできるだけ多くの小売店で販売する必要があるので開放的チャネルを選択するが，自己の商品の優先的販売を企図する企業は排他的チャネルや選択的チャネルを構築しようとする。

　今日では，大規模小売企業と巨大製造企業による製販同盟などをもって，チャネルにおけるパワーコンフリクトから両者の協調関係を重視するチャネル・パートナーシップが注目されている。　　　　（佐々木保幸）

KEYWORD

マーケティング・チャネル，垂直的マーケティング・システム（VMS），チャネル・キャプテン，商業資本の排除，チャネル・パートナーシップ

2-11 販売促進戦略

　販売促進（セールス・プロモーション）の主たる目的は顧客の需要を喚起することである。広義の販売促進には広告・広報（PR）までを含むが，狭義の販売促進は商品やサービスの付加価値や価格に納得して購入してもらうための販売に関する諸施策を意味する。販売促進活動は，企業が企業（顧客や流通）に対して実施するB to B（Business to Business）と企業が消費者に対して実施するB to C（Business to Consumer）に分けられる。B to Bには小売向けの値引き，チラシ，クーポン配布，実演販売や流通業者向けのセールスコンテスト，特別出荷，販売助成などがある。B to Cには折込チラシ，DM（ダイレクト・メール），懸賞コンテスト，プレミアム（景品），試供品サンプリング，ポイントカード，クーポン配布，キャッシュバック，増量パックや一時的に店舗を開設するポップアップストアなどがある。B to Bにおいて企業は新しい商品やサービスを発表し，有望な潜在顧客（ホット・リード）と商談するために関連産業の展示会・見本市に出展する。展示会・見本市は定期的に東京ビッグサイトや幕張メッセなどで開催される。国内の展示会では，自動車関連では東京モーターショー，人工知能などの先端技術を活用したソリューションではCETEC（シーテック），食品・飲料ではFOODEX（フーデックス）が出展企業も多く，開催規模が大きい。マーケティング活動において商品やサービスがコモディティ化するなか，短期的な売上目標を達成するためには，これらの販売促進活動の重要度は高まっている。電通メディアラボによると2021年の国内総広告費における構成比は，マスコミ四媒体が36.1％，インターネットが39.8％，販売促進活動に関連するプロモーションメディアが24.1％である。販売促進に関する広告費には新型コロナの影響が顕著にみられる。感染防止の観点から集客を目的としたキャンペーンやリアルイベントが減少した。一方，巣ごもり・在宅需要を取り込んだDM（ダイレクト・メール）は回復しつつある。

販売促進関連広告費の推移

セールスプロモーションメディア広告費	2019年	2020年	2021年
屋外広告	3,219	2,715	2,740
交通広告	2,062	1,568	1,346
折込	3,559	2,525	1,364
DM（ダイレクトメール）	3,559	2,525	2,631
フリーペーパー	2,110	1,539	1,442
POP	1,970	1,658	1,573
イベント・展示・映像ほか	5,677	3,473	3,230
合計（億円）	22,239	16,768	16,408

出所：『電通報』（2022年2月24日）「日本の広告費」をもとに筆者作成。

　近年，これらの販売促進におけるリアルとデジタルの融合が進んでいる。具体的には，若者向けの化粧品などはコンビニで試供品のサンプリングをおこない，SNSで割引クーポンを配布し，ECサイトからの購入を促すというような例が挙げられる。中国では多くのフォロワーがいる販売員が店頭でライブ・ストリーミング配信による商品の情報を提供し，店頭やECサイトでの購入につなげている。展示会や見本市においては一般的な情報はオンライン展示会で広く公開し，リアル展示会は重要な既存顧客と有望な潜在顧客（ホット・リード）に絞って招待し，より詳細な情報を提供するようになっている。販売促進には人的な営業活動も含まれる。高度に複雑化した現代社会では顧客が納得し購入するためには，問題解決（ソリューション）提案型の営業力が求められる。これは店頭の販売員に関しても当てはまる。特に高額商品（不動産・保険・高級車・宝飾品）では，最終的に顧客に「この人から買いたい」と思ってもらえるかが決め手となることが多い。そのためには，詳しい商品知識や顧客視点の提案にこだわる姿勢が不可欠である。販売促進戦略は直近の収益のみを目的とせず，売り手と買い手の長期的な信頼関係を築くことが到達すべきゴールである。　　　　　　　　　　　　　（唐沢龍也）

KEYWORD

広告・広報，B to B，B to C，展示会・見本市，問題解決（ソリューション）提案型営業

2-12 サービス・マーケティング

　サービスとは，一連の無形の活動からなるプロセスである。それは，顧客と従業員や物的資源や製品やシステムとの相互作用において起こり，顧客の問題解決に向けたソリューションとして提供される（Grönroos, 2015）。この定義に基づくと，サービスの基本的な特徴として，以下の三点を挙げることができる。第一に，サービスは財という側面よりも活動やプロセスが強調される点である。そのプロセスには，顧客と接する従業員との直接的な相互作用だけでなく，そこで活用される物的資源や情報，他の顧客も含まれる。第二に，サービスは生産と消費が同時に発生する点である。例えば，美容室においてスタイリストから提供されるヘアスタイリングのサービスは，生産されつつ消費されているといえる。第三に，顧客はサービスの共同生産者として，そのプロセスに参画している点である。グッズとは異なり，サービスが生産されるプロセスに顧客がいなければ，そのサービスは成立しない。顧客はサービスの受け手であると同時に，サービスを共同的に生産する存在なのである。

　1980年代以降，多くの研究者たちが，サービス・マーケティングを捉える枠組みやモデルの構築に取り組んできた。例えば，グルンルースやグメソンは，インタラクティブ・マーケティングやインターナル・マーケティングを提示した。インタラクティブ・マーケティングが取り扱うのは，顧客との直接的相互作用や，そこで活用される資源のマネジメントに関する問題である。このように，サービスを提供する企業と顧客が接する場，いわゆるサービス・エンカウンターやプロセスの管理に注目するのは，顧客が知覚するサービスの品質が，提供されたサービスから生じる結果に対するもの（技術的品質）と，提供の仕方に関わるもの（機能的品質）から構成され，特に後者はサービス特有のものであり，直接的相互作用の展開方法も顧客満足等に影響を与えるからである。また，直接的相互作用を担う従業員（例.販売スタッフ，電話オペレーター）や，彼らを支える他部門の従業員にも注意を払うことが必要となる。

なぜなら，顧客と接する従業員の知識・スキルやモチベーションも，サービス品質を決定する重要な要素になると考えられるからである。したがって，サービスを提供する企業には，内部顧客といえる従業員に対するインターナル・マーケティングにも取り組むことが求められるのである。

　2000年代に入り，サービスをプロセスや活動として捉えるのではなく，ビジネスのパースペクティブ（考え方）として捉える動きが見られるようになってきた（例えば，Grönroos（2006）のサービス・ロジック）。マーケティングの文脈では，サービスは，顧客にとって有益な方法で彼らの目標が達成できるよう関連するプロセスを支援することとなる。ここで重要なのは，価値創造の主体は顧客であること，サービス・プロバイダーは，顧客の価値創造を促進する主体であり，顧客と一緒に価値創造する場合は価値共創者となることである。つまり，有形財を生産・販売するメーカーや小売企業も「顧客の価値創造を支援する」というサービスのパースペクティブを適用し事業を展開すれば，サービス企業となる。もちろん，サービス・パースペクティブを採用するかどうかは，戦略的オプションであり，プライス・パースペクティブを採用する企業は，低価格を主な競争手段と考えるであろう。しかし，このサービス・パースペクティブは，いわゆるサービス業に属する企業だけでなく，あらゆる企業に適用可能なものであること，マーケティング研究の焦点が顧客の価値創造へ移行していることを踏まえれば，実務的にも学術的にも非常に示唆に富むものであると考えられる。　　　　　　　　（大藪　亮）

KEYWORD

プロセスとしてのサービス，インタラクティブ・マーケティング，インターナル・マーケティング，技術的品質，機能的品質，パースペクティブとしてのサービス

2-13　国際マーケティングの定義と類型

　国際マーケティングとは，英訳すれば international marketing となる。international については inter が「～の間」，national が「国の」という語義であり，国境を越えて行われるマーケティングである。国境を越えたマーケティングは，古くは香辛料の貿易を目的としたイギリスやオランダの東インド会社が存在する。国境を越えたビジネス自体はヴェネチアの信用状の発行による決済システムから始まったとされており，いずれにせよ代金回収を主な理由としたリスクこそが国境の持つ意味である。東西冷戦が終結してグローバリズムと自由主義が勝利する1990年以前は，ブロック経済という形で，東側の国々が国際マーケティングに参加する道は閉ざされていた。自由貿易を支える国際的枠組みは，GATT（関税及び貿易に関する一般協定）から WTO（世界貿易機関）に引き継がれたが，EPA（経済連携協定）/FTA（自由貿易協定）が個別に締結されたり，NAFTA（北米自由貿易協定）や EFTA（ヨーロッパ自由貿易連合）や TPP（環太平洋パートナーシップ）や RCEP（東アジア地域包括協定）など地域連合の動きも存在する。近年においては米中対立や地球温暖化対策からくる脱炭素経営や新型コロナウイルスによる物流網の混乱などからサプライチェーンの組み替えなどが地政学リスクの観点から行われるようになっている。アフターコロナの世界動向としては，第 4 次産業革命による産業の再編や新型コロナウイルス対策からの国家債務リスクやロシアによるウクライナ侵攻も加味して判断されるべきであろう。また越境 EC の規模はかつてないほど高まっており，GAFAM などプラットフォーマーのあり方も欧米先進国を中心に各国政府から問われている。

　国際マーケティングは，通信と運輸が発達した20世紀のグローバリゼーションに対応している。第 2 次世界大戦後，アメリカ合衆国が世界の50％の GDP を占め，50年代・60年代はアメリカ企業が，戦後復興で70年代・80年代は，ヨーロッパ企業，日本企業がアメリカ企業に加わって

その主役となった。国内市場の飽和が背景にあり，日本・アメリカ合衆国・ヨーロッパの市場は世界の3極として世界経済を牽引した。80年代以降は NIES（新興工業経済地域）として韓国，台湾，香港，シンガポール，90年代以降はタイやマレーシアなどの ASEAN 諸国や世界の工場となった中国，ブラジル，ロシア，インド，中国の頭文字をとった BRICs が台頭した。2010年代からは中国が GDP で日本を抜いて世界第2位の規模となり，世界第1位のアメリカ合衆国と拮抗する関係になっている。

　国際マーケティングの類型としては，国際ビジネスの規模による段階で表すことができる。頼みもしない注文からくる単なる輸出，輸出活動に経営資源を投じる意思のある輸出マーケティング（export marketing），現地に営業所や生産工場を設けてポリセントリック（polycentric）な志向を持つマルチドメスティックマーケティング（multidomestic marketing），レビット（Levitt, T.）のいう市場のグローバリゼーションに対応した regional な志向や global な志向を持つグローバル・マーケティング（global marketing），海外の経営活動に経営資源の積極的な相互交流を持たせるトランスナショナルマーケティング（transnational marketing）がある。国際マーケティングの基本概念として世界標準化（standardization）と現地適応化（適合化，adaptation）がある。世界は同質化し地球市場が登場したとして規模の経済性を生む画一性極大化を促進するのが世界標準化であるのに対し，特定の現地市場ニーズと現地環境に適応するのが現地適応化である。21世紀に入りグローバル顧客の持つ意味は大変大きくなっている。地政学リスクに配慮しながら国際マーケティングの対象とする各国の GDP の数値，一人あたり GDP の数値を把握することが国際マーケティング活動のパフォーマンスを左右するまでになっている。　　　　　　　　　　　　　　　（太田真治）

KEYWORD

国際マーケティング，グローバリゼーション，輸出マーケティング，マルチドメスティックマーケティング，グローバル・マーケティング，世界標準化と現地適応化（適合化）

2-14 グローバル・マーケティングと地域統合

人々の用いる言語や商習慣，気候，天然資源量等は国や地域で異なる部分も大きいが共通する部分も存在する。また制度的な観点からも東アジア諸国を中心とした自由貿易協定（RCEP：Regional Comprehensive Economic Partnership Agreement）や，北米自由貿易協定（NAFTA：North American Free Trade Agreement）等といった地域協定により，地域内で商品企画，素材調達，製造，流通拠点等を完結させ商品を世界へ展開する動きがある。関税の削減を主とした自由貿易協定（FTA：Free Trade Agreements）だけでなく，ビジネス環境のルール等まで規定した経済連携協定（EPA：Economic Partnership Agreements）も存在している。このような地域統合は地域貿易協定（RTA：Regional Trade Agreements）と総称され世界中で数多く締結されている。RTA域内では基本的に自由貿易が展開されるため，域外と比べて素材や商品を流通させることが容易となる。EUの通貨EUROのように，特定地域圏内において同一の通貨を流通させ最適通貨圏を形成することで，域内貿易における為替リスクが無い場合もある。このようなRTAは貿易や，それに伴う製造・流通面でのコストを削減することを可能にし，結果としてグローバル・マーケティングを促進する要素となる。

グローバル・マーケティングは，国際展開で得られるコスト低減（世界標準化）を追求しながら，同時にローカライズ（現地適合化）を模索し各国市場における消費者の満足度を最大化する活動である。国際的なマーケティング活動の最終的な形態であり，母国市場も展開国市場の一つとして同等に扱うといった特徴がある。各国の消費者ニーズにそれぞれ合わせた展開には多大なコストを要する。そのため展開国間における消費者ニーズの共通点を探し，それに関わる部分については同じ要素を国際的に共通化することで規模の経済を達成する。それに加えてRTAのもたらす利点が更なるコスト削減を可能にする。RTA域内，域外を問わず，複数ヵ国で企画，製造，販売をし，得られた情報，知識，イノ

ベーション，または人的資源等を拠点間で積極的に共有する傾向もグローバル・マーケティングの特徴である。なおグローバル・マーケティングの対象は大規模な製造業に限定されるものではなく中小企業やサービス業も含まれる。

各国の特徴は文化・制度・地理・経済の4側面から捉えることができる。同一地域内に存在する各国は近接しているが故に，4側面に共通点や優遇策が多く存在する。その一方で，地理的に近い国同士では，歴史的な軋轢が存在していることも多く，特定の国で製造された商品を好まない消費者の傾向（消費者アニモシティ）も存在している。また自国の産業を保護し応援するために海外の商品を避ける消費者の傾向（消費者エスノセントリズム）も存在しており，この傾向は特に発展途上国や新興国において強い。RTA は地域内での産業や企業を保護し活性化させる目的があるが，地域レベルだけでなく，当然ながら国レベルでも自国の産業・企業保護の動きは存在する。そのため RTA を活用しながら単にコスト削減を追求すれば良いのではなく，消費者が抱く原産国イメージ（その商品がどこの国のブランドで，どこで企画，製造，組み立てされたのかに対するイメージ）を考慮することもグローバル・マーケティングには求められている。

保護主義が加速する時代と，世界での自由貿易が模索される時代の波が歴史的に交互に重なり合いながら押し寄せている。いずれの時代においてもグローバル・マーケティングを通して国際的に企業は成長を遂げてきた。各国での消費者満足度を高め，同時に利益を得る仕組み作りがグローバル・マーケティングの重要なポイントである。ローカル化とグローバル化の波が重層的に押し寄せるセミ・グローバリゼーションの世の中において，地域内だけでなく，地域間，国家間，そして子会社間の相互作用（シナジー）を考慮した展開が求められている。　（古川裕康）

KEYWORD

RTA：Regional Trade Agreements，世界標準化，現地適合化，規模の経済，原産国イメージ，セミ・グローバリゼーション

2-15 新興国市場のマーケティング

　経済が急激に成長をしている新興国では，市場の急拡大や急な制度変更等，変化が大きい。また，物流を含むインフラ等の未整備に加え，法制度も十分に発達していないなど，大きな制約も存在する。今後も市場の拡大が見込まれ，非常に魅力的である一方，こうした制約のためにこれまで日本企業が先進国で展開していたような自国で展開してきた製品やビジネス・モデル，あるいはそれらを微修正したものでは一部の富裕層を除く大多数からの支持が得られにくい状況になっている。

　人口構成比で巨大な市場である中間層以下をターゲットとするために新興国市場のマーケティングは，4A（アウェアネス，アフォーダビリティ，アクセプタビリティ，アクセシビリティ）の視点で検討・管理するのが良いとされている。まず，アウェアネスはブランド認知と製品知識から構成されており，単にブランドを認知されているだけではなく，具体的なイメージを消費者に持ってもらうことの重要性を示唆している。また，アフォーダビリティは，いわば支払い能力のことを指しており，経済的側面と心理的側面の両方から検討することが重要である。直接川から飲料水を調達している地域において，水に金銭を支払うことに対する抵抗感は強く，心理的なアフォーダビリティを確保することは困難を伴う。さらに，アクセプタビリティとは製品の受容可能性を指しており，当該製品の受け入れ可能な品質や好ましく思う程度を示している。そして，アクセシビリティは製品を入手する際の簡便さを指し，入手可能であるか，どれほどに時間や労力がかかるのか，購入可能なサイズのパッケージで入手できるのかを消費者の目線で検討することが重要である。

　特にアクセシビリティについては，先進諸国との流通構造の違いから特に重要な視点である。新興国の小売業は，大規模なチェーンストアを展開している小売業であり，スーパーマーケットやハイパーマーケット，コンビニエンスストアなどを指す近代的小売（MT：Modern Trade）と家族経営の小規模小売業のことを指す伝統的小売（TT：Traditional

Trade）に大別することができる。TTはインドではキラナ，インドネシアではワルン，フィリピンではサリサリストアと呼ばれている。流通の近代化が進展しているものの，依然としてTTの重要性は高く，インドにおいては金額ベースで9割以上がTTとされている。TT分野の就労人口が多いことから外資規制や大型店舗の規制緩和が進んでいない国が多く，それらの国ではすぐにMTに取って代わられるような状況にはない。このような市場で売上規模や市場シェアを求めていこうとすると，TTに自社製品を流通させるようなチャネル戦略が必須となる。

　膨大な数のTTに対して一軒一軒交渉をしていく訳にはいかないため，有力な現地ディストリビューターの力を借りる必要がある。この際，気をつけなければならないのは，MTとTTの両方を同じディストリビューターに任せきりにしているとディストリビューターが1店舗あたりの販売数に勝るMTを重視し，TTへの配荷を疎かにしてしまい，結果としてTTへの浸透が遅れるという結果を招く懸念があることである。MTとは直接的な取引を行い，TTへはディストリビューターを活用するという方法でMT・TT同時に攻略していくことが肝要である。

　こうした現地パートナーとの関係を良好にするためには迅速な意思決定が求められる。成長著しく，変化の激しい新興国市場においては，意思決定に要する時間が長くなると，外部環境が変化してしまうため，「持ち帰って検討」は現地パートナーへの信頼を損ねる恐れがある。可能な限り現場権限を移譲していくことが重要である。　　　　（原木英一）

KEYWORD

アウェアネス，アフォーダビリティ，アクセプタビリティ，アクセシビリティ，近代的小売（MT），伝統的小売（TT）

マーケティング論における主な論争

　100年余りしかないマーケティング論の短い歴史の中で，大きな位置を占める論争にマーケティング科学論争がある。マーケティングは科学（science）と呼べるのか，たんなる技法（art）ではないのかという問題意識が根底にある。マーケティング論は科学の１分野であるが，世の中には科学といえない「マーケティング論」も少なからず存在している。マーケティングとは商品の価値実現にかかわる体系的な対市場活動であり，一連の技法と思想体系からなる。したがって，技法だけでは一面的であり，科学とはいえないだろう。同じ技法を用いても，主体が違えば，それがもつ意味が異なるからである。科学と呼べるためには法則的な認識が必要である。とりわけ，価値法則と剰余価値法則（今日的には独占利潤法則を含む）の相互作用を中心とする経済法則にもとづいて展開される必要があろう。

　もう１つ論争をあげるなら，マーケティングの主体を営利企業に限定するか，非営利組織まで含めるかという境界論争がある。後者の考えは，マーケティングの技法が非営利組織にも採り入れられてきたことを反映している。もっとも限定的なとらえ方は，営利企業の中でも，独占資本と呼びうる巨大製造企業に限定する理解であり，一番広げた理解は，教会や政党などにまで適用する理解である。この境界論争とかかわって，マーケティングは私的なものか社会的なものかという論争もある。主体を営利企業に限定する立場からは私的とみ，非営利組織まで含めると社会的とみる傾向がある。

　これらの論争の教訓として，マーケティングの語源でもある市場とは何かを吟味することが重要といえよう。（佐久間英俊）

3 小 売 業

3-1　小売の理論

　商品経済が発展した現代社会にあって，生産と消費との架橋として商品流通を担う商業は，その内部でさらに分化が進み，最終消費者である個人や家族に商品を直接に販売する商業を「小売業」と定義し，他の商業者と区別する。小売業の扱う商品は，製造などの事業活動で消費する「生産財」とは違い，人々の生活過程で利用，消費する目的で生産，流通，販売される「消費財」である。

　資本主義的な事業体として発展し，企業化した小売業の活動は，小売管理論（Retail Management）あるいは小売マーケティング論（Retail Marketing）として把握される。小売業は，社会的には流通機構の末端で消費者が必要とする商品を直接に販売する機能を担うが，それは購買行動（商品調達行動）という消費者のニーズに対応した小売業固有の事業的特徴をもつ。すなわち小売マーケティングにおいて「製品（product）」とみなされるのは，消費者の購買行動ニーズへの対応である「どんな商品をどのように提供するのか」である。その意味では，企業化した小売業は単なる商品売買業ではなく，ある種のサービス事業である。

　小売サービス事業は，調理用食材の調達や流行中の衣服の調達など，顧客の購買行動目的に適合した品揃えを実現することが社会的な役割であり，そのためにメーカーの製造したNB（ナショナル・ブランド）を調達・販売することになるが，近代的な大規模小売業の中にはPB（プライベート・ブランド）と呼ばれる自社が開発した商品を品揃えの柱とする商品政策を採用する企業も存在する。また無印良品，シャトレーゼ，ユニクロのように，製造業が小売部門へと拡張進出したり，小売業が企画・製造分野を統合したりすることで，「製造小売業」と呼ばれる，メーカー的特徴と小売業的特徴が併存しているビジネスモデルが増大してきている。

　多種多様な多数の商品を品揃えしている近代小売業の場合には，品揃えを中心とした「商品化計画」（マーチャンダイジング）を核として，

消費者に商品を提供する仕組みである「小売業態」が小売マーケティングにおける広義の「製品」とみなせるであろう。小売業態は，百貨店，スーパーマーケット，ドラッグストア，バラエティストア，コンビニエンスストア，ホームセンターなどが挙げられる。さらに，家庭内で調理する食材を提供するスーパーマーケットでも，高級，高品質な食材を提供するタイプや低価格品を中心にアイテム数を限定して提供するタイプなど様々な亜種が存在する。こうしたタイプの違いを意識した業態類型は「小売フォーマット（Retail Format）」と呼ばれることが多い。小売業態や小売フォーマットは，対象とする顧客への商品の品揃えと提供の仕方であり，それは顧客の購買行動のニーズやウォンツによって規定される。

　顧客の購買行動の特徴によって，日用品としてよく消費されるため購買頻度が多い「最寄品」，好みや流行に左右されたり，技術的に複雑であるため売場で比較による購買がなされる「買回品」，高額で指名買いがなされる「専門品」の3タイプに主な消費財は分類される。小売業態もこの消費財の商品分類に規定され，立地政策や品揃え，売り場レイアウトなどの差異として店舗オペレーションに大きな影響を受ける。

　また小売店舗をどこに立地するかという小売業の空間的配置（立地政策）は，顧客の購買行動にとってきわめて大きな影響力をもつ。個人としての顧客にとって購買行動の空間的な制限は大きく，たとえばスーパーマーケット業態の場合，顧客は徒歩や自転車，自動車などの交通手段を利用しても時間距離でせいぜい10〜15分程度の範囲内で購買行動を行うからである。こうした購買行動の空間的時間的な制約から小売店舗の商圏が，製造業や卸売業とは異なる小売業固有の市場競争上の課題として設定されることになる。小売商圏の設定とあわせて商業集積間の競争を説明する原理として小売吸引力が論じられてきた。小売店舗間の競争力を売り場面積の大小や競合店舗との距離でもって測定・評価しようとするものである。

（齋藤雅通）

KEYWORD

小売マーケティング，小売サービス，品揃え，小売業態，消費財の分類

3–2 チェーンストア

　チェーンストアとは，同一形態の店舗を多数出店するために，店舗で行われる諸業務を二分し，販売業務は各店舗で行い，それ以外の業務や店舗管理をすべて本部が担当するという経営形態であり，消費者に広く商品を販売するため多数の店舗を必要とする小売業や飲食業，サービス業に採用されている（☞5-9）。多数のチェーン店は販売やサービス活動に注力し，チェーン本部は経営管理，販売戦略の決定，商品などの集中仕入，各店舗への経営指導などに特化することにより，専門化の利益，分業の利益さらに規模の利益を享受することができる。多店舗展開する場合に採用される経営形態に本支店方式もある。これは，各店舗が商品仕入から販売まで一貫して行う機能を備えているもので，地域的な需要の差異にきめ細かに対応できるものの，規模の利益が発揮できず重複コストが発生するため，消費者の嗜好に地域差が大きく出店数が少なく商品自体が比較的高額といった場合に採用される。

　チェーンストアは，狭義にはRC（レギュラー・チェーンの略称で，コーポレート・チェーンともいう）のことをさしており，単一の資本が多数の店舗を直営で展開するものをいう。単一の資本のもとで多数の同一形態の店舗が運営されるため，大規模店であっても店舗運営，品揃え，サービス水準などで統一的な対応が行いやすい。

　広義には，複数の資本が契約で結びつくチェーン組織である，FC（フランチャイズ・チェーン）とVC（ボランタリー・チェーン）も含む。FCは，有名商標，チェーン・オペレーションのノウハウや商品調達力をもつ本部（フランチャイザー）が加盟店（フランチャイジー）を募集し，加盟店の出資により店舗をつくり，本部は商標提供，商品供給や経営指導を行うもので，RCに比べると，各地域状況に通じた加盟店が集まるため顧客対応力に優れることと本部の出店コストが軽減されることから急速に店舗網を構築するのに適しているといえる。VCは，卸売業者が本部機能を担い小売店を加盟させるチェーンと小売業者自らが

集まり本部を設立する場合とがあり，アメリカでは前者をボランタリー・チェーン，後者をコーペラティブ・チェーンと区別する。いずれにせよ，中小小売業者が自立性を保ったまま共同仕入による規模の利益を享受し，大規模小売業に対抗しようとする方法であり，日本でも流通近代化政策の一環として推進された（☞9-11）。

チェーンストアは，アメリカでは19世紀末には現れており，1920年代以降に普及したといわれる。日本でチェーンストアが認識されるのは1910年代のことであり，1935年の商工省の調査ではRCが8チェーン，VCが11チェーンと記録されており，一部のメーカーや流通業者によるチェーン展開がみられたにすぎない。この時期のチェーン組織化は，メーカーによる流通経路の整備（☞2-10）と小売商問題への対策が主たる原因と考えられる。本格的な導入は1960年代にスーパーが全国に叢生してからであり，公開経営指導協会やペガサスクラブといった経営者間の研究団体がその普及の原動力となったとされる。

現在では，RC，FC，VCすべて合わせた小売業の年間販売額シェアは，全国小売販売総額の60％に及ぶとされる。業態との関連でいえば，総合スーパーや食品スーパー，専門店の多くはRCで運営され，コンビニエンスストアは初期にはVCが多かったが，その後資本力や経営指導力に勝れ，特に統一的な管理がしやすいFCの方が主流となっている。

チェーンストアを考えるうえで注意を要する点が2点ある。一つは，チェーンストアでは販売業務は店舗に委ね，それ以外の業務は本部が担うというのは理念的にはその通りだが，この分担関係は業態や企業により違いがみられることである。もう一つは，個別企業で，RC，FC，VCという異なった形態が併用されていることである。RCで店舗展開する企業が海外進出する際は低コスト，低リスクを求めFCで出店したり，逆にFC展開が基本でも，実験や研修の場として直営のRC店を必要とする場合である。 （川野訓志）

KEYWORD

本支店方式，レギュラー・チェーン，フランチャイズ・チェーン，ボランタリー・チェーン，コーペラティブ・チェーン

3-3　マーチャンダイジング

　マーチャンダイジング（merchandising）は，一般的に「商品化政策」あるいは「商品計画」と日本語に訳される。その語源は「merchandise」すなわち「商品」であり，その主体者は「merchant」（商人）ということになる。言い換えるならば，マーチャンダイジングとは商人による主体的，意図的行為によって商品化あるいは取引そのものが実現されることを意味する。また，その中には商取引の最適化を意図した計画や実行，管理といった諸活動が含まれる。

　一方，商取引の担い手，つまりマーチャンダイジングにおける商人の概念と商取引の対象となる商品の概念については注意が必要である。一般に商人というとサービスや金融といった商品を主として扱う業者も含まれるが，マーチャンダイジングが扱うのは主として店舗や売場のオペレーションを前提とする小売業や卸売業といった狭義の商人といえる。卸売業を敢えて加えたのは，小売の店頭における商品政策に対して卸売業が深くかかわっているからである。こうしたマーチャンダイジングにおける計画や実行，管理の実務には，「品揃え業務」と「販売業務」があり，商品計画を起点とした計画（Plan），実行（Do），検証・評価（See）の業務の循環を「マーチャンダイジング・サイクル」と呼ぶ。

　しかし，マーチャンダイジングにおける今日的な課題は，上位概念のマーケティングとの関係である。これまで，メーカーや卸売りとの物流システムや受発注の情報システム，顧客情報の管理，プライベート・ブランド製品（PB）の開発，ネット販売や配送の活用等について，マーチャンダイジングではあまり取り上げられることがなかったが，今日の小売現場における環境の変化や市場のニーズへの対応がマーケティング要素の拡張を生んでいる。マッカーシーの4Pに代表されるマーケティング要素から検証してみると，PB開発においては小売にも「プロダクト・プランニング」が必要であるし，インストア・マーチャンダイジングだけではなく，より広域型の「マス・プロモーション」が不可欠な状

況にある。また，価格政策や立地の要素では，商圏の競争状態だけではなく，ネット販売の状況も見逃せない存在となった。そして何より重要なことは，こうした変化に対応した顧客とのコミュニケーションのあり方や店舗や売場の役割が劇的に変化していることである。

その変化の中で大きな影響を及ぼしているのが，第1に，リサイクルやトレーサビリティあるいは環境問題といった課題への対応である。社会や消費者の厳しい目が店舗や売場のマーチャンダイジングに大きな影響を与えている。第2に，ネット販売の拡大である。インターネットの普及に伴うネット販売の拡大が始まった当初は，「店舗販売 VS ネット販売」といった画一的な議論が散見されたが，近年では多くの既存小売業者もネット販売やインターネットを利用した情報の活用に取り組んでおり，その戦略がこれまでのマーチャンダイジングに大きな影響を及ぼしている。

たとえば，ユニクロ（株式会社ファーストリテイリング）では，スマートフォンの専用アプリを連動させながら，顧客の囲い込みと同時に様々な新しい形態のマーチャンダイジングを取り入れている。まず，商品を自宅に取り寄せて試着できる販売方法が挙げられる。混み合った店頭に行くことなく，自宅でゆっくりと商品を選ぶことができるのである。第2に，オンライン限定で特殊なサイズの試着が可能となっている。また，アプリを使って現在の店頭在庫確認を顧客自らができる。さらに，返品や商品の受け取りに関しては，店舗を通じて行うことも可能である。

これまで店舗や売場の議論が中心となっていたマーチャンダイジングの分野に対して，明らかにマーケティングの要素が拡大してきており，小売りの現場における商品化政策に大きな影響を与えているといえる。

（粟島浩二）

KEYWORD

商品化政策，マーチャンダイジング・サイクル，情報システム，プライベート・ブランド，マーケティング，ネット販売

3-4 立地戦略

　小売業では，1つの実店舗が顧客を吸引できる地理的な範囲に限界があり，その範囲を商圏という。一般的に，取り扱う商品の最寄性が高まるほど当該店舗の商圏は狭くなる。しかし，店舗の規模あるいは取り扱う商品のブランド力，そして当該店舗の営業時間や立地などによって差異が生じる。

　特定の店舗に消費者が買い物にいく確率を，近隣にある他の店舗との競合状況で予測するモデルをハフモデルという。店舗面積に比例し，距離に反比例するというものである。すなわち，消費者は買い物に行く小売業の店舗を選択する際，より大きな，より近い店舗を選択する傾向にあるというのである。

　このように，小売業にとって立地は極めて重要な戦略要素である。しかし，自然発生的に形成された商店街に立地する零細小売商などにとっては，既に出店している場所を変更することは現実的には困難であって，その意味で立地戦略は主に大規模な小売商業資本によるマーケティング戦略ということができる。

　わが国では，鉄道の駅を中心にして独立した零細小売商などが集積することで商店街が形成されることが多かった。1960年代になると，スーパーマーケットの展開が本格化するが，彼らも顧客吸引力が高い従来からある商店街のなかやその近接地，いわゆる中心市街地に出店することが多かった。そのため，周辺の商店街などとの対立が増えていき，その解決のために1970年代に入ると大型店の新規出店を規制する大店法（☞9-3）（「大規模小売店舗における小売業の事業活動の調整に関する法律」）が施行された。

　大店法の規制のなかでも，スーパーマーケットをはじめとする大型店は中心市街地への出店を進めていった。しかし，それら大型店はモータリゼーションの進展や都市機能の郊外化，地価の高騰など，また1980年を前後して始まる大店法の規制強化を受けて，さらに商品の総合化や店

舗の大規模化によって経営の効率化を図るべく，次第に郊外への出店を増やしていくようになる。そして，それに呼応するかたちで消費者も郊外の大型店へと流れていくようになる。都市機能の郊外化とあいまって消費者も郊外へと流れていくようになると，中心市街地から撤退する大型店も増えていった。

その後，2000年を前にしての大店法の廃止と大店立地法（☞9-4）（「大規模小売店舗立地法」）の施行により，大型店の郊外出店がそれまでよりも容易になったため，従来型の大型店に加えて大規模なレジャー施設なども併設した複合的な商業施設や大きな駐車場を有して深夜まで営業する大型店なども郊外で増えていった。しかし，この頃になると少子化と高齢化が進んだこともあって，日常的に自動車を利用しなくてはいけない買い物行動を好まない人たちも高齢者を中心に増えていった。またその後，人口が減少傾向に転じていくなかで，住宅も含めて生活に関わる機能を都市の中心部に集約させようというコンパクトなまちづくりの発想が浸透してくると，都心回帰する人々も増えていった。それまでの郊外化で買い物機会を失った都心の消費者の需要に応えるべく，都市中心部でのミニスーパーの展開など大規模小売商業資本によるさまざまなかたちでの都心回帰も進んだ。

立地産業と呼ばれる小売業にとって，どこに出店するのかは最も重要な戦略的関心であるが，近年のオンライン通販の普及は小売業のもつその立地の制約を緩和するものである。専門品や買回品の分野はもちろんのこと，ネットスーパーの展開は最寄品分野でも立地の制約を緩和しつつある。事業者には，消費者のネット利用も視野に入れた立地戦略が求められるようになっているのである。　　　　　　　　　　　（番場博之）

KEYWORD

商圏，ハフモデル，中心市街地，大型店，郊外化，都心回帰

3-5 業種と業態

　業種とは，一般的には事業種類を意味する用語として用いられ，主に商品の分類基準に基づいた産業分類で使われている。日本では，様々な産業を大・中・小・細の4段階に分類する日本標準産業分類が設定されており，それぞれの階層でコード化するために割り振られた数字を業種コードとよぶ。

　流通にかかわって業種を用いる場合，多くは卸売業・小売業の取扱い商品種類に基づいた分類を意味する。そもそも卸売業・小売業は，多種多様な商品を取り扱う必要があるが，それらの商品の取扱いに必要な知識・情報・技術は，商品の種類によって異なる。そのため，商品取扱い技術の相違が卸売業・小売業の品揃えを技術的に制約し，両者の品揃えは自らが有する商品取扱い技術の範囲に収まることになる。流通における業種とは，このような商品取扱い技術に基づく取扱い商品種類を基準とした卸売業・小売業の分類であり，とくに小売業を類型化する概念として用いられてきた。

　業種による小売業の分類では，日本標準産業分類に依拠するのが一般的である。日本標準産業分類では，大分類に「卸売業・小売業」が設けられており，小売業の中分類として「各種商品小売業」，「織物・衣服・身の回り品小売業」，「飲食料品小売業」，「機械器具小売業」，「その他の小売業」，「無店舗小売業」があげられている。具体的な業種として理解される類型，たとえば鮮魚店（「鮮魚小売業」）やパン屋（「パン小売業（製造小売）」）などは，小分類もしくは細分類に該当し，こうした単一の商品種類を取り扱う商店は「業種店」とよばれる。

　小売業の分類において，業種と並んで用いられている概念が業態である。業種は取扱い商品種類を基準とする分類だが，実際には同じ商品種類を取り扱っていても，その扱い方が異なることがある。たとえば，同じ紳士服でも，生地から一着一着仕立てるテーラーと，既製品を大量陳列して販売する量販店とでは，扱い方が異なるだろう。さらに両者は商

品の扱い方だけでなく，小売業の営業形態にかかわる基本的要素（小売ミックス）である店舗立地，品揃え，価格帯，店舗施設，販売促進や関連サービスといった点も異なっている。こうした営業形態の違いに基づく分類を業態とよび，同じ営業形態をとる商店を「業態店」とよぶ。業種が「何を」取り扱うかによって小売業を分類するのに対して，業態は「どのように」取り扱うかによって分類するものである，ともいえよう。

日本では，スーパーマーケット（☞3-7）がセルフサービス方式を採用し，チェーン展開を進めた1960年代半ばから業態概念が注目を集めるようになった。より多くの顧客を集客するため，小売業が自身の品揃え技術を拡張し，品揃えの総合化・拡大化を図った結果，伝統的な業種による分類が曖昧となり，新たに台頭した小売業を捉える概念として業態が注目されたのである。1968年には商業統計に業態という用語が現れ，1982年からは業態別統計も公表されるようになった。

以上の経過が示すように，業種や業態は固定的なものではない。消費者ニーズやライフスタイルの変化，新商品の普及，小売業同士の競争などの結果，それまでの業種や業態が廃れる一方，新たな業種や業態が生まれる。たとえば，携帯電話の登場は携帯電話ショップという新たな業種を生み，ライフスタイルの洋風化が「履物小売業（靴を除く）」や「畳小売業」といった伝統的な商品を取り扱う業種の衰退をもたらした。業態においても，1980年代に入り，幅広い品揃えを特徴に拡大を続けてきた総合スーパーが勢いを失う一方，絞り込んだ品揃えと長時間営業・近距離店舗立地といった利便性を特徴とするコンビニエンスストア（☞3-8）が急成長を始めた。他にも，家電大型専門店やディスカウントストア，ドラッグストア，ホームセンター，ネット販売（☞3-9）といった新たな業態が続々と現れている。業種と業態は時代に応じて常に変化するものであり，業態間競争が激化した近年では，消費者ニーズに対応する新業態の開発と展開が，小売業にとっての重要な課題となっている。

(加賀美太記)

《KEYWORD》

日本標準産業分類，商品取扱い技術，品揃え，営業形態，小売ミックス

3–6　百貨店

　百貨店（department store）とは，衣食住に関わる幅広く深い品揃えを商品構成とした総合型小売業であり，対面販売・正価販売を基調とし，商品を部門別に仕入・販売管理する部門別管理を特徴とする。大規模な店舗面積を有するのも特徴である。フランスのボン・マルシェ（1852年）を起源とし，日本では三越呉服店によるデパートメントストア宣言（1904年）を契機に数多くの百貨店が作られることになった。

　日本の百貨店は建物のフロア別に商品部門が配置され，下層階から上層階にかけて食料品（デパ地下），化粧品・服飾雑貨，衣料（婦人・紳士・子ども），リビング，呉服・宝飾・美術といった階層構造になっていることが多い。各階のフロアレイアウトは自主編集の買取り売場（平場）と数多くのブランド・インショップ（箱）から構成される。また，外商・サービス営業（冠婚葬祭）といった販売に特化した部門が設置され，週単位での催事会場の運営などが事業として行われている。これらの店舗は，呉服店を中心に百貨店へ事業転換した呉服系百貨店，鉄道会社が沿線価値を高めるために事業化した電鉄系ターミナル型百貨店（阪急百貨店を嚆矢とし，戦後1960年代にその他数多くが作られた），地方でエリアドミナントを展開する地方百貨店の３種類に分けられる。また，1990年代後半以降，呉服系と電鉄系の新しい組み合わせとして JR 各社との合弁型百貨店も誕生している。100年以上の歴史を有する百貨店は，その建造物が重要文化財などに指定されるケースもみられ，中心市街地のシンボルとして位置づけられることが多い。百貨店の出店はかねてより中心市街地や駅前といった集客力のある都心部の立地を強みとしており，近年，都市部の再開発（都心回帰）を好機として老朽化した基幹店舗の高層化による建て替え投資が行われている。他方で，地方部の店舗は閉店するケースが増えており，地方都市の賑わいの消失が課題である。

　これら百貨店はショーウィンドーやエスカレータ，屋上などの建築・ハード面のみならず，文化催事や物産展などのソフト面でも，消費生活

の新しい価値提案を行ってきた歴史がある。また，デパ地下（演出型の中食の展開やスイーツ，お取り寄せ等）やラグジュアリーブランドの下層階への誘致などの革新のほか，コンシェルジュ設置や外商による富裕層ビジネスの強化といった，必ずしも大衆型に限定されない強みを発揮している。

他方で百貨店はかねてより，数多くの課題を有してきた。第1に仕入先への返品制問題である。百貨店の商流の大半を，在庫をもたない消化仕入（売上仕入）に変容させ，大手アパレルへ販売委託をし，自主の品揃え機能を弱体化させてきた。特に売り場販売員の大半を仕入先スタッフとする派遣店員制度が消化仕入と抱き合わせで行われ，百貨店売り場の諸資源のコントロールを失う契機となっている。第2に人件費・宣伝費・物流費といった三大経費増大による利益率の低下である。品揃えの総合性の追求ゆえに失ってきた自主性は，百貨店競合との同質化を招き，原価構造を見えにくくし，百貨店の成長性のみならず収益性にも問題を招いてきた。

こうした中で，2008年頃には大手都市型百貨店に業界再編が起きている。三越伊勢丹，大丸松坂屋百貨店（J. フロントリテイリング），阪急阪神百貨店（エイチ・ツー・オーリテイリング）といった呉服系，あるいは電鉄系同士の統合が行われ，ここに髙島屋とそごう・西武を加え，大きく5グループに再編されることになった。これらのグループは，小売業のみならず不動産事業，クレジットカード事業を柱とする総合型小売グループとなっている。特に不動産事業は「百貨店のショッピングセンター化」の傾向を強めることになっている。髙島屋の子会社東神開発による事業展開やJ. フロントリテイリングによるパルコの統合など，百貨店事業単独ではなく，デベロッパー事業を並行させ開発・リニューアルを進行させている。品揃えの総合化は小売業を超えたビジネスモデルのレベルで革新が進行中である。 （池澤威郎）

KEYWORD

対面販売・正価販売，部門別管理，消化仕入（売上仕入），呉服系百貨店，電鉄系ターミナル型百貨店，地方百貨店

3-7 スーパーマーケット

スーパーマーケット（supermarket）とは，1930年にアメリカで出現した低マージン，低価格，高回転での大量販売，セルフサービス方式などを経営上の特徴とする小売業の形態をさす。一般に，スーパーと称される。1920年代のアメリカでは，チェーンストア（chain store）（☞3-2）の成長に対する一般小売商からの反対運動が高揚し，州レベルでのチェーンストア税法や公正取引法にもとづくチェーンストア規制が広がっていた。また，モータリゼーションの進展といった環境変化に対応できる，新たな小売形態の登場が待たれていた。スーパーマーケットの成立には，このような背景が存在したのであるが，基本的には1929年の大恐慌によって露呈したアメリカ資本主義における生産と消費の矛盾の激化があった。スーパーマーケットは恒常的な過剰生産体制に対応する新しい形態の小売業として成立したのである。

その第1号は1930年にマイケル・カレン（Michael J. Cullen）によってニューヨーク州・ロングアイランドのジャマイカに開業されたキング・カレン（King Kullen）である。マイケル・カレンは前年に実験店舗を開設するが，そのコンセプトは①店舗の大型化，②駐車場の設置，③セミ・セルフサービス方式の採用，④低マージン，⑤劇的低価格，⑥品目別管理，⑦広告宣伝の強化などであり，このような販売やマネジメントに関する革新性がスーパーマーケットに導入された（M. M. ジンマーマン著，長戸毅訳『スーパーマーケット』商業界，1962年）。アメリカでは，A&P などの食料品チェーンストアからスーパーマーケットへの転換が進み，チェーン・オペレーションを取り入れながら，スーパーマーケット・チェーンとして発展した。

日本におけるスーパーマーケット第1号は，1953年に東京の青山で開業した紀ノ国屋であるとされている。日本では，スーパーマーケットの成長は高度成長期という経済的基礎の上で実現されたが，小資本の一般小売商のうち企業家精神に富んだ層が，「主婦の店運動」や「経営交流

グループ」でチェーンストア理論などを学び，次々とスーパーマーケットを開設していった（矢作敏行『小売りイノベーションの源泉』日本経済新聞社，1997年）。チェーンストアの成長を経ずにスーパーマーケットが成立した日本において，スーパーマーケットはその後，店舗の大型化と多店舗化（チェーンストア化）を同時に追求することとなり，それによって，短期間に百貨店を凌駕する大規模小売業として急成長したのである。そして，店舗の大型化を採用した日本のスーパーマーケットは取扱商品を拡大し，総合スーパーとして発展していった。イトーヨーカ堂やジャスコ（現イオン），ダイエー（現イオン傘下）などが総合スーパーに該当する。

経済産業省「商業統計調査」では，総合スーパーを百貨店とともに衣食住に関する商品の各販売額が10％以上70％未満で，従業者が50人以上の事業所と定義している。その中で，売り場面積3000㎡（都特別区，政令指定都市6000㎡）以上のものを大型総合スーパー，それ未満のものを中型総合スーパーと区分している。アメリカでは，このような総合型のスーパーは GMS（General Merchandise Store）と呼ばれる。日本では，総合スーパーと GMS の区別は必ずしも明確ではなく，両者はほぼ同義で用いられることが多いが，GMS について衣食住関連商品を大量販売する大型店全般，あるいは住関連商品を中心とした総合商品小売業としてとらえ，総合スーパーと概念上厳密に区分することもある。

また，シアーズ・ローバック（Sears, Roebuck and Company）や J. C. ペニー（J. C. Penney Company, Inc.）などアメリカの代表的な GMS は，衣（ソフトグッズ）・住（ハードグッズ）関連商品を中心とし，食料品取扱比率の高い日本の総合スーパーとは一線を画するという見方もできる。日米ともに総合型のスーパーマーケットは，衣料品を中心とした専門量販店の成長や，その後のアマゾン（Amazon.com, Inc.）に代表されるネット通販の台頭によって厳しい経営状況に置かれている。　（佐々木保幸）

KEYWORD

チェーンストア，キング・カレン，主婦の店運動，総合スーパー，GMS

3-8 コンビニエンスストアの革新性

コンビニエンスストア（Convenience Store，コンビニ）は比較的小規模の店舗で，長時間営業，地理的な近さ，迅速な買い物という便宜性を消費者に提供する小売業態である。経済産業省『商業統計表』では，飲食料品を扱い，売り場面積30㎡以上250㎡未満，営業時間が1日で14時間以上のセルフサービス販売店と定義している。

コンビニはアメリカにおいて1920年代に，セブン-イレブンで知られているサウスランド社が始めた。日本では1969年におけるマイショップ・チェーンの第1号店のマミー豊中店が日本初のコンビニといわれている。1970年代はじめ，西友（ファミリーマート），イトーヨーカ堂（セブン-イレブン：現在のセブン＆アイ・ホールディングス），ダイエー（ローソン・ジャパン）などの大手総合スーパーチェーンがコンビニへの取組みを開始し，その本格的な成長を牽引した。1970年代から1980年代にかけてコンビニは急速に発展し，きわめて効率的な運営システムへ成長していく過程でさまざまな革新性を生み出した。

矢作敏行の『コンビニエンス・ストア・システムの革新性』（日本経済新聞社，1994年）は当時のコンビニの革新性を一般理論化した代表的な研究である。①小売業務，②商品供給・調達，③組織構造がコンビニの事業システムを構成する基本三要素であり，各要素での革新の相互作用が，小売店頭段階から生産段階につながる連続的・累積的な革新を引き起こし，コンビニの競争優位性の源泉となっていることを実証した。

1990年代前半まで，単品管理や情報システム，メーカーとの共同配送システムなどの側面で革新性を見せてきたコンビニは，1990年代後半に既存店の成長が前年を割るようになり，新たな動きを採用し始めた。

具体的には，大手各社の電子商取引の開始やATMの導入，セブン-イレブンのような個人向けの決済銀行の設置，高齢化社会に対応した宅配サービスの開始，さらに，郵便局，ドラッグストアやカフェなどの異業種・異業態との店舗融合，またナチュラルローソンのような個性化・

差別化された店舗の展開がある。

2000年代以降コンビニは，①国際展開，②高品質のコンビニ PB（プライベート・ブランド），の２つの戦略に注力した。まず，成長戦略を海外に求めたコンビニ企業は，長年蓄積した日本でのコンビニ経営のノウハウを海外へ移転した。たとえば，セブン−イレブンは子会社を設立して中国・北京へ進出し，ファミリーマートは中国，アメリカ，さらに，東南アジアの数カ国への新規参入を試みた。ローソンも２社を追いかける形でハワイ，タイ，フィリピンに新規参入した。

そして，高品質のコンビニ PB の試みには，セブン＆アイグループの共通 PB である「セブンプレミアム」やファミリーマートの「ファミリーマートコレクション」，ローソンの「ローソンセレクト」などが挙げられる。

デジタル社会が進展している中，近年ではコンビニ各社共通して，自社アプリを通じて個々の顧客との接点を強化している。新商品のプロモーションはもちろん，自社商品の購入・予約やアプリ会員限定クーポンの発行など，さまざまなキャンペーンを行っている。特にファミリーマートでは，スマホ決済サービスの「ファミペイ」を開発し，一部のスーパーやドラッグストア，レストランなどでの支払いも可能である。

さらに人手不足を背景に，各社におけるセルフレジやスマホレジなどの展開も進めている。最近では店頭商品のデリバリーサービスの試みが開始された。先にローソンが Uber Eats やフードパンダと提携し，その後セブン−イレブンも出前館との取り組みで，デリバリーサービスをスタートしている。

このように，コンビニは従来の利便性を提供する小売業態から総合的な生活拠点へと進化し，さらにデジタル化により買い物の利便性も向上させ，コンビニとしての革新性を果たしてきた。　　　　　　（鍾　淑玲）

KEYWORD

単品管理，情報システム，メーカーとの共同配送システム，国際展開，コンビニ PB，デジタル化

3-9 ネット小売

　ネット小売はEコマース（E-commerce：EC）とも呼ばれ，インターネット・プロトコル・スイートを使ったネットワークを介して行われる消費者向けの電子商取引のことを意味する（Organization for Economic Co-operation and Development, "SMEs and Electronic Commerce," DSTI/IND/PME（98）18/FINAL, 1998）。代表的なECは，1990年代にアメリカで設立されたオンライン書店のAmazonである。日本では1990年代後半に楽天市場やYahoo！ショッピングが登場し，2000年代に入ってAmazonの日本語サイトが参入したことにより拡大した。現在，世界各国の小売事業者が積極的にECに取り組んでおり，実店舗での取り扱い商品のほとんどがECの販売対象となっている。中国のEC市場規模は2015年時点で67.2兆円を超え，アメリカを抜き世界最大となった（National Bureau of Statistics of China, 2017）。日本国内のEC市場規模は2018年には18兆円まで拡大したが，市場規模とEC化率は中国や韓国のようなEC大国に比べると依然として低いとみられる（経済産業省商務情報政策局情報経済課：「平成30年度我が国におけるデータ駆動型社会に係る基盤整備報告書」，2019）。

　ECが急速に拡大した理由の1つとして，消費者の観点からは，実店舗に優る利便性が挙げられる。具体的には，(1)時間と空間の制限を受けることなく買い物ができる，(2)ショッピング・サイトにアクセスするだけで商品を比較しながら自分にとって最適なものを低コストで手に入れられる，(3)実店舗での混雑や店員の押し売りというソーシャル・プレッシャーを受けずに自分の都合で買い物ができる，などである。さらに近年は，企業がソーシャルメディアを利用して，消費者に情報発信したり，消費者間の情報シェア（E口コミ，レビュー）を促したりすることで，ECの信頼性に関する懸念の払拭に努め，ECを一層発展させてきた。

　企業の事業展開の観点から見たEC拡大の理由には，実店舗に比べて設立や運営に関わるコストが低いことが挙げられる。特に中小企業にと

っては，新しい市場を拡大する際の有効なチャネルとなる。さらに，グローバル市場に進出する企業にとっては，EC を利用することで，現地でのトラブルやさまざまなリスクを回避することができる。

　その一方で，EC は多くの課題も抱えている。たとえば，消費者の購買コストが低く，複数のオンライン・ストア間でスイッチングしながら買い物ができるため，顧客ロイヤルティの創出が困難となる。企業は顧客を長く維持するためにポイント還元などのロイヤルティ・プログラムを打ち出しているが，短期間の売上増加には効果がみられるものの，顧客ロイヤルティや長期的なパフォーマンスの改善には繋がりにくい。また，各国の消費者の特性や文化，インフラ整備や政策によって，EC の発展には地域差がある。日本のような不確実性の回避が強い国では，EC の信頼性を高めるために情報の提示や決済の方法を戦略的に検討しなければならない。

　このような課題に対して，これまでのマーケティング研究は，技術受容モデル（Technology Acceptance Model：TAM），SOR モデル（Stimulus-Organism-Response model：SOR model），Information Systems Continuance 理論を主に用いて，いかにデジタル情報を効率的に提示し，オンライン・ストアの顧客ロイヤルティを高められるかに焦点があてられていた。EC 企業では，モバイル・アプリを利用して，ユーザーとのエンゲージメントを図る多様な機能を追加し，顧客ロイヤルティを高めていった。Amazon では Amazon Prime を展開し，会員に向けて最短時間の配達を提供する以外に，エンターテインメントのストリーミングサービスを付与し，付加価値を高めることを目指している。このように，各国の小売業者は EC の利便性を生かしつつ，顧客ロイヤルティの向上を図り，消費者のライフスタイルに合わせた EC を展開している。
　　　　　　　　　　　　　　　　　　　　　　　　　　　　（苗苗）

KEYWORD

EC，電子商取引，利便性，信頼性，ロイヤルティ

3-10 PB 商品の開発

　現代の小売市場は，相次ぐ外資系小売企業の参入や同業態間競争，異業態間競争，異業種間競争など同カテゴリーをめぐる多元的競争が激しく展開され，縮小・成熟化する国内市場は厳しい経営環境にある。こうしたなかで，個々の小売業が存立基盤を確保するためには，小売業のマーケティングがその競争手段として積極的に展開される。とりわけ，小売業にとっての中心的課題の1つには，いかに消費者のストアロイヤルティを高めるかという問題があるが，その解決を目指す方法の1つがマーチャンダイジング（商品化政策）である。マーチャンダイジングとは商品の仕入から販売にいたるまでの包括的諸活動をさし，品ぞろえや価格決定，販売形態の選択など多岐にわたる活動を含む。とくに，品ぞろえはストアロイヤルティを高めるために重要な問題である。通常，小売業の品ぞろえは，ナショナル・ブランド（NB）と呼ばれるメーカーが自ら企画・開発・製造を行い，固有のブランドを付して全国の小売店で販売される商品を中心に行われる。しかし，NB だけに頼っていては特色ある品ぞろえを実現できないため，差別化となりうる商品が必要となる。そこで注目されるのがプライベート・ブランド（PB）商品である。

　PB とは，流通業者である小売業者や卸売業者，共同仕入れ機構，消費生活協同組合等が主体となって製品を企画し，製造を委託したメーカーによって生産された製品に流通業者独自のブランドを付して販売される商品である。そのため，PB は流通業者の自社店舗または自社チェーン，あるいは自社グループ内でのみに販路が限定され，それ以外の流通業者では取り扱われることはない。そうした意味から，小売業の「私的」なブランド，すなわち PB と呼ばれる。たとえば，セブン＆アイ・ホールディングスの「セブンプレミアム」やイオンの「トップバリュ」，ドン・キホーテの「情熱価格」などが典型例としてあげられる。

　近年，流通業者による PB 商品の販売が積極的に行われているものの，けっして，わが国において先進的に展開されているわけではなく，むし

ろ，欧米各国と比して後れをとる状況にある。PB の国際的業界団体である PLMA（Private Label Manufacturers Association）が2021年に発表した報告書（ニールセン調べ）によれば，調査した欧州18カ国のうち16カ国で，全体の売上高に占める PB 比率が30％を超えており，上位から，スペイン（49.7％），スイス（49.5％），イギリス（47.5％），ポルトガル（45.1％）と続く。日本ではコンビニエンスストアなどの特定の小売業態において PB の売上高比率は高まりつつあるものの，日本全体としてみれば7.5％（矢作敏行『デュアル・ブランド戦略 NB and / or PB』有斐閣，2014年，49頁）と遠く及んでいない。こうした PB の市場浸透率は国内小売市場の上位集中化の程度や国内 NB の強さなどの市場構造が影響を与えたり，経済不安により低価格志向が強まることで PB の売上が伸長するといった経済動向が影響を与えたりすることが想定される。

　昨今，日本では PB に関して新たな局面を迎えつつある。日本で PB は，導入当初，「安かろう，悪かろう」のイメージがつきまとう低価格商品として消費者に認知されてきた。実際，価格帯は NB より低く設定され，低価格を実現するために中小零細メーカーに製造を委託し，原材料費の抑制や簡易包装によりコストが抑えられてきた。しかし，近年，メーカーと小売業とのパワー関係の変化や小売業の POS システムによる情報把握能力の向上とそれにともなうマーチャンダイジング力の飛躍的向上により，多様な PB が展開され始めている。たとえば，イオンでは NB と同等の価値提案を行う標準型 PB「トップバリュ」のほか，価格訴求型 PB の「トップバリュ・ベストプライス」，品質重視型 PB の「トップバリュ・セレクト」「トップバリュ・グリーンアイ」など，3層構造の PB プログラムを展開し，品ぞろえの差別化を強化している。また，これら PB の製造委託先メーカーにはトップブランドを擁する有力メーカーが名を連ねるなど，PB＝低価格商品という旧来のイメージを払拭するような展開が急速に進められている。　　　　　（堂野崎　衛）

KEYWORD

PB，NB，ストアロイヤルティ，価格訴求型 PB，品質重視型 PB

3-11 零細小売商と商店街

　商店などが集積した場所を商店街という。大規模なものや小規模なもの，あるいは駅前商店街・門前町など様々な形態があるが，それを分類する場合には中小企業庁による「商店街実態調査」が用いている基準に従って，以下のように近隣型・地域型・広域型・超広域型の4つに分類することが多い。

　それによれば，近隣型商店街は「最寄品中心の商店街で，地元住民が徒歩又は自転車などで移動して日用品の買物を行う商店街」，地域型商店街は「最寄品及び買回り品が混在する商店街で，近隣型商店街よりもやや広い範囲であることから，徒歩，自転車，バス等で来街する商店街」，広域型商店街は「百貨店，量販店等を含む大型店があり，最寄品より買回り品が多い商店街」，そして超広域型商店街は「百貨店，量販店等を含む大型店があり，有名専門店，高級専門店を中心に構成され，遠距離から来街する商店街」と定義されている。銀座や新宿などにある商店街を超広域型商店街と呼ぶのに対して，日常的に生鮮食料品などを購入する商店街が近隣型あるいは地域型の商店街ということになる。

　中小企業庁の委託事業による「令和3年度商店街実態調査（アンケート調査）」の報告書（2022年3月公表）によれば，商店街の最近の景況は，「繁栄している」，「繁栄の兆しがある」との回答がそれぞれ1.3%，3.0%であったのに対して「衰退している」が36.5%，「衰退の恐れがある」が30.7%であった。また，「まあまあである（横ばいである）」が24.3%であった。全体として，回答は数年来同じ傾向を示している。また，商店街のタイプ別では，日常性・最寄性の高い商店街ほどそのおかれている状況が厳しいと感じている。

　このような日常性・最寄性の高い商店街を構成している主なものは零細小売商と呼ばれる小規模な商店であるが，それらは必ずしもすべてが商店街のなかにあるわけではない。また，小規模だからといって，必ずしも売り上げも小さいというわけではない。近年では，オンライン通販

（☞3-9，8-6）の普及によって，実店舗とオンライン通販を併用する商店も増えているし，実店舗を持たない商店も増えてきている。もちろん，実店舗をもつ家族経営による商店は多いが，家族関係でない人たちにより運営されている商店も少なくない。「零細小売商」は多様な形態の小規模な商店の総称ということである。

　従業者数も少なく店舗規模も小さな有店舗の零細小売商の多くが，取扱商品を特定の分野に絞った「肉屋」「魚屋」「八百屋」「本屋」「薬屋」といった業種店と呼ばれる商店である。このような商店が多く集積している近隣型・地域型の商店街は，経済環境の変化の影響を強く受けて，全体としてみれば1980年代以降は厳しい状況が続いてきた。その直接的な原因は，スーパーマーケットやコンビニエンスストア，ドラッグストアなどの新しい小売業態の台頭であり，それと不可分の関係にある消費者のライフスタイルの変化や就業構造の変化である。また，最寄性の高い商店街の多くが十分な駐車スペースを確保できていないこともあり，自動車利用を前提とした買い物行動が一般化するとそれに対応できなかったことも衰退の原因のひとつとなっている。そして，とりわけ近年ではネットスーパーの台頭，生協等による個別の宅配やオンライン通販の普及の影響も少なくない。

　一方で，人口減少と少子化・高齢化が進むなか，日常的な買い物を身近な場所で時間をかけずに手軽におこないたいという人々も高齢者を中心に増えている。そのため，身近な場所で生活に必要な最低限のことが賄えるコンパクトシティの考え方が商業政策の中心におかれるようになったこともあって，身近にある零細小売商や商店街の必要性と重要性が見直されてきてもいる。　　　　　　　　　　　　　　　　　（番場博之）

KEYWORD

商店街，商店街実態調査，最寄品，買回り品，零細小売商，オンライン通販，業種店，コンパクトシティ

3-12 ショッピングセンター

ショッピングセンターとは，デベロッパーの計画管理のもと，小売業，飲食業，サービス業などの店舗が集積し，統一的な運営を行う商業集積のことである。日本ショッピングセンター協会の定義では，「一つの単位として計画，開発，所有，管理運営される商業・サービス施設の集合体で，駐車場を備えるもの」であり，「その立地，規模，構成に応じて，選択の多様性，利便性，快適性，娯楽性等を提供するなど，生活者ニーズに応えるコミュニティ施設として都市機能の一翼を担うもの」としている。ショッピングセンターは，商店街同様，商業集積であるが，デベロッパーの存在や設計・運営の計画性という点で大きく異なる（☞3-11）。

ショッピングセンターを検討する際ポイントとなるのは，デベロッパーとテナントミックス，立地戦略である。

計画的に造成される商業集積であることから，商業開発自体を企画し施設の管理運営を行うデベロッパーは非常に重要である。デベロッパーとしては，ショッピングセンター開発の専門業者に加えて，量販店や百貨店など小売業者，不動産業者，電鉄会社など運輸業者，共同店舗管理のために設立された協同組合などが含まれる。

入居するテナントについては，1店舗ないしは複数の核店舗（キーテナント）を持つ場合と持たない場合とがある。核店舗が果たす機能は，その商業集積のコンセプトやイメージを設定し集客するところにあり，基本的に核店舗がそのショッピングセンターの商圏を決定するとされる。核店舗以外の専門店やサービス施設は，核店舗の販売活動を補完強化しており，顧客の求める比較購買を可能にし，またワンストップ・ショッピングを満たす役割を負っている。

アメリカでショッピングセンターが開発された背景にはモータリゼーションがあるが，日本では公共交通機関への依存度が高く，土地が狭く地価も高いことから，商業ビルや駅ビル，地下街といった形式をとることが比較的多く，都心部の商業核になる傾向がある。郊外部では，量販

店や大規模専門店を核店舗としつつ，専門店，サービス，飲食，アミューズメントなど地域住民の多様なニーズに応える店舗を配置したショッピングセンターが建設されている。こうしたショッピングセンターでは総合量販店と言えども，食品中心の品揃えとなっていることが多い。

　ショッピングセンターの分類法としては，商圏の広さ，店舗をつなぐ通路（モール）の構造，出店業態によるものが代表的である。商圏の広さによる分類は，スーパーリージョナル型，リージョナル型，コミュニティ型，ネイバーフッド型であり，そのショッピングセンターで販売される商品やサービス内容に違いがみられることになる。

　集積した店舗をつなぐ通路構造にかんしては，同一の建物内にすべての店舗を配置するエンクローズド・モール，複数店舗が屋外で隣接して建設され建設や維持のコストが比較的小さくて済むオープン・モールに分けられる。

　出店する小売業態による分類としては，大規模ディスカウント店から構成されるパワーセンターや，製造・流通段階で発生する傷物や在庫品を低価格で販売するアウトレットモール，といったものがある。

　ショッピングセンターは，1930年代にアメリカで生まれ，1950年代以降に全米に展開していった。日本における本格的な郊外型ショッピングセンターは，1969年の玉川高島屋ショッピングセンターであるとされる。これはアメリカにみられるような大規模駐車場を備え幹線道路沿いに百貨店と120余りの専門店を集積させたショッピングセンターであった。その後，大店法（大規模小売店舗における小売業の事業活動の調整に関する法律，☞9-3）により開発が抑制されたが，規制緩和とともに出店数が増えただけでなく，大規模化が進んでおり，アミューズメント機能を強化した時間消費型の商業施設となる傾向が著しい。また2006年の都市計画法改正（☞9-5）に基づく大規模集客施設の立地規制により，郊外部の大規模ショッピングセンター開発は大幅に減少している。

（川野訓志）

《KEYWORD》

デベロッパー，商業集積，テナント，核店舗，アウトレットモール

3-13　製造小売業

　製造小売業とは，小売業が供給業者や物流業者など外部の企業と協力しながら，商品の企画から製造，ロジスティクス，小売までの一連のプロセスを統合的に管理する小売業態のことを指す。製造小売業は歴史的には零細事業者が小売店舗を併設した事業所内にて製造し小売販売する小売業態を指していた。1953年3月改定の日本標準産業分類によれば，注文洋服小売業，婦人服仕立業，子供洋服仕立業，洋裁店が製造小売として位置づけられていた。2013年10月改定の日本標準産業分類では，実情に応じて衣服にかかわる製造小売分類はなくなる一方，菓子小売業（製造小売），パン小売業（製造小売）が設けられた。

　日本では，1985年プラザ合意後の円高局面において，衣服の海外生産が進行するなか，チェーン展開をした小売業者が商品企画に関与して海外に製造を委託した商品をプライベート・ブランドとして小売販売する製造小売業が台頭する。本書執筆時点では，アパレル分野で「ユニクロ」，衣食住生活分野で「無印良品」，メガネ分野で「JINS」，住生活分野で「ニトリ」，食品分野で「業務スーパー」（神戸物産が展開），菓子分野で「シャトレーゼ」など，製造小売業はチェーン・オペレーションを展開する大規模小売事業のビジネスモデルとして広がっている。

　1980年代に先進的なビジネスモデルとして製造小売業が提起されるきっかけとなったのが，アメリカのカジュアル衣料大手専門店チェーンであるギャップ社（Gap, Inc.）が，1986年度「年次報告書」（Annual Report）にて自らを "Specialty Store Retailer of Private Label Apparel"，すなわち，プライベート・ラベルのアパレル専門店と規定したことにある。自己の責任にて商品を企画・製造し，自社のラベルをつけて，自ら小売販売を行うというもので，企画・製造・小売のすべてのリスクを自社で引き受ける（Gap, Inc., *1986 Annual Report to Shareholders,* 1987）。

　製造小売業の競争優位性は，第1に，世界各地の供給業者の協力を引き出しながら，商品企画・製造・商品調達に関与して，世界で通用する

顧客価値を提案しうると同時に，調達コストを引き下げている点にある。すなわち製品価値の向上とリーズナブルな価格の両方が追求される。ユニクロでは，素材供給会社との協業による機能性素材や高級素材の調達，世界の工場との協働による品質向上とコストダウンに努めている（㈱ファーストリテイリング『統合報告書2021』43頁）。

　競争優位性の第2の点として，製造小売業は，商品企画から商品調達，ロジスティクス，小売販売まで一気通貫に管理することで，製品および品揃えの点から店舗運営・EC に至るまで，統合的なブランド・アイデンティティを提案することができる。ユニクロは，「LifeWear」という「シンプルで上質な日常着」の価値提案を行っている（『統合報告書2021』43頁）が，それは顧客の声を商品に反映させることのできる製造小売のビジネスモデルを展開できているからである。

　製造小売業の困難な点として，先ずは供給業者や物流事業者などと協働しながら，商品企画・生産管理・製造，ロジスティクス，店舗運営・EC に至るまでの垂直的な機能の多くに取り組まなければならない点にある。一定の小売店舗面積にふさわしい品揃えを充たすことを含め，製造小売業は人的資源，販売力，資金力など広範な経営資源を必要とし，その事業上のハードルは高い。この点はユニクロ，無印良品，ニトリなど代表的な製造小売業を念頭に置けば理解できる。

　次に，製造小売業は，需要の変動に対応できる生産体制が求められるとしても，実際には事前に大量生産して製品在庫を保有しておかなければならず，巨額の製品在庫リスクを持つ。さらに需要の変動に対応した価格調整を必要に応じて行わなければならない。

　21世紀には EC（Electronic Commerce）（☞3-9，8-6）が普及し，企業が製品の企画・製造，消費者への直接販売を行うビジネスモデルが広がりつつあるが，顧客ターゲットと商品構成の絞り込みにより，中小の製造小売業も勃興する可能性を秘めている。　　　　　　　　（木下明浩）

KEYWORD

小売業態，日本標準産業分類，プライベート・ブランド，チェーン・オペレーション，ブランド・アイデンティティ，EC

3-14 オムニチャネル小売業

　オムニチャネルという概念は，一体いつ頃から語られ出したのであろうか。全米小売業協会（以下，NRF）は，2007年のアップル社のiPhoneの発売を機に，スマホが次世代の生活者の生活・購買スタイルを変えるキーデバイスとなると考え，2010年4月にNRFの分科会として，「NRF Mobile Retail INITIATIVE」を立ち上げ，「Mobile Retailing Blueprint V2.0.0」という概念を取り纏め，2011年1月4日に正式に発表した。上記概念を踏まえ，アメリカの大手百貨店であるメーシーズが，2011年に「オムニチャネル」を施策として発表した。一方，日本では，セブン＆アイ・ホールディングスが，2013年にオムニチャネル戦略を開始した。

　オムニチャネル研究における日本の第一人者である小樽商科大学商学研究科の近藤公彦教授は，オムニチャネルを以下のように定義している。「オムニチャネルとは，実店舗，EC，ソーシャルメディアなど全ての販売・コミュニケーション/チャネルを統合的に管理し，消費者にシームレスな買い物体験を提供する全社的な顧客戦略である」（逸見光次郎・中見真也，2022，『小売DX大全』，日経BP）。

　オムニチャネルは，顧客のカスタマージャーニーに寄り添い，一人一人の顧客特性を小売企業の顧客接点（場）での従業員と顧客との価値共創を通じ，データ（定性，定量）として取得し，それを小売企業内で循環させるべく，市場志向性の組織能力が求められる。その際，顧客情報，商品情報，在庫情報などを自社並びに，取引先（卸企業，メーカー）と一体となり，「仕組み＝小売SC（サプライチェーン）」として一元管理し，自社の各部門間における業務フローを横断的な視点で見直し，デジタル化し，生産性を上げ，付加価値創造につなげる努力が小売企業には必要となる。特に，ミドルマネジメントは，デジタルの方が生産性の高いと判断されるアナログ業務はデジタルに置き換え，アナログで行った方がデジタルで行うより付加価値が生み出せる業務は，アナログで行うという判断が求められる。ミドルマネジメントは，自社の業務フローを

顧客のカスタマージャーニーに基づきながら，顧客視点で常に見直し，デジタルとアナログのバランスをいかに保つかが，オムニチャネルを進める上での第一歩となる。

　上記を踏まえた上で，「オムニチャネル小売業」を以下のように定義する。「オムニチャネル小売業とは，オムニチャネルが全社的な経営戦略であり，顧客戦略であることを経営者が認識し，ミドルマネジメントを中心に部門横断的な組織構造・文化を持ち合わせ，顧客視点に基づき，顧客のカスタマージャーニーに寄り添い，顧客接点（場）において，様々なデータを全社的に統合・可視化し，成果としてのエンゲージメントの強化，LTV（ライフタイムバリュー）向上を目指す小売業である（中見2022）」。

　オムニチャネルの今後の課題としては，近藤は，以下の4点，①オムニチャネルの目的と明確化，②一元的なデータ管理，③組織サイロの克服，④トップマネジメントの主導を挙げている（逸見光次郎・中見真也2022，『小売DX大全』，日経BP）。特に，重要な視点は，①であり，「オムニチャネルを推進しようとしている小売企業は，オムニチャネルを通じて，どのような価値を顧客に提供すべきか，目的を明確にすべきである。その目的とは，シームレスな買い物体験の提供にある。」と近藤は述べている。目的が不明確だと，オムニチャネルに必要な取り組みが，組織の一部に留まり，取り組みの程度が不十分になり，方向性を見誤るリスクを小売企業は抱えることになりかねない。

　オムニチャネルは，マーケティング，販売，商品企画等の部門だけの話ではなく，CS（カスタマーサービス），物流，決済，管理（人事，経理，総務等）部門までもその射程に収めて検討すべき経営戦略である。ゆえに，オムニチャネルを考える際には，自社の経営戦略の最高責任者である「経営者」の覚悟と行動が求められるのである。　　　（中見真也）

KEYWORD

オムニチャネル，顧客戦略，価値共創，市場志向性，データ管理，LTV

3–15 小売業の国際展開

　小売業の国際化が世界的に注目されるようになったのは，フランス資本のカルフールを筆頭にさまざまな大規模小売業者らが急速に国際店舗を展開し始めた1990年代以降のことで，学問領域としては比較的新しい。そのため研究の視座は製造業の国際化理論（国際経営論）を礎とし，その相違に焦点が当てられてきた。一般的に企業が国際化する場合，①国際化すべきか否かの意思決定，②進出先市場の決定，③市場参入モードの決定，④国際マーケティングプログラムの決定，⑤国際組織の決定という５つのプロセスを経るが，小売業の場合，③の市場参入モードの決定の点で製造業と大きく異なる。

　市場参入モードとは企業がある国へ進出する際に採る各種方式のことで，自社製品のみを国際移転する「輸出モード」，自社の商標や生産技術を現地企業に委託する「ライセンスモード」，そして自らが現地ビジネスに資本投入する「投資モード」の３種がある。製造業から製品を仕入れ，それを最終消費者に再販売することを生業とする小売業は，自社製品を有していないことから「輸出モード」という選択肢はなく，「ライセンスモード」もしくは「投資モード」の２種の方法で国際化することになる。「輸出モード」はテストマーケティングとしての役割も担っており，輸出を通して自社製品が現地消費者にどのように受け入れられるのかを把握し，輸出のみにとどまるのか，それとも「ライセンスモード」，もしくは「投資モード」に変化させるのかを決定することができる。しかし，「輸出モード」を採ることができない小売業の国際化では，自社店舗が現地でどのように受け入れられるのかについて事前に測る術はない。その成否の結果は実際に出店するまで未知数であることから，比較的リスクが高い。

　小売業が国際化で移転するものは「業態」という無形のビジネスモデルである。今日，世界各地に展開している国際小売業者も，もともとは自国市場で培った「業態」を他国に移転していることになる。小売業に

はさまざまな「業態」が存在し，大きく①製造業者から製品を買い付け，最終消費者に再販売するモデル（百貨店やスーパーマーケット，CVS等）と②製造から販売まで一貫して管理する垂直統合型モデル（SPA）とに分類することができる。再販売型の小売業は純粋に「業態」のノウハウだけが国境を越え，基本的に取扱商品は現地で調達するため，品揃えなどは現地消費者のニーズへ適応化する戦略が採られることが多い。一方，垂直統合型の小売業の場合は自社固有のPB商品と共に「業態」を国際化させるため，ブランドコンセプトや商品，価格などあらゆる面で標準化戦略が採られる傾向にある。

世界の大規模小売業の動向については毎年Deloitteの Global Power of Retailingでランキングされており，2022年版の世界小売販売額Top10では，1位Walmart（米：スーパーセンター：26か国），2位Amazon（米：ネット販売：21か国），3位Costco（米：ホールセール：12か国），4位Schwalz（独：ディスカウントストア：33か国），5位The Home Depot（米：ホームセンター：3か国），6位Kroger（米：スーパーマーケット：1か国），7位Walgreen（米：ドラッグストア：9か国），8位Aldi（独：ディスカウントストア：19か国），9位JD. com（中国：ネット販売：1か国），10位Target（米：ディスカウントストア：1か国）となっている。AmazonやJD. comなど世界規模のネット小売が台頭していることが近年の特徴である。またアメリカや中国など巨大市場を母国とするKrogerやJD. com, Targetなどは，まったく国際化することなく世界の小売業Top10にランクインしていることも特徴の1つである。

世界規模の日本の小売業としては14位にイオン（スーパーセンター：11か国），19位にセブン＆アイ・ホールディングス（コンビニエンスストア：17か国），55位にファーストリテイリング（アパレル：24か国），65位にパン・パシフィック・インターナショナルホールディングス（ディスカウントストア：7か国）などがある。　　　　　　（土屋仁志）

KEYWORD

国際化，業態，適応化，標準化，市場参入モード

小売業のデジタル化

「顔認証でショッピングができる」，「生鮮コーナーで AI が在庫や賞味期限などの情報をもとに自動値下げを行う」，これらは海外の小売企業での話ではなく，日本国内の一部の小売企業が実際に行っている新しい取り組みである。

2016年末に Amazon.com は，消費者がレジに並ばずに商品を購入することができる小型食料品店「Amazon Go」をオープンし，大きな話題となった。2018年には中国，台湾，韓国でも無人コンビニの設置が相次いだ。日本における小売業のデジタル化は海外より遅れているようにみえるが，人手不足を背景に食品スーパーやコンビニではセルフレジや電子棚札などが当たり前のように普及してきた。さらに「Scan&Go」のようなお買い物レジを通さない，スマホ決済システムを導入した食品スーパーもある。そのほか，ロボットによる倉庫でのピッキング作業，店内における接客，棚割実態チェック，店舗清掃作業なども人件費の削減に繋がる対策として，導入が検討されている。

マーケティング活動として，アプリを利用してビッグデータを収集・分析し，顧客にクーポンを発行したり，新商品のプロモーションを行ったりしている小売業が増えている。そのほか，一部の小売業では VR や IoT などを利用して，自宅にいながら店舗での購買体験も可能になっている。新しい買い物体験を提供する小売業では，店内に設置されたタブレットや顧客自身のスマートフォンを介して商品の詳細情報を閲覧できるほか，気に入れば Web 上でそのまま購入することができる。このように，小売業のデジタル化は将来の買い物活動を無限大にしている。

（鍾　淑玲）

4 卸　売　業

4-1　中間流通の機能

　メーカーから消費者の手へ商品がわたる流通経路のうち，卸売業はメーカーより商品を仕入れ小売業へ提供する中間流通の機能を担っている。2021年における日本の卸売業全体の販売額は401兆4480億円であり，商業販売額551兆9100億円のうち約72.7%を占める。卸売業は業務によって，小売業または他の卸売業に商品を販売する（卸売市場や問屋等），産業用使用者や業務用に販売する（総合商社等），メーカーの自社製品の卸事業所をする（販売会社（販社）），商品売買の代理行為や仲立人として商品売買を斡旋する（代理商・ブローカー）に分かれる。また，事業所の業態によって，①卸売商，産業用大口配給業，卸売を主とする商事会社，買継商，仲買人，農産物集荷業，製造業の販売事務所，貿易商などの卸売業，②自らは製造を行わないで，原材料を工場などに支給して製品をつくり，自己の名称で卸売する製造問屋，③エイジェント，ブローカー，コミッションマーチャントとよばれる代理商，仲立業に分かれる。

　卸売業は流通経路のうち主導の時代から規模や生産性の向上により，変化していく。1910年代以降に製造業者の事業規模拡大，大型小売業の成長と購買力の増大傾向を背景として，ショウ（Shaw, A. W.）やコープランド（Copeland, M. T.）などによって中間業者排除論が提唱された。日本においては「問屋無用論」として1920年代後半以降に起こり，1960年代に産業資本の拡大による大量生産・大量流通・大量消費と百貨店・スーパーマーケットの台頭とともに力関係が逆転して川上に位置するメーカー主導の時代に変わった。高度経済成長期における林周二の『流通革命』の「問屋無用論」は，スーパーマーケットなどの川下からの圧力も加わった状況下に説かれた。

　このような「中間業者排除論」にたいし卸売業の存立根拠論も主張されるようになった。その代表は，ホール（Hall, M.），オルダーソン（Alderson, W.），バックリン（Bucklin, L.）などである。ホールは「取引総

数最小化の原理」および「不確実性プールの原理」を提示した。前者は，卸売業の介在によって取引数が最小化し，取引コストが節約されて効率的になるとみる。また後者の不確実性プールとは流通在庫の効率性を説いたものである。オルダーソンの「中間媒介者による中間取揃コストの節約」理論は，中間品揃形成による流通コストの節約として説明し，品揃形成の必要性とそのコスト効率を指摘している。バックリンは，流通チャネルを構成するメンバーは個別のコストを最小化するのではなく，チャネル全体のコストを最小化するという前提にたち，流通チャネルの多段階性は段階相互間に行われる「延期」と「投機」によって規定されるとして存立根拠を説明している（☞6-1）。

　日本において，玉生弘昌は「問屋有用論」として，卸売業の社会的有用性を数値的に説いている。直接取引の場合，メーカーと小売店の間で受発注の通信料，物流費，代金回収費などコストがa円とする。小売店数nをかけて総コストがan円となる。それに対し，卸売業が入った間接流通は，小売店に供給するコストをb円とすると，他のメーカー商品も一緒に送るためaよりbが安くなる。ただし，メーカーと卸売業の流通コストX円かかるので，総コストはX＋bnとなる。nの小売店，またはメーカーの数が多いとanよりもX＋bnが小さくなり，卸売業による中間流通の機能は重要な社会的存在意義と役割を果たすのである。

（川端庸子）

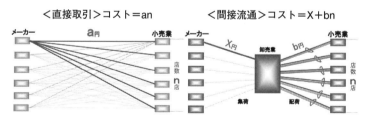

<＜直接取引＞コスト＝an　　　＜間接流通＞コスト＝X＋bn>

KEYWORD

問屋，中間業者排除論，取引総数最小化の原理，不確実性プールの原理，問屋有用論

4-2 部門・段階・階層の分化

　現実の卸売業は，生産者などとの取引や卸売業間の競争のもとで部門別，段階別，階層別に分化して存在している。商業の部門分化は専門化とも呼ばれ，商品種類別の専門化のほか，場所による専門化，需要目的による専門化などが含まれる。商品種類別の専門化とは，商品種類の実質的または技術的な要因にもとづき，商業が専門化することである。生産における農業や鉱業，製造業などの分業は，これらの部門に固有の対象や労働手段など実質的な区別に応じて進むが，商業の部門分化もこれと同様の原理にもとづいて行われる。つまり，商業の部門分化とは，取扱商品の実質的な差異に対応する販売の技術的操作の差異にもとづく分業なのである。卸売業は，取扱商品の数を基準に総合卸売業（または総合商社）と専門卸売業（または専門商社）に分かれ，さらに商品種類に応じて細分化する。卸売業の実際の部門分化は，産業分類上の生産財卸と消費財卸や商業統計上の各種商品卸売業や繊維品卸売業などの専門卸のような形であらわれる。

　一方，卸売業はそれが活動する商品流通段階に対応し，収集卸売業，仲継卸売業，分散卸売業へと細分化する。これが卸売業内部の段階分化である。われわれ最終消費者の個人的消費は，小規模で各地に分散しており，かつ個別的である。このような個人的消費の特性に規定され，小売業も同様の特質から完全に免れることはできない（☞1-8）。これとは対照的に，資本主義のもとでの商業はその存立根拠からすれば，その経営はできるかぎり大規模で，またその売買操作は商品の使用価値によって制約されないことが求められる。このように，小売業の特質と資本主義的商業としての存立の論理が，対立し矛盾するのである。この矛盾を解決するために，商業は卸売業と小売業に段階分化するのである（森下二次也編『商業概論』有斐閣，1967年）。このような商業が直面する矛盾の解決には，2段階への分化では不十分である。それゆえ，卸売業内部での細分化が生じる。小売業や小規模な事業者に販売する分散卸売業

と，分散卸売業に販売する仲継卸売業への分化が進むのである。これとは別に，現実の資本主義社会では多くの前資本主義的な小規模零細生産者が存在する。このような小規模零細生産者から商品を購買し集めるために分化したものが，収集卸売業である。

この卸売業の段階分化を流通チャネル上の位置からみると，生産者に近い段階から一次卸（大卸），二次卸（中卸），三次卸（小卸）として認識することができる。このような分化を立地面からみれば，卸売業は生産地に近い段階から産地卸，集散地卸，消費地卸として分類される。また，仕入先と販売先を基準に段階分化をとらえると，卸売業は生産者などから仕入れ産業用使用者ほかに販売する直取引卸，生産者などから仕入れ卸売業に販売する元卸，卸売業から仕入れ卸売業に販売する中間卸，卸売業から仕入れ産業用や小売業などに販売する最終卸に分類することができる。

ところで，不断の競争の結果，卸売業においても資本の集中・集積が促進される（☞1-11）。この卸売業間の競争に媒介される一方で，生産および小売部面での資本の集中・集積に規定され，卸売業の大規模卸売業（就業者規模100人以上），中規模卸売業（同5～99人），小規模卸売業（同3～4人），零細卸売業（同1～2人）への階層分化が進行する（経済産業省『商業統計表』の就業者規模にもとづく事業所分類）。現代資本主義のもとでは，傾向的に大規模卸売業や中規模卸売業の上層部分の発展が促されるといえるが，経済状況や生産者および大規模小売業の動向に影響され，絶えず中規模層以下における卸売業の階層間移動が引き起こされているのである。わが国では，中規模層以下の中でも就業者規模19人以下の事業所数の占める比率が高い。したがって，就業者規模19人以下層の内部あるいはその境界線上で，卸売業の階層間移動が進行しているのである。
（佐々木保幸）

KEYWORD

収集卸売業，仲継卸売業，分散卸売業，専門化，卸売業の階層間移動

4-3 日本型流通と流通革命

　日本型流通の現象として，以下の4点があげられる。

①卸売業における多段階性，過多性，複雑性：多段階性の指標とされる W/R 比率（小売販売額に対する卸売販売額の比率）が欧米諸国と比較し，高い。

②小売業における零細性，過多性，生業性：過多性の背景には，消費者における鮮度重視の多頻度小口購買行動と，小売業における高い在庫コストと鮮度・品揃え重視の多頻度小口発注行動がある。こうした現象に対応するため，卸売業の多段階性は取引総数を減らし，取引費用を軽減させている。

③日本的取引慣行：排他的系列取引，リベート（販売奨励金），返品制，再販売価格維持，販売員派遣など（☞4-7）。

④流通が政府の様々な規制下にあり，また政府自体あるいは政府関係機関が流通の一部分を担う。例えば大規模小売店舗法（大店法：1973年制定，2000年廃止）により，出店に対する規制が強化されていった。

　このように多段階性，過多性，複雑性を特徴にもつ卸売業と，零細性，過多性，生業性を特徴にもつ小売業へと商品を流通させる仕組みが日本型流通であった。

　さて1960年代前半に林周二や田島義博によって提唱された「流通革命論」は，日本の流通業に衝撃的な影響を与えた。

　田島義博（『日本の流通革命』マネジメント新書，1962年）は①大量消費論，②大量生産と大量消費をつなぐ流通機構の革新，③小売の販売革命を「流通革命」と定義し，流通機構の革新のためには日本的な流通機構の欠陥と非近代性を克服する必要があると指摘した。また小売の販売革命においては，日本では小売革命の主導権はスーパーマーケットが掌握すると予測した。一方で林周二（『流通革命』中公新書，1962年）も，スーパーの出現により「細く長い」流通経路が「太く短い」流通経路に変わることで流通の前近代性・非効率性が解消されると考えた。

日本におけるスーパーは，1950年代，アメリカの GMS を模倣して誕生した。多店舗展開は大量仕入れとセルフ販売による割安な商品提供を可能にし，多様な嗜好をもつ消費者ニーズに応えた（☞3-7）。同時に大店法が80年代に規制強化され，既に自社が出店していた地域に競合他社が出店できず既得権益を享受できたのである。あらゆる日常食料品や日常衣料品を統合し，一軒で販売する総合スーパーはメーカーとのパイプを太くして問屋機能を自らがもつようになり，経営効率を高めた。以前はメーカーや小売業者は卸売業者に多くの機能を依存していたが，大規模メーカーと大規模小売業者の流通チャネルにおける影響力が強くなり，卸売業の存在意義が問われ始めた。

流通革命論の論点として，問屋無用論が挙げられる。スーパーマーケットの出現は卸売業を排除し，流通経路を短縮化すると予想された。しかし日本型流通の一部に変革をもたらしたものの，全国的には小売店舗数は1980年代初頭まで増え続け，W/R 比率は1990年代初頭まで上昇し続けた。実際は成長過程の中で卸売業の流通機能を利用し，共存共栄をはかったのである（☞4-4）。

経営資源に乏しい食品スーパーは問屋の力を借りて共存共栄の関係を構築した。食文化には地域性や多様性がある。地域に密着した問屋は地場メーカーとの関係も深く，食品スーパーは問屋から地域の商材や情報を得ることで，消費者ニーズに応えた品揃えで支持を集めた。

卸売業を介した垂直的協調は，長期継続的取引を前提とした日本的取引慣行・商慣行に支えられていた。

1990年代以降，流通の主導権は川上（メーカー）や川中（卸売業）から川下（小売業）に移り，取引・商慣行も川下主導で変革されている。流通革命論は大量流通時代の到来に警鐘を鳴らしたが，日本の卸売流通の柔軟性や調整力，中小小売業の経営支援力に関して再評価の必要があろう。

（日隈美朱）

KEYWORD

問屋無用論，大規模小売店舗法（大店法），W/R 比率

4-4 卸売業の縮小と再編

　日本の卸売業は近年縮小傾向が続いている。この動向を，商業統計調査（2004年まで），経済センサス（2007－2016年），経済構造実態調査（2019年以降）などによって概観すると，以下のとおりである。

　1991年の事業所数は47万5983，年間商品販売額は573兆1650億円，従業者数は477万3000人でいずれもピークを記録した。直近では，事業所数は2016年に36万4814（1991年比▲23％），年間商品販売額は2020年に309兆3360億円（同▲46％），従業者数は2020年に323万人（同▲32％。労働力調査による）となっている。

　小売業も長期的には縮小傾向にあるが，事業所数で1980年代以降激減が続いている半面，年間商品販売額，従業者数とも1990年代後半まで増大を続けており，対照的である。小売販売額に対する卸売販売額の比率（W/R 比率）は1991年の4.08をピークに傾向的に低下しており，2020年は2.23である。W/R 比率を「卸の多段階性」を示す指標とする立場からみれば，日本の卸の多段階性（☞4-3）は解消しつつあるといえる。

　従業者規模別の事業所構成をみると，2016年には従業者19人以下の事業所が全体の9割を占めている。この比率は1990年代から大きく変わっておらず，どちらかといえば零細規模の事業所の比重が上昇している。大規模店舗への集約が傾向的に進む小売業とは異なり，単純な数量的縮小であることがうかがわれる。

　卸売業の業種別構成をみると，「機械器具卸売業」は事業所数（1991年23.3％→2016年27.1％。以下同じ年次）でも年間販売額（22.8％→25.9％）でも比重を増大させており，反対に「繊維・衣服等卸売業」は大幅に比重が低下している（事業所数9.4％→6.1％，販売額6.7％→2.9％）。「飲食料品等卸売業」と「建築材料，鉱物・金属材料等卸売業」はともに事業所数では比重低下（それぞれ21.0％→20.1％，25.2％→23.9％），販売額では比重増大（18.9％→20.9％，21.5％→26.7％）となっている。

　このような卸売業の長期的トレンドはどのような要因によって生じているのだろうか。根源的に言えば，日本のマクロ経済の歴史的変化に帰着する。1990年代初頭のバブル崩壊をきっかけに，日本は実質GDP成長率１％未満という「長期停滞」あるいは「失われた30年」の時代に入った。なかでも民間消費の寄与度が顕著に低下した。産業構造においてはもっと以前から繊維産業の衰退と機械工業の成長が続いている。

　消費の停滞は小売業の変革を促し，「太く短い」流通チャネルを志向するコンビニエンスストア（CVS）（☞3-8）や専門店チェーンが成長した。小売業を起点とした流通革新の結果のひとつが卸売業者を排除する「中抜き」の進行である。たとえば家電では量販店チェーンが台頭し，メーカーとの直接取引を展開した。生鮮食品では，CVS，スーパーや外食チェーンが卸売市場を通さずに生産者と直接取引することが増えている。もうひとつは「製販連携」「製販同盟」の進展である（☞6-2）。衣料品ではアパレルメーカー（製造問屋）と小売店の機能が組織的に統合されたSPAが台頭し，中間財の流通段階は削減された。

　このほか，メーカーや小売業者によるダイレクトマーケティング，ITプラットフォーマーによるマーケットプレイス（B to B・B to C・C to Cを含む）など，各種のEコマースの増大も既存卸売業者の営業基盤を掘り崩しつつある（☞4-6）。

　加工食品や日用品といった，製品の多様性ゆえに卸売業者が分厚く存在していた分野では，スーパーやCVSのチェーンがSCMを展開するために物流センターを整備した。卸売業者はこれに対応して営業地域の広域化，品揃えのフルライン化，情報システム化を進め，物流機能を強化した（☞4-9，4-10）。

　IT化による情報流・商流の処理スピードの増大に対して物流処理の対応も進むとはいえ，そこにはなおギャップがある。そこに卸売業の，新しい次元での存在意義がありうる。卸売業の縮小は，このような機能統合と再編をともないつつ進行している。　　　　　　　（田中　彰）

KEYWORD

IT化，中抜き，製販同盟

4-5　卸売業のリテールサポート

　広義のリテールサポートは，小売業者への支援活動全般を意味する用語である。その目的は，様々な支援を通じて小売業者の業績を向上させ，結果として支援する側の業績向上につなげることにある。論者によって，支援する主体（卸売業者，メーカー，小売チェーン本部など）と，支援される対象（中小小売業者，大規模小売業者，あるいはその両方）に相違があるが，主には卸売業者が取引先である中小小売業者に対して行う支援活動をさすものとして用いられている。

　卸売業のリテールサポートは，1920年代のアメリカにおいて，卸売業者が自ら主宰したボランタリー・チェーン（☞9-10）の加盟店に対して行った支援活動が源流だとされる。その後も，大規模小売業者の台頭にともない危機に陥った中小小売業者を支援するため，大手食品卸売業者などが積極的に戦略として採用してきた。

　日本では，1980年代半ば，通商産業省（現・経済産業省）が，卸売業の強化策として『情報武装型卸売業ビジョン』を発表し，小売業サポート・ビジネスとしての卸売業を提唱したことで注目を集めた。同ビジョンは，卸売業の社会的機能を①ネットワーク機能，②データベース機能，③危険負担機能に整理したうえで，中間流通業としての卸売業の存立基盤は情報を有効活用するデータベース機能にあり，今後はモノを流通させるだけでなく，情報やシステムを販売する卸売業へと転換する必要があることを主張した。この時期から進んだ中小小売業者の減少や大規模小売業者の成長，企業間情報ネットワークの構築などに危機感を覚えた卸売業界は，通産省の指導のもと「情報志向型卸売業研究会」を設けるなど，リテールサポートを自らの生き残り戦略に据え，研究や実践を進めるようになった。

　実際，1990年代以降，大規模小売業者はメーカーとの直接取引の拡大や自社専用物流センターの設置など，卸売業の「中抜き」傾向を強めるとともに，多様化・短サイクル化した消費者ニーズに対応するために必

要な多頻度小口配送（☞6-10）や共同配送（☞6-8）・一括配送など，商流と物流の集約ならびに高度化を卸売業者に対して求めてきた。こうした要求に応じるには，情報システムや物流設備への多大な投資が必要となるため，卸売業界では合併や系列化による再編が進んだ（☞4-4）。他方，サプライチェーンの再構築を主導しようとする大規模小売業者に対抗するため，大手卸売業者は商流・物流の機能強化だけでなく，中小小売業者へのリテールサポート機能の強化を図ってきた。また中小卸売業者も合同でリテールサポート事業を展開している。

現在，卸売業者が行うリテールサポートは多岐にわたっており，主な目標と取り組みの内容に応じて，以下の5つに整理できる。

①品揃え形成支援：各商圏の顧客に対応した品揃えの提案，そのための商品開発や商品調達など。

②売場活性化支援および販売促進支援：店舗レイアウトや棚割り・陳列，販売促進企画の提案，POP広告等の販促ツールの作成と提供など。

③情報提供支援：売れ筋・死に筋情報の提供，POSデータや顧客情報等の分析および加工情報の提供など。

④システム関連支援：情報システムの構築・導入・メンテナンスに関わる支援，システム化教育の提供など。

⑤コンサルティング・サービス：経営指導，商圏調査・競合店調査・消費者調査，会計サービス，従業員教育，店舗へのスタッフ派遣，銀行取引の仲介など。

社会の情報化がより進展した今日において，上記のような卸売業のリテールサポートに対する中小小売業者からの期待は大きい。また，過疎化や高齢化によって地域商業が衰退するなかで，リテールサポートは地域商業の核である中小小売業者の存続を保障する役割を持ち，卸売業の社会的な存在価値を高める可能性を持っている。　　　　（加賀美太記）

KEYWORD

情報武装型卸売業，中抜き，共同配送，一括配送，サプライチェーン，情報化

4-6 Eコマースと卸売業

　Eコマース（E-Commerce）とは，パソコンやモバイル機器などからインターネットなど電子的な情報通信によって商品やサービスを販売したり購入したりすることであり，ECとも略される。Eコマースには，ネットショッピングなどに代表されるB to C（Business to Consumer)-ECも含まれるものの，B to B（Business to Business)-ECは市場規模も大きい。日本のBtoB-EC市場規模は，2020年に334兆9106億円となった。さらに，対面販売・店舗販売・電話・FAX・ECなどのすべてを含めた商取引のうち，ECがどの程度の割合を占めているかを示すEC化率は，33.5%であった。BtoB-EC市場のうち，業種別内訳において卸売業が一番多く92兆944億円のEC化率30.6%であった。とりわけ，卸売業は，大手企業を中心に流通BMS（Business Message Standards）に代表されるEDI標準化が進められているため，EC化率が増加している。

　Eコマースは，売り手と買い手の数により1対1の特定企業のコラボレーション，1対多数のネット販売，多数対1のネット調達，多数対多数のeマーケットプレイスの4つに大別される。そして，取引機能によってエクスチェンジ型，オークション型，逆オークション型，カタログ型，それに総合型に分類される。

　Eコマース取引の革新性についてビキラー（Bichler, M.）は，市場参加者が取引過程における情報を監視できる透明性，既存の地域的商圏に制約されないインターネット上の商圏の広がりをもつグローバル化，売り手と買い手との接触がネットで安価にできる低コスト化を指摘した。さらに，マーロン（Malon, T.）は，情報伝達コストの削減と，商談と意思決定を下すために必要となるコミュニケーションコストの劇的な低下を説いた。阿部真也は，逆オークションなどにより売り手と買い手の間に対立的で競争的な取引マーケティングと，情報交換や情報共有が進むとともに共通利益を重視する協調関係が形成される関係性マーケティングの2側面が増幅すると指摘した。

　卸売業はメーカー（売り手）と小売業（買い手）らを結びつける流通経路の中間を担っている。生産と消費には場所的，時間的，および所有権の懸隔があり，その懸隔を橋渡ししているのが流通である。とりわけ，Eコマースは，オンラインという仮想空間上の市場であるため，場所的，時間的，空間的制約を超え，瞬時に所有権の懸隔を結ぶことができる特徴を持つ。卸売業の機能は，商品流通機能，物的流通機能，情報流通機能，小売業支援機能の4つに大別される。商品流通機能とは，企画・開発・提案・仕入れ・販売をさす。物的流通機能（物流機能）とは，配送サービス・流通加工などをさす。情報流通機能とは，各種情報の収集および提供をさす。小売業支援機能は経営相談・商圏分析・市場調査をさす。Eコマースは，卸売業の元来もつ商品流通機能や情報流通機能の代替機能をもち，直接取引を容易にした。そのため卸売業界内の淘汰や再編が起こり，卸売業排除の「中抜き論」が再び注目されている。

　それでは，中抜きした直接取引と卸売業を介した取引について取引コスト経済学の視点から考える。ウィリアムソン（Williamson, O.）は市場取引において企業は多大な取引コストの回避に向け，組織取引の形態へと移行するものの，内部化コストが取引コストを上回るケースにおいては，市場取引が採用されると示した。Eコマースは，この取引コストを激減させる特徴をもつ。欧米では，大規模チェーンストアの成長が卸売業の排除と零細小売商を淘汰させ，大手小売業は自ら物流機能を担いメーカーとの直接取引を行っている。ただし日本で直接取引はいまだに一部であり，卸売部門の多段階性と小売部門の零細性・生業性・多数性といった構造的特徴をもつ。また，流通センターを設置しているものの保管・配送する物流機能を果たさず物流機能を卸売業が担うという企業も多い。そのため，卸売業は従来からの物流機能，小売業支援機能の強みを生かしながらEコマースを活用することが重要である。

（川端庸子）

KEYWORD

BtoB-EC市場，商品流通機能，情報流通機能，直接取引，取引コスト

4-7 販社

　販社とは正式には販売会社といい，親会社であるメーカーの出資により設立され，そのメーカーの製品を専属的に地域の小売業者や消費者に販売する卸売会社のことである。このような狙いから設立された販売の仕組みを販売会社制度，略称して販社または販社制度という。

　販社制度を採用する業種には寡占企業が多くみられ，家電，化粧品，自動車，事務機などがあげられる。販社制度の目的は，メーカーが自社製品のマーケティング政策を浸透させ，マーケティング・チャネルの管理，価格の安定を図る建値制（たてねせい）を維持するためである。販社制度を導入することになった背景には，主として戦後，メーカーの大量生産や製品差別化による競争の激化が，卸売ならびに小売段階での乱売と値崩れを生みだしたことに起因している。メーカーは出資や役員派遣などを通して卸売段階を自らの傘下に入れて垂直統合を実現し，同時に小売店にたいし販社からの仕入れを指定させるいわゆる一店一帳合制を導入することで，複数の卸売が1つの小売店へ販売する乱売状態を回避させ，川上から川下までの流通系列化を実現しようとした（☞9-7）。

　販社制度を採用してきた代表的な業界の1つである家電業界では，1960年代頃から採用され始めた。メーカーは地元の有力な家庭雑貨や自転車の卸売店を代理店として指定し，拠点を確保した。その後メーカーは自社製品の販売数が増えた代理店にたいしてさまざまな奨励策を講じ，他社製品の販売数を減らすようにして代理店を自社の専売店に切り替えた。しかしこの時点では1つの地域に複数の代理店が存在し，1つの小売店にたいし複数の代理店がセールスに来る状態であった。このような状態ではメーカーの意図する小売価格の安定は不可能であった。この乱売状態を解消するために，まず複数の市町村の地域単位において販売力のある代理店を選別し，メーカーと代理店の共同出資による一地域一販社制であるテリトリー制を採り，排他的系列販売を行う販社が設立された。この販社設立と同時に地域店と呼ばれるメーカー系列店の店舗展開

を拡大させ，流通系列化を確立した。

　家電メーカー各社は1980年代から1990年代の半ばにかけてこの販社組織を再編させた。細かく区切られていた都道府県単位の販社を，東北や四国という具合に広域販社に移行させた。その後2000年代から家電メーカーは，家電量販店と地域店などのチャネル別，地域別体制を廃止し1販社制度に移行している。この背景には，家電量販店の台頭により家電メーカーの販社の役割の1つである系列店への商品供給および経営指導という役割が減少したことがあげられる。

　化粧品販売における販社制度は，制度品，一般品，訪販品と3分類されるメーカーの中で，制度品メーカーによって採用されている。一部のメーカーでは，販社設立の動きが戦前からみられ，家電同様自社製品を扱う代理店と共同出資により，販社を設立し展開を行っている。

　自動車販売における販社は，ディーラーと呼ばれ，消費者にも販売やアフターサービスを行うことから，卸売だけではなく，小売としても位置付けることができる。これらのディーラーは地元有力企業とメーカーとの共同出資のもとに設立され，車種別，地域別に構築されてきた。しかし自動車販売の減少により，上位メーカーや下位メーカーを問わずディーラーの車種別，地域別の垣根はなくなりつつあり，メーカー直営のディーラーや複数地域にまたがるディーラーも多くなっている。

　事務機の販売が上記の業種と異なるのは，扱う商品が産業財すなわち業務用であり，トナーなどの関連商品の販売，きめこまやかなアフターサービスもともなうことである。事務機の販社には，この分野も家電同様に，自ら販社網を整備するケースと，地元の有力企業との共同出資による設立との2つの場合がある。また家電同様に都道府県単位の販社から，広域販社へ集約する動きがみられる。　　　　　　　　　（中嶋嘉孝）

KEYWORD

建値制，垂直統合，一店一帳合制，流通系列化，テリトリー制

4-8　総合商社

　今日において総合商社とは，伊藤忠商事，住友商事，丸紅，三井物産，三菱商事（50音順）の５社，あるいは双日，豊田通商を加えた７社を指す。総合商社は世界を舞台にトレード（貿易・流通），事業投資，事業経営を展開する「総合事業会社」である。産業分類上は「各種商品卸売業」に分類されることが多いが，利益の多くは投資利益・事業利益からなり，トレードの利益は比較的小さいので，単なる卸売業者ではない。

　「総合商社」の最初のモデルは1890年代に旧三井物産が確立したと言われる。ただしそれは今日のビジネスモデルとは異なり，多角化・グローバル化した貿易・卸売商社，つまり文字通りの「general trading company（総合商社）」であった。その後，20世紀の大半を通じて，総合商社の利益の主な源泉は商品の取引にあった。商品価格変動などにともなう市場リスクをヘッジするために，自己勘定取引（安く買って高く売る）と取引仲介（手数料をとる）との最適な組合せを追求し，大企業との継続的取引（業界用語で「商権」と呼ばれた）の獲得に注力した。また，取引規模拡大を促進するために金融，物流，情報，資源開発，新産業創出支援などの機能を拡大していった。これらの派生的な機能は今日の多様な事業展開の基礎となっている。

　20世紀の総合商社のビジネスモデルは日本経済の成長の終焉とともに限界に達した。低成長経済の下では商社に支払う手数料が切り詰められていったため，総合商社は自ら事業投資・事業経営にコミットするビジネスモデルへと転換せざるをえなかったのである。

　新モデルで鍵となるのは事業投資である。旧モデルの時代にもさまざまな事業に投資をおこなっており，多数の子会社・関連会社を擁したが，あくまで商品取引から生じる利益を目的とするものであった。現在では投資はリターン（受取配当金や持分法投資利益）を直接的な目的として行われている。また，20世紀の総合商社はしばしば投資の失敗から巨額の損失を計上し，なかには倒産にいたる事例もあった。現在のビジネス

モデルは事業投資リスクを管理する組織革新によって成り立っている。すなわち、①社内組織を細かい利益計算単位（ビジネスユニット）に細分化して、②それぞれをリスク・リターンのバランスに注目した経営指標によって評価し、③ビジネスユニットあるいは投資案件を随時入れ替える（事業ポートフォリオ管理）。

新たなビジネスモデルの成果により、総合商社は過去とは隔絶した利益をあげるようになった。1980年代には上位総合商社の連結純利益は概して数百億円の規模であったが、三菱商事が2003年度に業界で初めて1000億円を突破し、2017年度には5000億円を突破した。2021年度は三菱商事・三井物産の両社がそろって業界で初めて9000億円を突破している。半面、投資案件1件当たりの規模が巨額となるにともない、業績のボラティリティ（変動）も大きくなっている。2010年代半ばの資源価格下落を受けて、三菱商事・三井物産も巨額の赤字決算を経験した。

総合商社の損益の内訳をみると、金属（鉄鉱石、銅など）・エネルギー（石炭、天然ガスなど）といった資源ビジネスの投資の貢献が大きい。このことから、総合商社は投資家から投資ファンドや資源メジャーに類似の銘柄と考えられることがある。しかし、トレードで培った情報ネットワークをビジネスの基礎においている点に総合商社の特徴がある。三菱商事のグローバルネットワークは世界約90カ国・地域、国内外全社拠点121カ所、連結対象会社約1700社からなる（2022年4月1日現在、同社会社案内2022より）。また、総合商社の事業セグメントの多くは現在も商品分野によって区分されている。金属・エネルギーだけではなく、機械、化学品、食料・生活産業など、それぞれの商品分野において川上から川下にいたるバリューチェーンを俯瞰しながら個々の事業へのコミットの度合いを判断する立場にあることが総合商社の強みであるといえる。総合商社各社は、投資リスク管理の洗練とともに非資源ビジネスの強化と差別化に努めている（☞4-9, 4-10）。　　　　　（田中　彰）

KEYWORD

総合商社，商権，リスク・リターン，資源ビジネス，バリューチェーン

4-9　総合商社の川下戦略

　総合商社は，日本特有の業態であるとされる。2000年代に入ると連結経営が本格化し，多様な M&A を駆使して商流・物流に直接・間接に影響力を及ぼすようになった。海外では，川上領域といえる資源分野での投資が利益に貢献する一方（☞4-8），国内では，川下領域といえる卸売業界，ときには小売業界も巻込みながら業界再編を主導し，商権を拡大・固定化して，安定収益源とする戦略的な動きをみせた。

　従来，川下領域は１つ１つの取引規模がそれほど大きくない一方，取引の頻度が非常に多く，業種によっては季節や天候，曜日など細かい点にまで配慮する必要が生じる点で，総合商社で働く人材の能力やノウハウの形成にそぐわない面が多分にあった。

　実際，1960年代から70年代にかけての商社のスーパーマーケット事業への展開は，サミットストア（現サミット）を成功させた住友商事以外は，事業参入という形での進出にほぼ失敗している。一方，1990年代以降のコンビニエンスストア（CVS）への資本参加は比較的スムーズに進んだ。これには，スーパーに比べて少ない商品点数の棚割りで，ディスカウントせず，フランチャイズ形式で多店舗展開したことから，もともと投資利回りが高かった要因が働いている。伊藤忠商事は，ファミリーマートに，三菱商事はローソンに順次増資を行い，連結子会社化を行った。三井物産も，セブン＆アイ・ホールディングスに出資を行っている。CVS は，その業態としての特徴から，ロジスティクス面で，共同配送（☞6-8），多頻度小口配送（☞6-10）といった，大きな負荷が発生する。CVS 業態の成長につれて，隣接する食品卸業界では顕著な業界再編に繋がった。

　食品卸売業では，もとより総合商社の系列色が強かったが，2007年には，伊藤忠商事系列で日本アクセスによる西野商事の吸収合併，2011年には，三菱商事系列で菱食など４社合併による三菱食品の発足と，業界再編の動きが顕在化する。

　こうした業界再編を促した要因を挙げると，その第1点目は，「フルライン化」である。多頻度小口配送と，CVS 店舗側での荷受・検品作業の簡素化やワンストップ化を両立させるためには，商品カテゴリーをまたいで物流機能を高度化する必要が生じた。こうした必要性に的確に対応するためには，卸としても取扱商品のフルライン化を行い，商流をまとめていく方向性となっていった。

　第2点目は，「物流機能の統合」である。伊藤忠商事は，ファミリーマート向け物流事業を担っていたファミリーコーポレーションを日本アクセスに経営統合しているし，三菱食品に経営統合されたフードサービスネットワークは，ローソン向け物流事業を担っていた。

　同時に，こうした CVS との連携強化を実現するためには，多額の情報投資により商流・物流を高度に連携させる必要が生じてくる。固定費的な情報投資には規模の経済が働くため，卸売業に期待される物流機能，小売業支援機能（☞4-4，4-5）の強化との関係でも業容の大きい卸に有利に働く傾向が顕著となっていった。結果として，スーパーやドラッグストアなど，CVS 以外の小売業態との関係でも，上位の卸売業に取引が集中する傾向が明らかになりつつある。

　以上の背景から食品卸売業全体の動きとしては，三菱食品，日本アクセスのような大型の業界再編に対抗する動きが相次いだ。従来，商社色がなかった国分グループ本社は，2015年に丸紅から国分首都圏に対して20％の出資を受入れた。2020年には，三井物産が三井物産流通ホールディングスを設立し，三井食品など4社を集約した。一方，加藤産業は，従来から三菱商事，三井物産，住友商事から少数の出資を受けているものの，非商社系卸として独自のポジションを堅持している。なお伊藤忠食品は，前身の1つである松本鈴木がイトーヨーカ堂（現セブン＆アイグループ）との取引関係が強かったために，敢えてファミリーマート色の強い日本アクセスとの経営統合を避けたものとみられる。（畑　憲司）

KEYWORD

連結経営，川下戦略，フルライン化，物流機能の統合，情報投資と規模の経済

4-10 専門商社

　総合商社（☞4-8, 4-9）とは異なる専門商社の特徴として①特定の事業領域で，②商品のトレーディング（仕入〜販売）を主な活動としていることが挙げられる。事業投資も行っているが，あくまでも商品のトレーディングに関連する投資が中心である。専門商社がビジネスを行っている具体的な領域としては鉄鋼，機械，化学といった重工業製品から，食品，医薬品など一般消費者向けまで幅広く存在している。

　また事業領域によってメーカーもしくは総合商社の系列企業が多い場合もあれば，独立系企業が多い領域など様々である。総じて利益率は低いものの，安定した業績の企業が多いことも特徴として指摘できる。本項では主に鉄鋼，医薬品，日用品の専門商社を代表事例としてその動向を述べていく。

　鉄鋼専門商社はメーカー系（日鉄物産，JFE商事など），総合商社系（伊藤忠丸紅鉄鋼，メタルワンなど），独立系（阪和興業など）の3種類に大別される。このうちメーカー系は親会社同士の合併に伴って同様に合併し，企業規模を拡大させている。また，総合商社系は2000年代に入り総合商社がトレーディングから事業投資へと軸足を移していく過程で分離され誕生してきた。

　鉄鋼専門商社の主な顧客である自動車や家電メーカーなどはグローバル展開を進めている。そのため鉄鋼専門商社は市場が縮小傾向にある国内の拠点再編を進めつつ，海外における鋼材加工拠点などグローバルネットワークの充実を図っている。またメーカー系，独立系の中には鉄鋼製品以外に食品など事業領域を多角化させている企業も存在する。

　国内外で事業を展開する鉄鋼専門商社に対し，国内を主な市場とする医薬品専門商社を取り巻く環境は一層厳しい。日本社会の高齢化による社会保障費の増大を受けて，2021年度より医療用医薬品の薬価改定（公定価格の引下げ）は隔年から毎年に変更され，また安価な後発医薬品の使用も推し進められている。大衆薬においてもM&Aでバイイングパ

ワーを高めているドラッグストアからの値下げ要請が強まっている。

こうした環境変化を受けて，医薬品専門商社でも業界再編による規模の拡大を継続的に追求しており，その企業数は1996年の300社弱から2019年の70社にまで減少した。規模を拡大した大手企業はデジタル化への取り組みを進めており，医療機関や提携企業との情報プラットフォームの構築などに取り組んでいる。

また，倉庫の自動化（☞6-11）やAI（人工知能）導入による効率化，そして今後の市場拡大が期待されるバイオ医薬品や再生医療関連製品に対応する高度な温度管理配送システムの導入などに取り組んでいる企業もある（メディパルホールディングスなど。以下ではホールディングスをHDと略する）。

他にも競合2社が後発医薬品の企画に関する合弁会社を設立したケース（スズケン，東邦HD）や，大手物流企業と連携したオンライン診療の医薬品宅配検討とAI活用による配送効率化をねらったケース（アルフレッサHD）など企業，業界の枠を超えた事業展開も進められている。

日用品専門商社においても少子高齢化の影響により国内市場は縮小しており，また，主な販路であるドラッグストアのバイイングパワー増大などで競争は激化している。そのためこちらも大手医薬品専門商社のグループに入るケース（メディパルHD傘下のPALTAC）や同業他社との合併（あらた）など業界再編が進んでいる。こうした激しい競争を生き残るため，医薬品専門商社同様，各社は倉庫の自動化やAI導入による効率化を推し進めている。

また，業界全体が直面する大きな課題として労働者人口の減少によるドライバー不足及び物流費上昇が指摘されている。そのためライオンなど日用品メーカーにより出資・設立された企業が構築した情報プラットフォームに卸売業界からも500社以上が参加し（メーカーからは約800社が参加），企業の枠を超えた物流の効率化を図っている。　　（磯村昌彦）

KEYWORD

トレーディング，情報プラットフォーム，倉庫の自動化，物流費上昇

4-11　代理商・ブローカー

　代理商は，販売者と購買者の取引を仲介するという限定的卸売機能を
遂行する中間業者の総称である。一般的な卸売業者と区別される代理商
の最大の特徴は，代理商には商品の所有権が移転されないために，取引
に生来的にともなう販売リスクと責任を負わないところにある。すなわ
ち，卸売業者は商品を一旦自分の所有にした後に再販売を行う故に，必
然的に売れ残りや売り逃しによるロスを抱えることになるが，代理商に
はそのリスクがない。代理商の基本的な役割は，依頼主の委託により，
取引相手の探索，情報伝達，交渉，成約の促進を行うことで契約締結に
導くよう取引を媒介，または，代行することである。しかし，実際には，
単純な取引の媒介や代行を行うものから，プロモーション，製品計画と
流通計画の支援，商品の一時的な保管，配送ならびに金融的な支援にい
たるまで，所有権の移転を除く総合的なサービスを提供するものまでが
混在している。

　日本の商法第27条では代理商を，「商業使用人・会社の使用人ではな
いが，一定の商人・会社のために，平常の営業・事業の部類に属する取
引の代理または媒介をすることを業とするもの」と定めている。依頼主
が営業地域を拡大する場合，その土地の事情に通じた代理商を用いて，
取引に対して手数料を払うことが合理性を有する場合がある（弥永真生
『リーガルマインド商法総則・商行為法　第3版』有斐閣，2019年）。

　また，代理商は，生産者が独自で販路を開拓できる充分な経営資源を
備えていない場合や，購買者が自力で必要な商品を仕入れるだけの力量
をもっていない場合などにも活用される。生産者や購買者の立場からは
代理商を利用することで，固定資本の投下なしに比較的短期間に新規販
路を開拓できる，または，必要な商品を獲得できるという利点がある
（☞2-10）。

　ブローカーは購買者と販売者のいずれか，または双方の代理になって
取引を成立させるために交渉とプロモーションを行い，手数料を得るこ

とを目的とする中間業者である。仲立業，または仲立人とも呼ばれる。アメリカではブローカーを代理商の一形態として位置づけるのが一般的であるが，あえて両者を区分する時には，依頼主との関係の継続性がその基準となる。代理商は特定依頼主の専属代理人という形で一定期間，依頼主と継続的な関係を維持する反面，ブローカーは依頼主と単発の契約を結ぶ場合が多く，基本的にフリーランサーの性格が強い。通常ブローカーは市場の状況に精通しているために，依頼主にたいして流通計画立案，プロモーション戦略開発，製品仕様の決定，パッケージのデザイン決定，信用情報の収集，市場調査など多様な活動の支援を行う場合がある。

代理商は欧米では幅広く見受けられる卸売業態である（☞4-14）。特にアメリカで代理商は卸売業の重要な1つのセクターとして位置づけられている。アメリカの主な代理商の種類としては，手数料代理商（commission agents），ブローカー，購買代理商（purchase agents），販売代理商（selling agents），製造業者代理商（manufacturer's agents，または manufacturer's representative），輸出入代理商（export-import agents），競り業者（auction company）などがある。

しかし，現実には，それらが果たす機能の範囲，依頼主との関係，報酬の形態などにより極めて多様な代理商が存在しているために，各々を明確に定義し，区別することは困難である。その中でレップ（rep）とも呼ばれる製造業者代理商は，日本の家電メーカーがアメリカ市場に進出した初期に，現地市場に対する学習と販路拡大に大いに貢献したことが知られている。代理商は依頼主との雇用関係がないという点で商業使用人と，商品の所有権を獲得しないという点で代理店とは区別される。なお，代理商であるか否かはその実質に基づいて判断され，代理店という名称が用いられても，商法上の代理商とは限らない。　　　　（崔容熏）

KEYWORD

代理商，ブローカー，所有権移転，取引の媒介・代行，製造業者代理商

4-12 中央卸売市場と地方卸売市場

　日本の生鮮食料品流通は1923年制定の中央卸売市場法から約100年にわたり卸売市場を中心に展開してきた。傷みやすく，規格化が困難な生鮮食料品を全国の産地から集め，迅速取引を行い，都市住民に大量かつ安定的に供給するための流通の結節点である卸売市場は，機能面において社会全体の流通費の節約につながる一定の経済的合理性を持つ。これはマーガレット・ホールによる「取引総数最小化の原理」（☞4-1）によっても理論的に説明される。

　1971年に中央卸売市場法に代わる卸売市場法が制定された。その中で中央卸売市場以外の卸売市場（地方卸売市場）も計画的な整備対象として卸売市場制度の中に包摂されることとなった。卸売市場法の下，国が卸売市場の全国的な配置と整備を行うことにより，卸売市場を核とした生鮮食料品の全国的な市場体系（流通ネットワーク）の形成が促進されたのである。高度経済成長期における食料需給の増大（特に都市部における需要拡大），生鮮食料品流通の広域化，大規模化を支える流通機構として重要な役割を果たしてきたといえる（☞7-2，7-4〜7-6）。

　卸売市場法は，経済変化に応じて改正が繰り返されており，近年では2018年に大きな改正が行われた。2018年改正法により，中央卸売市場と地方卸売市場の位置づけも大きく変わってきている。2018年以前は，各地の主要都市（大消費地）における中核的供給拠点となる中央卸売市場と，地方都市や全国産地の拠点となる地方卸売市場という役割分担があった。また，中央卸売市場は全国各地の中心都市の生鮮食料品供給基地として配置されることから，国から認可を受ける開設者は地方公共団体とされた。地方卸売市場に関しては民設も含み緩やかに広く全国的に整備された。卸売市場経由率の低下を背景に，2000年代以降は国の整備基本方針に基づき中央卸売市場の再編措置も進められた。

　表に示すとおり，2000年代から2010年代は中央卸売市場の再編の過程で多くの中央卸売市場が地方卸売市場へ転換した。地方卸売市場におい

表　中央卸売市場及び地方の推移

	市場数				取扱金額（億円）	
	中央卸売市場	地方卸売市場			中央卸売市場	地方卸売市場
		公設	第3セクター	民設		
2005年	86	1,286	150	39	1,097	46,674	34,589
2010年	74	1,169	153	37	979	41,444	30,445
2015年	64	1,081	156	38	887	40,263	31,919
2019年	64	1,009	147	31	831	35,767	27,845
2020年	65	908	142	31	735	34,994	27,619

出所：農林水産省『卸売市場データ集』をもとに作成。

ては，中央卸売市場からの転換があったため公設市場の増加が一時期見られたが，全体として民設市場を中心に減少している。

　こうした中，2018年法改正により，中央卸売市場に課せられていた取引上の制約や開設区域，公設制等，自由競争を制約する条文が削除され，開設者のあり方や取引ルール等各市場に委ねられる部分が大きくなった。中央卸売市場と地方卸売市場の流通機能上の大きな違いは，施設規模と「受託拒否の禁止」（中央卸売市場の卸売業者は販売の委託の申込みがあった場合その引受けを拒まないよう定めた条項）のみとなった。

　そのため，これまでも東京や大阪に取引が集中する傾向にあった生鮮食料品の取引競争が今後さらに激化し，大都市の中央卸売市場への生鮮食料品の集中が強まり，地方都市の中央卸売市場や地方卸売市場の淘汰と，それによって生鮮食料品供給あるいは地方都市周辺で生産される農水産物の販路が不安定になることが懸念されている。一方，従来から民設民営の地方卸売市場の中には法改正以前から強い集荷力や価格形成力を持ち，その地域の集荷基地及び供給基地として重要な役割を果たしている市場もある。こうした市場が中央卸売市場以上に生鮮食料品の安定供給に貢献する可能性も期待されている。　　　　　（矢野　泉）

KEYWORD

生鮮食料品，中央卸売市場法，卸売市場法，中央卸売市場，地方卸売市場

4-13　問屋街と卸商業団地

　卸売業の集積は，形成の経緯により問屋街と卸商業団地に分けられる。問屋街は自然発生的に卸売業者が集積したものである。問屋街は，都市部や地方都市の駅前などの交通の利便性のよい場所に形成され，単一業種とその関連業種が集積する点が特徴である。

　代表的な問屋街として，東京では東神田・馬喰町の繊維問屋街，浅草橋の玩具問屋街，合羽橋の食器・厨房用品問屋街などがあり，名古屋では長者町繊維問屋街，大阪では船場の繊維問屋街，道修町の薬問屋街，堀江の家具問屋街などがある。

　近年，流通機構の変化や卸売業の再編・淘汰（☞4-4）にともない，問屋街は衰退傾向にある。そうしたなかで生じた空き店舗や倉庫を利用した新しいまちづくりが注目されている。繊維問屋街である東神田・馬喰町ではアートイベントの開催を契機に，空きビルや空き店舗がリノベーションされ，そこに飲食店やファッション関連の小売店舗が進出した。また，名古屋の長者町繊維問屋街でも，産学官民連携で「まちづくり構想」が策定され，イベントなどの様々な取り組みを実施している。

　このように問屋街は，単なる卸売業の集積から問屋街特有の空間と地域資源を活用したまちづくりへと変化し，問屋街の新たな魅力創出がなされている。

　問屋街は，都市の中心部にあることが多く，高度成長期以降，交通渋滞や駐車場確保の困難，店舗や倉庫の狭隘化などから卸売機能の低下が課題となった。また，いわゆる「流通革命」（☞4-3）とよばれる時代のなかで，卸売業の小規模零細性が問題とされた。こうした問題の解決のために建設されたのが卸商業団地である。卸商業団地は，卸売業者を郊外に集団で移転させ適正規模の店舗や倉庫を設け，事業の共同化により一層の合理化を図ることを目的とした施設である。

　通商産業省（現，経済産業省）は，1963年から中小企業近代化資金助成法に基づく高度化事業助成制度のなかで「中小企業卸売業店舗集団化

助成制度」を発足させた。助成は中小企業総合事業団（現，中小企業基盤整備機構）により実施され，資金融資と団地診断により卸商業の育成を図った。この制度では，「中小卸売業者20名以上が協同組合を作って一定の場所に集団化した場合」が助成要件となっており，最初の卸商業団地となった高崎卸商社街（協）の参加者数は153名と大規模であった。

卸商業団地の形態は，参加する企業構成によって総合（混合ともいう）団地と単一業種団地に分けられる。総合団地は複数の業種の卸売業者の集団化であり，多様な卸売業が集積する都市部や単一業種では企業数が集団化の要件に達しない場合に総合団地が形成された。

これに対し，単一業種団地は，産地卸売業者を中心として形成された場合が多い。団地進出前から業者間で関係があったケースが多く，特に繊維業，木材，食料品，陶磁器などの業種でみられた。

1967年には全国各地につくられた卸商業団地の発展を目的に全国卸商業団地協同組合連合会が設立された。

卸商業団地のうち全国卸商業団地連合会に加盟する会員団地数は1994年〜1997年の139団地をピークにそれ以降は減少傾向にあり，現在では99団地となっている（2022年3月時点）。

卸商業団地は制度開始から約半世紀近く経過し，近年は卸商業団地の老朽化や，倒産・廃業などにより団地内の組織運営が困難といった課題がある。このため，現在，施設の建て替えや新規立地への移転などの団地再整備，各種共同事業の再構築などの事業実施に関する研究調査や事業化調査，基本計画・詳細計画の策定などを支援する「卸商業団地機能向上支援事業」が実施されている。　　　　　　　　　　　（小谷健一郎）

KEYWORD

卸売業集積，問屋街，卸商業団地，卸商業団地機能向上支援事業

4-14　欧米の卸売業

　製造業や小売業大規模化によって卸のもつ中間流通機能（☞4-1）が変化をしている。日本では卸売業の縮小傾向が続いており（☞4-4），流通において担ってきた市場規模や役割に変化がみられる。

　欧州連合（EU）27加盟国における卸売業の特徴を流通付加価値の視点からみていく。EU連合が出しているユーロスタッツ（Eurostat）の報告書『Key figures on European business statistics illustrated 2021 edition』によれば，2018年度は流通業全体（卸売業・自動車販売（修理・整備を含む）・小売業の3つの領域）で1兆2000億ユーロの付加価値額がある。EU全体での卸売業の付加価値額割合をみていくと流通業全体の50.2%を占めている。付加価値額ベースでは，ドイツがEUでの最大シェア（26.0%）を占め，ついでフランス（13.5%），イタリア（11.4%），オランダ（9.3%），スペイン（8.8%）となっている。EUにおける市場規模では，ドイツがトップであるが，国ごとにおける卸売の付加価値割合でみると，ルクセンブルク（LU：67.5%）がトップとなり，ついでオランダ（NL：63.3%）となる。このことはルクセンブルク，オランダが流通・輸送・物流に特化していることを裏付けている。

図1　EU全体における卸売付加価値割合

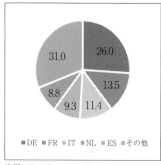

■DE ■FR ■IT ■NL ■ES ■その他

図2　国ごとの卸売付加価値額割合

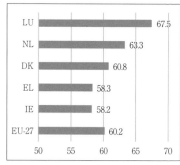

出所：Key figures on European business statistics illustrated 2021 edition

　アメリカの卸売業は約８兆6303憶ドルの年間販売額を占める。このう
ちメーカー支店・営業店が約２兆5316憶ドル，商業資本であるマーチャ
ント・ホールセーラーが約６兆986憶ドルであり，アメリカの卸売市場
においてはマーチャント・ホールセーラーが重要な役割を占めていること
とがわかる。

表　アメリカの卸売業の年間販売額（2018年度：単位　1000＄）

卸売業（マーチャント・ホールセーラー）の年間販売額	6,098,697
卸売業（メーカーの支店・営業店）の年間販売額	2,531,680
卸売業全体の年間販売額	8,630,377

出所："U. S. Bureau of the Census 2020"

　ここでは，欧米の卸売市場の概況を概観したが，流通業の競合や IT
システムの導入による物流システムを含めた流通システムの高度化（☞
4-6）や小売業の大規模化と業態の多様化（☞3-9，3-14）など，卸売業
における環境が大きく変化している。また，今回ユーロスタッツ（Euro-
stat），センサス・データを用いて，卸売の年間販売額や卸売業の付加
価値額をみたが，国によってデータ収集の方法や流通システムが異なっ
ているため，単純に各国商統計データ比較しても各国間の卸売業の実態
を正確に把握しにくいという課題がある。　　　　　　　　（山口夕妃子）

KEYWORD
卸売付加価値，流通システム，ユーロスタッツ（Eurostat），セン
サス・データ

4-15　アジアの卸売業(1)中国

　中国の卸売業（「批発業」）の特徴は多段階性であり，日本やタイの卸売業と共通している。しかし，過去20年間に新たな小売業態とEコマースが卸売業者を排除し，流通の多段階性は徐々に解消されつつある。

　中国の卸売業のもう一つの特徴は担い手の多様性であり，その形態として経銷商，代理商（☞4-11），卸売市場（☞4-12）などが挙げられる。日本やタイと同様に，中国でも卸売市場は農産物流通の重要な担い手であり，また代理商は日本や欧米でも広く見受けられる卸売業態である。

　卸売業の担い手のうち，経銷商と代理商は消費財ブランドの流通チャネルでよく見られる。経銷商は，メーカーまたは他の経銷商から商品を買い付け，それを小売商や他の経銷商に販売する中間業者である。商品の所有権を持ち，商品の販売価格と仕入原価の差額が主な収益源となるが，単に仕入れた消費財を売るだけの卸売市場の卸売商とは異なり，メーカーの協力者として契約に基づきブランド力を向上させるなどの責任も担う。一方，代理商はメーカーの代理として契約に基づき商品の販売を行う中間業者である。代理商に商品の所有権は移転しないため，報酬として受け取る所定の売買仲介手数料が収益となる。販路の開拓に加えて，商品の保管と運送の代行，メーカーへの商品に関する市場情報の提供，小売商への販売指導，小売商との売場の共同運営なども行う。卸売市場は，生活資料に加えて生産手段の卸売取引も行い，総合卸売市場と専門卸売市場の2つの形態がある。例として，「義烏小商品市場」，「上海石油交易所」などが挙げられる。新型コロナ感染が武漢の農産物卸売市場から始まったとされたため，中国の農産物卸売市場は注目を集めることとなった。流通チャネルの多様化が進む今日においても，農産物中間流通の主要な担い手は依然として農産物卸売市場であり，流通農産物の70％以上がこれを経由している。　　　　　　　　　　（石　　鋭）

KEYWORD

経銷商，代理商，卸売市場，総合卸売市場，専門卸売市場

4–15　アジアの卸売業⑵タイ

　タイの流通チャネルは，小売業の零細性と店舗の過多性，それに付随する卸売業の多段階性という，日本的流通の特殊性とされてきたものと共通する特徴をもつ。おもな担い手となってきたのが華僑，そしてタイ人との同化が進んだ華人である。1960年代以降に工業化が進んで消費財の生産体制が整うと，消費財製造大手企業の中には流通の垂直統合を図るところも出てきたが，徹底させることはできず，多数の中小企業から構成される卸売業はタイの流通チャネルで重要な役割を担ってきた。

　1980年代末以降，タイの小売業界に外資が本格的に進出し，スーパーマーケット，ハイパーマーケット，コンビニエンスストアなどの新たな業態が次々と出現した。これらの小売新業態は，伝統的な卸売業を経由せずに製造業者と直接取引するという新たなチャネルを構築し，低価格販売や買い物の利便性を強みとして1990年代後半の通貨・金融危機の時期に一気に売上高を増大させた。その結果，伝統的な卸売業と零細小売業が急激に衰退したという論調が顕著になった。

　しかし実際には，小売新業態の市場占有率は新聞報道やシンクタンクのレポートなどで強調されているほど高くなく，とりわけ生鮮食品については「タラート（生鮮市場）」での購入が依然として広く選好されている。産地とタラートをつなぐ産地仲買人や卸売市場の卸売商は，農産物の中間流通の担い手として引き続き重要な役割を果たしている。日用品・加工食品についても，大規模製造業者は小売新業態チャネルと伝統的チャネルを使い分けており，伝統的チャネルでは，多数の零細小売業を顧客にもつ各地の有力卸売業の販売力を重視している。すなわち，現在のタイの流通では，近代的チャネルが伝統的チャネルを駆逐しているというよりも，両者は共存しているといえる。　　　　　　（遠藤　元）

𝗞𝗘𝗬𝗪𝗢𝗥𝗗

多段階性，日本的流通，華僑・華人，卸売市場，流通チャネル

そうは問屋が卸さない

　ものごとが自分の都合のいいようには進まないことのたとえに「そうは問屋が卸さない」ということわざがある。取引条件を決めるさいの問屋の立場の強さを物語るものであり，現在では中間流通業者の頑迷・固陋という，幾分否定的なイメージをもって語られる。その成立時期ははっきりせず，管見の限りでは『日本国語大辞典　第2版』（小学館，2007年）で紹介されている田山花袋『春潮』（1903年）の用例が最古である。

　日本の「問屋」は鎌倉時代の運送業者「問丸」を起源とし，江戸時代に手数料商人として発達した。木綿，油など商品別の問屋に加えて，積荷問屋，廻船問屋，荷受問屋など機能別に分化したほか，生産者と問屋の間，問屋と消費地の小売店の間に立つ差益商人「仲買」も多数生まれ，多段階からなる流通システムを形成した。当時の日本は藩ごとの独立した経済圏を基礎としつつ，米や特産物の全国的な商品流通が発達したが，それは問屋・仲買のはたらきによって初めて成立したといえる。

　それらは幕府の公認を得た同業組合組織「問屋仲間」に限定される排他的な存在であった。明治時代の近代化の過程で，問屋仲間の特権は剥奪され，卸売業は自由参入となり，「問屋」と「仲買」の区別はあいまいになった。ところが，一切の秩序がなくなると混乱が多発したため，あらためて卸売業者の組織が整備されていった。冒頭のことわざにいう「問屋」とは，江戸時代のそれではなく，むしろ再編強化された近代の卸売業者のことを指しているのかもしれない。

　卸売業者とその組織はその後も時代の要請に応じて幾度となく変容し，再編されてきた。一口に「問屋」といっても決して不変のものではないのである。　　　　　　　　　　（田中　彰）

5 サービス業

5-1 サービス経済化の進展

　サービス経済化とは，産業の第1次部門すなわち農業・林業・水産業や，第2次部門すなわち鉱工業にたいして，第3次部門が就業人口において比重を高めることを意味し，通常ペティ＝クラークの法則と呼ばれている。クラーク（Clark, C.）などによって用いられはじめた産業の3部門分割の理解によって，第3次部門が雇用展望や経済発展に与える影響について注目されるようになった。もっとも，増大し続ける第3次部門全体をサービス業としてとらえることには無理があり，第3次産業に含まれている雑多な産業をいかに整理して理解するべきかなど，3部門分割の理解には課題も多い。1970年代にはいると，先進工業国，とりわけアメリカにおける産業構造の変化に着目したベル（Bell, D.）などは，工業部門とサービス部門のバランスの変化からポスト工業社会の議論を展開するにいたった（内田忠夫他訳『脱工業社会の到来』ダイヤモンド社，1975年）。これとほぼ同時期に，トゥレーヌ（Touraine, A.）は，社会学の立場からポスト工業化を論じている（寿里茂他訳『脱工業化の社会』河出書房新社，1970年）。

　なお，ポスト工業社会をポストモダン社会と同義で用いる場合もある。このような考え方はポストモダン社会出現の時期についての理解を背景としている。ただしこの場合にも，ポストモダニズムという思想的概念とポスト工業化という社会経済の段階的変化についての理解は，区分されるべきである。

　アメリカをはじめとする先進的な工業国においては，1970年代のベルの指摘以降，雇用と経済活動において第3次部門は経済全体の50％を超えている。2019年時点では，G7加盟国におけるサービス業の構成比は，就業者とGDP（国内総生産）において，70〜80％に達している（『世界の統計2022』）。わが国の場合にも，サービス産業の割合は，GDPおよび雇用の双方で一貫した拡大が見られ，先進国の中では必ずしも高くないものの雇用，GDP双方で2000年時点の60％代から70％代へと拡大を

続けている。

　統計的な数値などから全般的なサービス経済化を確認することと同時に，そこから経済の現状を把握し将来展望を得ることも重要である。ガーシュニィ（Gershuny, J.）は，サービス産業全体の中で，消費生活におけるセルフサービス化の増大によって「対消費者サービス」は相対的に縮小しており，他方で財貨の生産方法の変更にともなって「対事業所サービス」が相対的に拡大していることをあきらかにした。ガーシュニィの議論は，レクリエーションや芸術などのサービスに関心が集中しがちであった，楽観的なポスト工業社会論にたいする批判であり，サービス業と工業の補完関係に着目している点で，ネオ工業社会論ともいえるものであった（阿部真也監訳『現代のサービス経済』ミネルヴァ書房，1987年）。物質的財貨それ自体がソフト化し，デザインや差異が重視されるようになる現代においては，生産のあり方それ自体が工業社会とは異なっており，各種の対事業所サービスを必要とするようになるのである。

　新しいサービス経済の延長線上に情報化社会や情報産業を論じることも可能である。対事業所サービスの中でもっとも成長率が高いのも情報関連サービスである。また狭義のサービス業にとどまらず，工業部門の内部においても情報を取り扱う経済活動やその雇用は成長を続けている。また産業構造の変化の現れ方は，国際比較研究を活性化させるのと同時に，国内の地域間関係，とりわけ都市の発展パターンの分析にも素材を提供しており，情報関連サービスを中心とする対事業所サービスの立地から都市間階層構造の分析を試みるものもある（阿部真也・宇野史郎編『現代日本の流通と都市』有斐閣，1996年）。より近年では，対事業所サービスに従事する労働者の集積が都市のあり方に影響をもたらすというジェントリフィケーション，あるいは先端産業従業者のライフスタイルの特性と都市の魅力の関係に着目するクリエイティブ・クラスなどの概念が注目されている。　　　　　　　　　　　　　　　　　　（吉村純一）

KEYWORD

サービス経済化，ペティ＝クラークの法則，サービス業，ポスト工業社会，ネオ工業社会

5-2 都市におけるサービス産業

　経済発展に伴い，経済活動の重心は第三次産業へと移る。わが国の第三次産業シェアの推移をみると，雇用と GDP（国内総生産）双方において1970年には50％に満たなかったが，2020年時点ではともに70％前後となっている（☞5-1）。第三次産業の比重の高まりは，GDP や雇用に関係する統計的数値等で把握することが可能である。サービス産業の成長が現れるのは，様々なサービスの提供があってはじめて人々の生活が成立する都市部である。中でも国内の都市間階層で上位にある都市，あるいは国際的な都市間競争で上位にある都市において顕著である。

　都市における産業構造や消費生活においても，小売業や卸売業による物財の流通だけではなく，サービス財の流通について明確な視座を持つことが求められている。都市の発展パターンの重心もかつての製造業中心の工業都市から，卸売業や小売業に加えて，対事業所サービス業や対個人サービス業などの流通・サービス業を中心とする「流通消費都市」（阿部真也『いま流通消費都市の時代』中央経済社，2006年）へと変化してきた。

　図は，それぞれが密接な関係を持ちながら都市に立地する流通産業とサービス産業の関係をその特性に応じて整理したものである。対事業所か対消費者か，物販かサービスかという２つの軸が設定され，中心には，いずれのプレーヤーにとってもキーとなる「情報流通業」が位置付けられてい

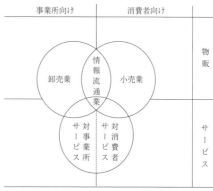

都市流通クラスターモデル

出所：吉村純一「商業集積間競争と地域」『地域再生の流通研究』中央経済社，2008年，p.125をもとに作成。

る。都市の特性に合わせてこれらの産業がバランス良く配置されることが必要である。

都市の社会経済的構造は，グローバルな世界経済や全国規模の経済システムの中に位置付けられ，都市の階層性に影響を受ける。企業の本社や支所の空間的配置は都市の成長の牽引役である。これらに加えて近年ではサービス業，とりわけ情報関連産業の集積に注目が集まっている。これに伴い，都市に集まる人々のライフスタイルは変化し，対消費者サービスにも質的変化が生じている。インターネット関連の業務，ソフトウェア開発，さらには各種のコンテンツ制作などに関わるソフト系の情報産業に従事する人々のライフスタイルは従来の消費者のものとは異なり，小売業や対消費者向けのサービス業は対応を迫られたのである。

2000年代から展開されている米国における創造都市論では，地域に経済発展をもたらすクリエイティブ・クラスの獲得競争が都市間で行われており，その競争において優位にある都市が発展することを明らかにした。フロリダ（Florida, R.）は，クリエイティブ・クラスの中核に，アーティストや科学者，情報産業の技術者などを位置付けている。彼らは余暇と仕事の境界を明確に区別しないとされ，ストリートにおけるアートを重視し，情報収集のためにカフェ等を利用する。居住し働くために都市を選択する際には，彼らのライフスタイルの特性に対応可能なサービスを提供できる一定の都市を選ぶ傾向がある。都市で働く人々の生活の質に対する総合的なサービスの提供が問われている。

現代的都市においては，発展の牽引役としての情報産業を中心とする対事業所サービス業が集積するのと同時に，これらに従事する人々のライフスタイルに質量ともに合致する対消費者サービス業の充実を図ることが求められている。

（草野泰宏）

KEYWORD

対事業所サービス業，流通消費都市，都市流通クラスターモデル，情報産業，クリエイティブ・クラス

5-3　広告産業

　日本の広告産業の歴史は，1871年の広告引札屋の開店に始まる。社名の通り，その業務は，引札すなわちチラシ制作の請負であった。その後，1873年創業の内外用達会社を皮切りに，電通の前身である日本広告や博報堂など，多くの広告取次業者が誕生した。当時は新聞の創刊が相次いでおり，広告取次業者は特定の新聞社に専属してその広告スペースを広告主に販売することで手数料を得ていた。そして，広告の隆盛とともに単なる取次業を脱し，多くの新聞・雑誌社から，さらにはラジオ・テレビ局からスペースとタイムを購入して広告主に売り込む広告代理店へと発展していった。媒体社から購入した広告枠の販売のために，広告主に対して市場調査や広告制作などの業務も請け負うようになった広告代理店は，広告会社とも呼ばれている。

　このような歴史を持つ日本の広告産業の特徴として，次の3つを挙げることができる。第1は，報酬制度である。見られるように，広告会社の存立根拠は商業者と同じであり，多数の媒体社と多数の広告主との取引を仲介することで媒体社と広告主双方の取引コストを削減することにある。このことから，広告会社の報酬制度は，媒体社から支払われる仲介手数料をすべてとするコミッション方式であることが多く，広告制作などに対するフィーが広告主から支払われることは少ない。しかし，マスコミ4媒体の媒体料金は高額であり，手数料率も15％と高水準に保たれてきたため，広告会社は高収益を謳歌していたといわれている。

　第2は，こうした報酬制度ともかかわって，広告会社が，媒体取引と広告制作の2つはもちろん，広報（PR）やセールス・プロモーション（SP）など，広告主に向けた多数の事業を一括して取り扱っていることである。総合広告代理店と呼ばれる所以であり，事業ごとに会社が分かれている欧米とは対照的である。日本の広告会社は，最初から，広告，PR，SPなどを戦略的に組み合わせた統合型マーケティング・コミュニケーションを広告主に提案していたということもできる。

第3は，欧米では一般的である一業種一社制が慣行になっておらず，同一業種内で競合関係にある企業を同時に広告主にできることである。

これらの特徴から明らかなように，日本の広告産業は典型的な寡占産業であった。しかし，検索エンジンやウェブサイト，eコマース空間やソーシャル・メディアなど，それまで有限であった広告媒体が無限に広がりインターネット広告が成長するにつれ，Google などのプラットフォーマーや，サイバーエージェントなどのネット広告専門代理店が次々と参入することとなり，広告産業はまさしく未曽有の大変容を遂げている。

新規参入者が手掛けているのは，「膨大なデータを処理するアドテクノロジーを活用したプラットフォームにより，広告の最適化を自動的にもしくは即時的に支援するような広告手法」と定義される運用型広告である。具体的には，検索連動型広告や行動ターゲティング広告などであるが，ここではその典型例である DSP（Demand Side Platform）と SSP（Supply Side Platform）について説明しよう。

広告枠がある Web ページつまり媒体は，ユーザーのアクセスを受けると，クッキーによって得られるそのユーザーのサイト訪問履歴や購入履歴，位置情報などのオーディエンスデータとともに広告リクエストを SSP に送信する。リクエストを受けた SSP はオーディエンスデータと入札リクエストを DSP に送信し，DSP は配信条件に合致した広告主の選定を開始する。広告主はターゲットユーザーの属性と入札額を DSP に登録しており，最適な広告が DSP から媒体へ配信される。この間わずか0.1秒程度であり，まさにリアルタイムビッティングが行われている。

こうした運用型広告が従来の広告会社の存立根拠を脅かしていることは明らかである。それゆえ，例えば電通の場合，コンサルティング機能を新たな存立根拠とすべく，DMP（データ・マネジメント・プラットフォーム）を独自に開発し，消費者に関するデータベースの構築とデータの分析・活用を進めるなど，新しい動きが始まっている。（中西大輔）

KEYWORD

コミッション方式，総合広告代理店，一業種一社制，運用型広告，DSP/SSP，リアルタイムビッティング

5–4　交通・運輸産業

　人および物を対象に空間的・場所的な隔たりを克服し移動というサービスを生産し供給することを業としているものが交通・運輸業である。交通・運輸業を広く解釈すれば，以上の空間的・場所的移動を直接に行う運輸業のほか，運送の間接的取扱いを行うフォーワーダーや通路だけを提供する関連事業もこれに包括されるが，一般的には，運送業が中心をなしているといえる。クラーク（Clark, C.）は，産業分類を，素材を採集する第1次産業とそれを加工する第2次産業，これ以外の第3次産業の3つに区分し，交通・運輸業を第3産業に属するものと位置づけた。日本産業分類もこれに従っている。しかし，交通・運輸業は，サービスを提供する卸売・小売業などのほかの第3次産業とは，生産供給の構造が異なっている。すなわち，機械体系をもった生産手段と運転労働力の組み合わせによって，移動サービスといった効用を生み出す。このことから，生産供給の構造は，物財の生産を行う第2次産業に近い。もっとも，最近のデジタル化，技術の発達から，運転労働力は，ドローンでの輸送のように，中央制御，自動運転への移行の動きが示される。

　交通・運輸業は，それが依存する技術的移動手段の違いにもとづいて，鉄道事業，軌道事業，道路運送事業，海上運送事業，航空運送事業などに分類される。また，産業構造にも差異がみられ，競争市場型産業，寡占市場型産業，自然独占型産業に区分される。競争市場型産業は，典型的な労働集約型産業であり，多くの中小零細規模の事業者によって占められている。タクシーやハイヤー，貸切のトラック，内航海運などの事業がこれに該当する。寡占市場型産業は，フラッグキャリアが支配する航空輸送や都市間での混載の路線トラックなどこれに該当する。自然独占型産業は，資本集約型産業であり，鉄道や外航海運などの事業がこれに該当する。もっとも，鉄道は，欧州や日本の一部で，上下分離により，競争的構造もみられる。

　交通・運輸産業は，社会・経済構造を広い範囲で支えていることから，

経済社会のインフラとも称され，企業の生産・販売活動にともなう調達・販売物流および宅配便などの消費者物流の手段として，また，専用・個人の旅客の移動手段としての役割を果たしている。人々の日常生活や社会的活動に不可欠なサービスを提供するために，一般に公共運送人という形態で営まれ，これまで，市場への参入・撤退規制や運賃の許認可規制が実施されてきた。こうした競争抑圧的な規制は，産業の発展やネットワーク形成に大きな貢献をしてきたが，産業の成熟化や国際化，代替サービスの拡大の中で，弊害をきたすようになり，そのため見直され緩和されるに至っている。

わが国の交通・運輸産業分野で規制緩和に先鞭をつけたのは，1990年に施行された貨物運送事業法である。1996年には，旧運輸省が需給調整規制を原則的に廃止する方針を打ち出し，それ以降，航空，鉄道，バス・タクシーなどの分野を含む全般的な分野で，規制緩和に向けた本格的な取組みがなされ，運賃の自由化や弾力的運賃の設定などの価格規制の緩和，参入規制の緩和が実施されるようになっている。

さらに，物流効率化を促進するための施策も講じられ，一貫システムの普及推進や電子データの標準化，共同輸送や情報化の推進など，総合的な物流体系の構築に向けた取組みが展開されている。大手の貨物輸送業は，現在，高度なロジスティクスの展開やサプライチェーン（☞6-2）の動向に対応し，総合物流業をめざすようになっている。このもとで，提携と合併再編が振興している。高齢化・少子化の中で，運転の労働力の不足も問題の一つである。地域旅客公共交通では，ICTを利用して移動を一つのサービスととらえ，シームレスにつなぐMaaS（Mobility as a Service）といった新たな移動，予約を入れて指定された時間と場所に送迎するデマンド交通も生まれている。貨物輸送は，規制緩和，コロナ禍での国際競争の中で，サプライチェーンの連携と経営戦略の真価が問われる大きな転換点にきている。　　　　　　　　　　（塩見英治）

KEYWORD

空間的・場所的移動，公共運送人，規制緩和，総合物流業，サプライチェーン

5–5　旅行・宿泊業

　旅行業とは，報酬を得て，旅行に関する業務を行う事業のことをいう。旅行業を営む上での取り決めを定めている旅行業法では，旅行に関する業務を，旅行者が運送・宿泊などの旅行に必要なサービスの提供を受けられるように，サービス提供者との間に立って，旅行者を代理して契約を結び，媒介・取次ぎをする行為と規定している。

　旅行業法では，旅行業を営むためには，観光庁長官または都道府県知事によって旅行業者の登録を受けなければならないと規定している。旅行業者とは，旅行に関する業務を行う事業者のことをいう。また，この旅行業者の業務を代理契約によって行う事業者のことを旅行代理業者という。

　旅行業者は業務の範囲や登録要件などによって，第1種・第2種・第3種旅行業者と地域限定旅行業者に分類される。旅行業務の範囲は，パッケージツアーのように，旅行業者が旅行を企画し旅行者を募集する「募集型企画旅行」，社員旅行や修学旅行のように，旅行業者が旅行者の依頼を受けて旅行を企画する「受注型企画旅行」，個人旅行のように，旅行者の依頼によって宿泊先や乗車券などのサービスを手配する「手配旅行」に分類される。

　第1種旅行業者はこの全ての業務を，第2種旅行業者は，海外の募集型企画旅行を除く全ての業務を，第3種旅行業者は，海外の募集型企画旅行と国内の当該営業所が所在していない地域の募集型企画旅行を除く全ての業務を行うことができる。地域限定旅行業者は，2013年に着地型観光を促す目的のために新たに創設された区分で，業務の範囲は当該営業所が所在している地域内に限定されている。

　着地型観光とは，旅行者が到着する（着地）側が，旅行商品を企画・運営する形態のことをいう。これとは逆に，旅行者が出発する（発地）側がそれを行う形態は発地型観光という。

　宿泊業とは，宿泊料を得て人を施設に宿泊させる事業のことをいう。

宿泊業の適正な運営を確保するために定められている旅館業法では，宿泊とは寝具を使用して施設を利用することと定義しており，宿泊業（旅館業）を営むためには，都道府県知事（保健所が設置されている市・特別区においては市長・区長）の許可を受ける必要がある。

　旅館業法では，宿泊施設は「旅館・ホテル」「簡易宿所」「下宿」に分類される。「旅館・ホテル」は，主として日単位の短期間の宿泊を想定した施設である。旅館業法は2018年に大幅な改正が行われ，改正前は「旅館」は和式の構造および設備を主とする施設，「ホテル」は洋式の構造および設備を主とする施設という定めがあったが，改正後はこれが削除された。「簡易宿所」は，宿泊する場所を多数の人で共用する施設であり，山小屋やユースホステルなどがこれに該当する。「下宿」は，主として月単位の長期間の宿泊を想定した施設である。

　また，宿泊施設は「宿泊」以外にも「飲食」や「宴会」などのサービスを提供しており，それが売り上げにおいて大きな割合を占めることがある。このような多様なサービスを提供する宿泊施設を「フル・サービス型」と呼び，宿泊以外のサービスを最小限に抑えている宿泊施設を「リミテッド・サービス型」と呼ぶ。

　宿泊料を得て人を施設に宿泊させる場合は，原則的には，旅館業法に基づいて行わなければならないが，住宅宿泊事業法に届出をした場合は，住宅宿泊業（いわゆる民泊）を営むことができる。住宅宿泊事業法では，住宅宿泊業を営むためには，都道府県知事への届け出を行い，衛生面の確保や騒音の防止などが義務づけられている。また，年間に提供できる宿泊日数は180日以内に制限されている。

　住宅宿泊業は，情報通信技術の発展や宿泊に対するニーズの多様化によって急速に発展している。また，住宅宿泊業は，インバウンドの増加に対する宿泊施設の供給確保，不動産資源としての空き家の有効活用といった政策課題に貢献するものとして期待されている。　　　（河田祐也）

KEYWORD

旅行業法，旅行業務，着地型観光，旅館業法，宿泊施設，民泊

5-6 テーマパーク

　「テーマパーク」は，入場料をとり，特定の非日常的なテーマのもとに施設全体の環境づくりを行い，テーマに関連する常設かつ有料のアトラクション施設を有し，パレードやイベントなどを組み込んで，空間全体を演出する事業所である。アトラクション施設とは，映像，ライド（乗り物），ショー，イベント，シミュレーション，仮想体験，展示物の施設などをいう。他方，「遊園地」は，主として屋内，屋外を問わず，常設の遊戯施設（コースター，観覧車，メリーゴーランドなど）を3種類以上有し，フリーパスの購入もしくは料金を支払うことにより施設を利用できる事業所である（経済産業省「経済構造実態調査」）。

　テーマパークは，東京ディズニーリゾート（TDR），ユニーバーサル・スタジオ・ジャパン（USJ）に代表される。他に，オランダの街並みを再現した「ハウステンボス」，サンリオのキャラクターをテーマとする「サンリオピューロランド」，志摩スペイン村の「パルケエスパーニャ」，ムーミンの物語を体験できる「ムーミンバレーパーク」などがある。テーマパークでは，文化や国，時代，キャラクターなど特定のテーマのもとで，建物，物販施設や飲食施設，従業員の制服に至るまで統一されている。さらに，アトラクションに加えて，パレード，ショー，イベントなど，様々な機能が一体的に統合され，非日常の世界を楽しめる。TDRは，東京ディズニーランド，東京ディズニーシーという2つのテーマパーク，5棟の直営ディズニーホテル，商業施設「イクスピアリ」，モノレール「ディズニーリゾートライン」が各施設を結ぶリゾート施設として総合的に開発・運営されている。

　モノの機能を享受する「モノ消費」ではなく，一連の体験価値を享受する「コト消費」，さらにハロウィン，フェスティバルなどの「トキ消費」（同じ志向を持つ人たちと一緒に，その時，その場でしか味わえない盛り上がりを楽しむ消費，博報堂生活総合研究所）の場でもある。

　わが国における本格的なテーマパークは，1983年に開業した東京ディ

ズニーランド，長崎オランダ村に始まる。東京ディズニーランドの成功に触発され，さらに1987年に施行された「リゾート法（総合保養地域整備法）」が計画を促すこととなった。都道府県が基本構想を策定し，国の承認を受けた計画に基づいて整備されるリゾート施設については，弾力的な開発許可が可能となり，税制面や政府系金融機関からの融資など優遇措置を受けられる。地方自治体がインフラ整備を行い，出資する第三セクター方式によるテーマパークの開業計画も相次いだが，バブル崩壊後は計画が中止されたり，開業しても経営破綻したものもある。

　コロナ禍前の2018年におけるテーマパーク（遊園地を含む）の市場規模は8,510億円（日本生産性本部『レジャー白書』），うち TDR（オリエンタルランド）の売上高が4,372億円を占める（日経 MJ「サービス業調査」，USJ は非公表）。入場者数合計は5,890万人（日本生産性本部『レジャー白書』），うち TDR（オリエンタルランド）が3,255万人，USJ が1,400万人と圧倒的である（綜合ユニコム『レジャー産業資料』）。テーマパーク（遊園地を含む）を運営する企業の2018年度売上高は，「100億円以上」10社，「50〜100億円」9社，「10〜50億円」53社，「10億円未満」117社と，少数の上位企業に集中している（帝国データバンク）。

　テーマパークは，多額の初期投資が必要とされる産業であり，さらにディズニー（Disney, W.）が「永遠に完成しない作品」とその運営の考え方を表現したように，リピート客を確保するためのアトラクション新設やリニューアルが求められる。さらに，テーマパークは繁閑の差が大きく，土曜・日曜・祭日，夏休みやゴールデンウィークに利用が集中する傾向がある。そこで，需要の平準化を図るために，USJ では2019年から，TDR でも2021年から，需要に合わせて価格を変動させる「ダイナミック・プライシング」を採用している。また，アトラクションの待ち時間を短縮する時間指定予約券「ファストパス」や，待ち時間を楽しく過ごし，飽きさせない仕組みを導入している。　　　　　（南方建明）

KEYWORD

遊園地，リゾート，リゾート法（総合保養地域整備法），コト消費，ダイナミック・プライシング

5-7 フィットネスクラブ

　フィットネスクラブとは，トレーニングジム，スタジオ，室内プールなどを有し，インストラクターやトレーナーといった指導員を配置し，トレーニングやスポーツの機会を会員へ提供する運動施設である。1980年代のフィットネスクラブブーム以降，わが国のフィットネスクラブ市場は拡大してきた。

　フィットネスクラブ市場が伸長してきた背景には，1970年代以降，段階的に取り組まれてきた国の健康政策の影響がある。第1次国民健康づくり対策（1978〜1987年）から第4次国民健康づくり対策（2013〜2023年）に至るまで，国は制度的な枠組みを拡充してきた。

　特に，第3次国民健康づくり対策の一環として2003年に施行された健康増進法は，健康政策の大きな転換点であるとされている。健康増進法では，急速な高齢化と疾病構造の変化に合わせて，「身体活動と運動」など9分野の課題について取り扱われた。国民の運動に対する意識を高め，運動習慣を持つ人の割合を増加させるための環境整備が推進されたのである。適度な運動を奨励することによって，生活習慣病を予防し，医療費削減と健康寿命延伸が目指された。フィットネスクラブの成長は，医療費の抑制と健康寿命の延伸を目標とする国家的な政策によって支えられてきたといえよう。もっとも，制度的な後押しによって成長してきたものの，2019年の日本におけるフィットネスクラブ参加率は，わずか4.4％にとどまっている（米国19.6％，英国15.6％）。

　フィットネスクラブには，大別して総合型と専門型の2つの類型があるが，近年では，専門型の成長が著しい。

　総合型フィットネスクラブには，トレーニングジムやスタジオ，室内プールなど複数の運動施設が併設されている。店舗によっては，大浴場やテニス場などが併設される。総合型の代表的な企業として，コナミスポーツクラブ，セントラルスポーツ，ルネサンスが挙げられる。総合型は，各種施設を併設することによって顧客の幅広い利用用途に対応して

きた。しかし，総合型は，施設を併設することから大型店舗となるため，出店には多額の初期投資が必要となる。また，店舗を維持する人件費や水道光熱費など固定費が経費に占める割合が多くなり，利益を確保するのが難しいという問題を抱える。

　専門型は，2000年代以降，米国などの先進地に追随する形で，わが国においても拡大し始めた。専門型フィットネスクラブとは，マシントレーニングや特定の運動に特化した施設である。専門型の代表的な企業として，ライザップ，カーブス，ラバが挙げられる。専門型は，総合型に比べて施設規模が小規模であり，そのため初期投資が小さいという特徴を持つ。パーソナルトレーニング重視，女性限定，ヨガスタジオなど，多種多様な専門型が台頭してきている。

　フィットネスクラブの利用は，単なる健康志向の消費者の行為として捉えることはできない。例えば，女性によるフィットネスクラブ消費は，女性らしさを求められ，それに応えようとする女性の消費行為であるという側面がある。シュピルヴォーゲル（Spielvogel, L.）は，日本のフィットネスクラブと女性ユーザーについて調査し，わが国においては，若々しく薄い身体という女性の美の支配的なイメージが広く浸透しており，そうしたボディイメージを獲得するために女性たちはトレーニングすることを明らかにした。他方で，グラスナー（Glassner, B.）は，男性は鍛えられた身体によって競争社会で要求される自己管理能力をアピールするとした。つまり，フィットネスクラブにおける消費者の行為には，社会的に要請されるボディイメージに自己を一致させるためにフィットネスクラブを用いて身体を加工するという側面がある。

　総合型から専門型へと成長の中心が移るフィットネス市場において，ターゲティングやポジショニングといったマーケティング課題へ対応するために，ジェンダーや理想とするボディイメージの獲得など利用者の特性に焦点を当てた戦略が活発化している。　　　　　　　（田中晃子）

KEYWORD

健康政策，健康増進法，総合型，専門型，ジェンダー，ボディイメージ

5-8 ホスピタリティ

　ホスピタリティ（hospitality）は，hospes というラテン語の語源をもつ言葉であり，語源を同じくする現代の単語としては，ホテル（hotel）や病院（hospital）などがある。この hospes という語には，旅行者や兵士が異地へ移動した際に，移動先の者から歓待される，また人のつながりを頼って移動する，という意味がある。この派生語として，hospitium という歓待の側面だけをあらわした語があり，語源は私的な領域での無償の気高い心遣いを示すものであった。しかし，この hospitium が一般に広まるにつれて，有償のものとして公的な領域でも用いられるようになり，ポンペイの遺跡からは宿泊所の名前として看板に使われたという史料も発見されている。

　現在の hospitality においては，ラテン語を受けて，訪問者にたいして善意をもって歓待すること，が主要な意味とされており，類義語としては，fellowship，kindness といったものがあげられる。また，用法としては，一定の産業群をあらわす使い方もある。hospitality 産業群は，旅行者（tourist）が移動にともなって利用する産業によって形成され，hospitality（飲食店業・ホテル・会議場・マリーナなど），attractions and entertainment（テーマパーク・観光地など），transportation（航空機業界・電鉄・バスなど），travel facilitation and information（旅行業者など）が含まれると理解されている。近年の日本の地方においては，このような産業の振興と共に，地域資源の活用によって交流人口の増加が取り組まれている。また日本の都市部においては，施設型の産業が多いことから，需給調整が困難であり，外部環境の変化の影響を大きく受けている。

　このような英語としての意味をもっているが，日本におけるホスピタリティの一般的な訳語としては，「もてなし」があてられる。この語は平安時代より用いられてきたものであり，特に客人にたいして節度を持って歓待するという態度を示すものである。現代においては，「もてな

し」が含む意味の中でも「馳走，饗応」といった意味合いが強く，料理や宿泊施設に結びつけられることが多い。この日本語の訳語の使用においては，英語で用いられる用法の中で，ホスピタリティの心遣いとしての部分であり，産業部分までも含むものではない。

このように，日本におけるホスピタリティの用法としては，ホスピタリティ・マインドとしての用法がほとんどである。この際には，サービスとの対比でホスピタリティが述べられることが多く，服部勝人『ホスピタリティ・マネジメント入門』丸善出版（2004）に代表される研究がある。この著書の中で服部は，サービスという語は語源が奴隷をあらわす語であるため，その精神においては一方的な主従関係をあらわすものであると定義づけ，ホスピタリティという相互性と平等性をもつ語を用いることによって，顧客と従業員が対等の関係として意識されることになるため，それは今後の社会において重要な精神になると述べている。

サービス・マネジメントにおいて，顧客満足（☞2-1）の重要性が一般化したが，ホスピタリティ・マインドが，差別化と高い顧客満足をもたらすための重要な部分となっている。このようなホスピタリティ・マインドとは，サービス提供者が定型化されたシステムとして一定の品質水準で提供することを前提としながらも，サービス提供の定型的なシステムによってもたらされる満足を越えるために，サービスの受益者と提供者との相互性を保つように，企図されたシステムが形成される。このようなホスピタリティ・マインドの優れた提供例として，世界的にはリッツ・カールトンやサウスウエスト航空などがあげられる。この両社はともに，通常提供されるサービスにおいても高い評価を得ているが，さらにその評価を高めるものとして，想定外の顧客の要望に応えるホスピタリティ・マインドを従業員が有していることが注目されている。従業員の１人１人が，顧客のために何をするべきなのかを理解し，また全社的にその方針を共有しているのである。　　　　　　　（小沢道紀）

KEYWORD

ホテル，旅行者，もてなし，顧客満足，ホスピタリティ・マインド

5-9 フードサービス業の経営革新

　フードサービス産業とは，本来，食サービスを提供する外食産業を指す。しかし最近では，調理食品を提供する中食産業も含む用語としてほぼ定着している。これと同義語が広義の外食産業という表現である。そもそも外食業と中食業との境界は必ずしも明確ではない。テイクアウト比率が過半のファストフード企業は，厳密には小売主体の中食企業であるが，外食の代表的業態に分類されているのはその一例である。

　フードサービス産業の2019年市場規模（日本フードサービス協会推計）は外食が約26兆円，中食が8兆円弱，合計で約33兆円に達し，一大産業部門を形成している（なお日本惣菜協会推計では中食市場規模は約10兆円）。とはいえ，食品産業の中でいち早く大規模化を実現した食品製造業と比較し，フードサービス業は永らく生業的経営に留まっていた。経営革新による産業化が始まるのは1970年代のことである。経営革新の内容について，外食業を中心にみてみよう。

　第1に，売上規模の拡大に直結する多店舗のチェーン展開である。第2に，メニューの低価格化と品質標準化を実現する食材の本部集中仕入，加えて店舗調理の削減を可能にするCK（セントラルキッチン）での集中調理・加工である。第3に，需要変動に応じた人員配置とパート・アルバイトの活用，そして標準的サービス提供のためのマニュアルの導入である。第1の要素が売上を生み出す一方，第2，第3の要素は基本的なコストであるFL（食材費，人件費）を管理し収益性を決定づけるものである。これら一連の業務プロセスのシステム化と統合を基盤として近代的外食企業の事業モデルは形成されていったのである。

　こうして順風満帆だったフーサービス業も1990年代に入ると食市場の成熟化への対応を迫られるにいたる。低価格訴求と多様な差別化へと戦略の二極化が生じた。後者については，製品面での地域食材や有機を含むこだわり食材の活用，地域の伝統料理の掘り起しが取り組まれた。事業面では，標準店化から個店重視への転換，提供・販売時点まで延期化

した店頭調理方式の重視，高原価率業態への挑戦である。これらは，いずれも効率一辺倒のマス・モデルからの修正・転換であったといえる。

21世紀に入りフードサービス業が直面する主な戦略課題は次のようである。1つは国際化戦略である。国際調達に加え，海外での日本食ブームを受けて海外に出店する企業が増加している。もっとも，出店方式や海外パートナーとの連携，現地適応化（適合化）などに苦慮する事例は少なくない。2つに，ICT化とその延長線上のDX化である。従来から宅配ピザの先進的企業では，ICTを活用し受注から配達までのリードタイムの短縮，顧客情報蓄積と効果的プロモーションの展開が追求されてきた。最近では，AIにより需要を予測し，IoTのロボットを組み込んだスマート・フードチェーンの構築が目指されている。とはいえ重要なのは，経験と勘，目利き力をもつ人材の排除ではなく，その活用である。3つに，SDGsや倫理品質の視点に立った取組である。プラスチック容器の排除や農業振興への関与は着実に広がりをみせる。課題解決には，消費者の理解をはじめとするステークホルダーとの連携が欠かせない。

2020年に始まった新型コロナウイルスの感染拡大は，食需要の蒸発により，百貨店やSCのテナント，とくにファストフードを除く外食企業に甚大な打撃を与えている。2020年の外食市場規模は約18兆円と前年の6割台にまで激減した。コロナ渦により大量の閉店や経営破綻が続く中，適切な価格戦略，新業態の開発，事業ポートフォリオの最適化，レジリエンスの強化に向けた取組が継続している。

今後とも，食生活における中食，外食の重要性は変わるものではない。フードサービス産業は，食を通じた消費者のウエルビーイング（身体的，精神的，社会的幸福）への貢献という社会的責任（☞5-15）を果たすことが求められている。その際，顧客満足を提供する上での必須の組織基盤は従業員満足にある。働き方改革をはじめ，自らの健康経営・ウエルビーイング経営の追求は産業の持続性確保の出発点にほかならない。

(木立真直)

KEYWORD

外食，中食，産業化，チェーン，CK，DX，ウエルビーイング

5-10 中食産業

　歴史的にわが国の食生活形態は，1960年代までの家庭内食生活（内食）中心から，1970年代には外食を取り入れた食生活形態が広がり，1980年代末頃からは，さらに「中食（なかしょく）」行為が増え始め食の外部化が進展してきた。食の外部化率は2014年にはじめて50％を超えた。

　中食という用語は，「レストラン等へ出かけて食事をする外食と，家庭内で手づくり料理を食べる内食の中間にあって，市販の弁当やそう菜，家庭外で調理・加工された食品を家庭や職場・学校等で，そのまま食べることや，これら食品（日持ちしない食品）の総称」（農林水産省）として用いられ，こうした調理済み食品を製造ないし販売する業種・業態を中食産業という。中食産業を構成する主体には，たとえば，百貨店（デパ地下）やスーパーマーケット（そう菜売り場），コンビニエンスストア（CVS），そう菜店，仕出し弁当店，持ち帰り弁当店などの専門店，ピザの宅配店などの多様な形態がある。

　表に示す通り，内食，中食，外食の３つの食市場の市場規模は約72兆円にのぼり，そのうち中食市場は約10兆円を超える。

　中食を提供する企業の多くは食の外部化が進展する中でチェーン方式により発展を遂げてきたものが多い。1970年代後半から80年代にはほっかほっか亭や小僧寿しなどの持ち帰り弁当店や寿司店が急成長し，80年代半ばには，宅配ピザ業態が急成長した。90年代以降，食品スーパーがそう菜コーナーを拡充するなかで中食産業の担い手は一層多様化した。なかでも，その発展を牽引した業態の１つがCVSである。

　CVSでは当初，中食商品の品ぞろえはごく限られていた。しかし，今日では弁当，おにぎり，そう菜，おでん，調理パンなど多様な中食商品を取り扱っている。CVSでは全体の売上に占める中食商品の販売割合が３割を超えるように，CVSにとって主要なカテゴリーになっている。これまで，POSレジ活用によるマーチャンダイジングの強化や１日複数便の配達体制の確立による物流の合理化を図り，商品開発におい

食市場の市場規模の推移と構成比

食市場	2013	2014	2015	2016	2017	2018	2019
内食	33,183	33,352	34,990	35,314	35,807	35,933	36,040
	50.2%	49.6%	50.0%	50.0%	50.0%	50.0%	49.8%
中食	8,896	9,260	9,581	9,839	10,055	10,251	10,320
	13.5%	13.8%	13.7%	13.9%	14.1%	14.3%	14.3%
外食	24,009	24,614	25,407	25,455	25,680	25,722	26,043
	36.3%	36.6%	36.3%	36.1%	35.9%	35.8%	36.0%

注）上段：市場規模（単位10億円），下段：構成比
出所：一般社団法人日本惣菜協会『2021年版惣菜白書―拡大編集版―』p.15より作成。

ては専用工場を稼働させるなどオペレーションの改善と開発商品の品質向上を継続的に行うことで中食市場の発展に大きく貢献してきた。

　こうした食の外部化が進展する要因には，世帯規模の縮小や共働き世帯の増加といった構造的変化とこれにともなう家事労働の時短ニーズ，家庭での料理の簡便化志向などのニーズの変化などがあげられる。

　なかでも近年の中食市場の広がりは，時短ニーズの高まりと軽減税率導入の影響がきわめて大きい。食の外部化が外食に向かうか，中食に向かうかは，どこまで家事労働を外部化させたいかというニーズに依存する。「食事を摂る」ための一連の家事労働を買い物，調理，食事，後片付けの4つに分けた場合，外食ではすべての家事労働を外部化するのに対して，中食では調理を外部化することになる。これは，調理という最も時間と労力を要する家事労働を外部化させたいとするニーズの表出と捉えることができる。

　ミール・ソリューション（食事問題の解決）やホーム・ミール・リプレイスメント（家庭料理の代行）が叫ばれて久しいが，こうした食問題の解決主体は多様で，近年では，出前館やウーバーイーツなどのネットオーダーによるデリバリー事業者の参入もあり，中食市場を巡って業種や業態，事業規模の異なる事業者による重層的競争が激化している。

（堂野崎　衛）

KEYWORD

中食，食の外部化，食の外部化率，ミール・ソリューション，ホーム・ミール・リプレイスメント

5-11 コントラクト・フードサービス

　委託者の委託を受けてフードサービスを提供する事業をいう。社員食堂，学校給食，病院給食，福祉施設給食やテーマパーク，美術館，ゴルフ場クラブなどの集客施設内レストランの運営受託などがある。この受託運営者をコントラクター，給食会社という。

　レストラン，食堂など街場のフードサービス業は，不特定多数の顧客が対象であるが，コントラクト・フードサービスは利用者がその施設に所在する人に限定されるので，料理内容やサービスのし方は，その施設の特性・要望に応じて工夫することが求められる。

　企業の委託で運営される社員食堂では，その企業の福利厚生的な意味合いで料理の提供価格の指定がある一方で，充実した料理内容が求められ，社員の健康管理面から食材や調理法に注文がついたり，カロリーや栄養素，アレルギー食材などの丁寧な表示が必須とされることが多い。近年では，海外からの来客や人事交流もあり，ハラール食やベジタリアン向けの食が求められることもある。

　SDGs に積極的に取り組んでいる企業では，とくに食材面で，環境に配慮された食材を優先して使用することが求められる。また，大型の災害発生が伝えられる時には，被災地に絡む食材を積極的に使った応援メニューを提供したり，その地の特産品を社員食堂で物販するといった活動にも取り組むところが多い。東日本大震災（2011年）のときには，福島県産や東北県産の食材を多用したり，直接に社員食堂で募金することも多くの事業所で実施された。被災用の備蓄食料の手配と管理をコントラクターに委ねるところも多い。

　学校給食，病院給食，福祉施設給食は，ともに法規によりその外枠があらかじめ定められており，メニュー作成上の基準や人的配置の仕方など細かく定められている。

　学校給食では，学校給食法がある。対象児童生徒の学年別に必要とされる栄養素量が厳密に定められており，それに基づいた献立表が作成さ

れる。また，学校教育の一環としての面も強調されており，地場産物の積極的な利用が謳われている。

病院給食は，治療行為の一環という位置づけである。対象者（患者）の病状容態別に医師の食事箋に基づき提供される。普通の献立で大丈夫な場合と特別食が提供されなければならない場合がある。

これらの給食現場では，その規模に応じて管理栄養士（栄養士），看護師の配置数や役割分担が定められている。

大型の集客施設では，その施設のコンセプトに沿う形でのフードサービス提供が求められるようになってきている。

かつての野球場はボールパークと言い換えられてテーマパーク化が目指されており，観客一体型の催事企画が常に開催されるようになった。場内に配置されたフードサービス施設もこの一環という位置づけであり，メニューも効果的な組み合わせで配列し，プレーヤーのキャラクターに合わせた特別メニューも用意されるようになっている。水族館や動物園では人気の動物をモチーフにしたフードやドリンクのメニュー開発と提供に余念がない。こうした施設の受託者（コントラクター）は，メニュー開発力やサービスの企画力が伴わなければならない。

オリンピックなど超大型イベントでは，一方では，主催者施設の選手村やメディア村，ボランティアスタッフへのフードサービス，そしてホスピタリティテントといわれる国賓級の接待場を効果的に運営する力量が求められる。他方で，同時開催される大型の国際会議では，トップブランドのホテル複数が連携して対応することもある。

普段は施設内に隠れて一般消費者の目に触れる機会が少ないので意識されないが，コントラクト・フードサービスは社会的に重要な事業分野である。
（茂木信太郎）

KEYWORD

社員食堂，管理栄養士，テーマパーク，ハラール食，応援メニュー

5-12 フードサービス・マーケティング戦略

　フードサービスは消費者密着の事業であるため，消費者動向に敏感であり，多様なマーケティング戦略を繰り出してきたという実績がある。

　トップブランドは世界でも日本でもマクドナルドである。同ブランドは伝統的にマスコミを活用したパブリシティ政策に長けている。新聞やテレビに，新メニューのリリースや新店舗の開店のようすなどをマスコミに取材させてそれを記事（ニュース）として流して，マスコミ経由で自社の動向を消費者に伝えるというものである。また20世紀では，新商品の発売前には，地道に消費者モニターテストを実施してその評価をデータ化し，全店導入前に少数店ないしエリアを選んでテスト販売するなど，チェーンの仕組みを活用した手法を駆使してきた。

　近年では，ネット社会化と呼応し，いち早くスマートフォン・アプリを活用する手法を採用して，日本でトップクラスの実績を誇っている。実際，同ブランドのアプリ搭載率はあらゆるブランドの中でも抜きんでている。この手法の特徴は，自社利用の消費者にきめ細かくセールスプロモーションを打つことができることである。また広告予算も豊富であることから，TV広告とネットのプロモーションを連動させるなどほぼ独壇場である。

　フードサービス業界をめぐるマーケティング環境は，21世紀になってIT社会が現実化して様変わりした。「ぐるなび」，「ホットペッパーグルメ」（リクルート），「食べログ」が飲食店をデータベース化して消費者の行動様式を変えた。消費者による店の探索や予約の仕方が以前とは全く変わった。ネット事業者は，こうしたことに対応すべく各店のホームページの見せ方を指導している。さらにネット事業者のデータベースに貯め込まれた季節変動などの情報を分析して誘客や予約活動に活用するなど，より蓋然性の高いプロモーションを提案している。

　ミステリーショッパーの導入も広がっている。アメリカでは，サービス評価の基本手法となっているが，わが国では遅れている。ミステリー

ショッパー導入のフードサービス事業者は少なくないが，その分析結果を活用している事業者は少ない。多くは，報告されるミステリーショッパーの数値を見て一喜一憂しているにとどまる。フードサービス業界内に見方・使い方を学ぼうという意識が総じて弱いという事情がある。

また，「USEN」などレジシステムと店内外のカメラ搭載による顧客動向分析なども技術的には実用段階にある。たとえば，同じ店内に顧客にとって居心地の良い席とよくない席があり，この様子はカメラで確認することができる。そして実際に席の配置変更や減席することで全体としての来店客数が増加する例などある。さらに店前カメラで通行者の入店率を計測し，他のデータと組み合わせて入店予測をすることで食材仕込みのロスを僅少にするという例もある。このように顧客動向や店舗スタッフのオペレーションまで踏み込む情報活用が可能な状況ではあるが，現実にはフードサービス業界内の人材活用が極めて限られているので，直ちに大きく広がると見ることは難しい状況である。

他方，ロボットが調理やフロアーに入り始めている。調理系のロボットは高額なため導入は限定的であるが，フロアーに入るロボットは安価であり効用が目に見えるのでそれなりに導入が進みつつある。現時点ではロボットの動きや会話力はまだ規格的で限定的であるが，AIとの馴致が進めば，ロボットのコミュニケーション力，接客力がもう一段向上する。ロボットのキャラクター化も効果がある。そうなると顧客とロボットと店舗スタッフの三者コミュニケーションが本格化する。この関係を活かすべく新しいマーケティング手法が開発されることが予想される。フードサービス業界の積極投資を望みたいところである。

これからのフードサービス業界は，食材を中心として環境問題，資源問題への配慮が欠かせない。その意味で，フードサービスのマーケティング活動は，社会課題への関与という消費者目線をもつことが肝要である。

（茂木信太郎）

KEYWORD

パブリシティ，スマートフォン・アプリ，ミステリーショッパー，ロボット，環境問題

5-13　外食企業の食材調達

　外食産業の原価構成をみると，全体では食材費が約4割，人件費が2割強，両者を合わせると6割以上を占めている。業態別に見ると，ファストフードでは食材費の比率が高く，人件費よりもかなり高い比率を占めている。ファミリーレストランでも食材費の比率がやや高くなっている。これにたいしてディナーレストランでは人件費の比率が食材費の比率よりも高く，高級業態としての特徴を反映している。このように業態による差はあるものの，食材費は原価の約4割前後を占めており，その削減は個人経営の単独店，企業経営のチェーン店を問わず基本的な課題となっている。

　外食産業の食材調達は，単独店かチェーン店かによって大きく異なる。個人経営の多い単独店では，調理人や仕入担当者が日々のメニューに応じて必要な食材を卸売市場の仲卸業者や小売店から購買するのが一般的である。入荷状況，品質，および価格に応じて実際に購買される品目や数量は調節され，後は調理人の調理技能で対応している。

　しかし，このような調達方式ではチェーン店は成り立たない。チェーン方式の大規模な外食企業が発展してきた基本的な要因としては，店舗設計の標準化によるチェーン展開とともに，セントラルキッチン（CK：自社内で食材を集中的に原料調達・加工・調理し，各店舗に配送するための施設）や仕様書発注（外食企業が独自の仕様で食材の原調達・調理・加工を食品加工メーカーに発注すること）による調理の外部化があげられる。調理の外部化によって，はじめてすべてのチェーン店で同じ味のメニューを提供しながらコストを削減することができるようになった。

　こうした調理の外部化は，店舗で提供するメニューが標準化されていることが前提であり，そのためにはメニューに必要な食材を数量，品質および価格ともに欠品なく調達する仕組が必要となる。多数のチェーン店を展開している外食企業では，本社の仕入部門が販売計画と予算制

約のもとでメニューに応じた食材の一括調達を計画的に行っている。セントラルキッチン方式の場合は，調達した原料食材を自社のセントラルキッチンで調理・加工して店舗へ配送するが，仕様書発注方式の場合には，仕様書にもとづいて食品加工メーカーで委託製造された食材がメーカーから物流センターや店舗に配送される。

　さらに1990年代以降，企業間競争の激化に対応して冷凍品や乾燥品などを主体とした輸入食材利用によるコスト削減が進められてきた。従来，国内産を主体として調達してきた生鮮野菜についても，中国産など安価な輸入品が定着している。

　しかし，他方では消費者の安全や健康にたいする関心が高まる中で，外食企業の中には，原料生産に用いる資材（肥料，農薬など），栽培方法，産地，生産者などを指定して食材を調達しようとする動きがでている。こうした新たな食材調達には，調達チャネルも変更する必要がある。生鮮野菜を例にとれば，従来，外食企業は生鮮野菜を卸売市場の仲卸業者やカット野菜メーカーなどを納品業者として調達してきた。ところが，卸売市場では，ロットの確保は比較的容易であるが，品質・規格，価格を安定化するのは容易ではなく，使用資材，栽培方法，産地，生産者を特定することは困難である。このため，一部の外食企業が，自社仕様の野菜を産地の生産者，出荷団体，産地集荷業者などから直接的に調達するチャネルを構築しようとしている。ただし，露地野菜では１産地の供給期間は数ヶ月にしかならず，通年で安定的な調達を実現することは困難であるため，時期ごとに最適な産地を複数選択し，これらの産地を結び付けて，通年切れ目のない調達システムを確立する必要がある。

（佐藤和憲）

KEYWORD

食材，調達，チェーン，セントラルキッチン，仕様書

5-14 海外における外食産業

　フードサービス産業の世界的な市場規模は2020年時点で2兆3,340億USドルに達したといわれ（RESERCH AND MARKETS調べ），将来も継続的に拡大する有望なマーケットとされている。フードサービス産業を広義に捉える場合，外食産業に加え，弁当・調理済み食品・惣菜，ピザなど中食産業（料理品小売業）のテイクアウト，デリバリー，ケータリングも含まれる。また外食産業はレストラン，ファストフード，居酒屋，カフェのような近代的なものと，屋台や露天商，ナイトマーケットのような前近代的なものとに分類することができる。

　近代的な外食企業の中には組織的な管理の下，世界的に市場を拡大しているものもあり，例えばサンドイッチのファストフードを販売するサブウェイは106か国へ約36,800店舗（米国：20,849店，国外：15,978店）を展開しており，世界の外食産業の中で最多となっている（2022年3月）。その他，マクドナルド，スターバックス，KFC，ピザハット，バーガーキング，ドミノピザ，ダンキンドーナツなどアメリカ資本の企業が店舗数で圧倒的な地位を占めており，アメリカの食文化を世界に浸透させている。これら世界的な外食企業は自社店舗を直営方式または国際フランチャイズ方式にして国境を越え，チェーン展開している。直営方式では本社によるコントロールのもとでオペレーションの指揮が採られるためコンセプトやクオリティなど世界標準化が徹底される反面，現地で自ら店舗物件を開拓する必要性があり，展開のスピード感に欠ける。一方，国際フランチャイズ方式では現地企業または現地企業などと合弁で設立した現地法人とエリア・フランチャイズ契約を交わして展開するため，急速な店舗拡大が可能となる。外食産業は食事という文化的側面を多分に内包したビジネスであり，チェーン展開で国際化する場合は少なからず現地適応化（適合化）が求められる。例えばメイン商材がハンバーガーのマクドナルドでは各地の市場特性にあわせ，米飯類や麺類などを提供している国もある。日本企業としてはダスキンが運営するミス

タードーナツが最も国際化を進めており，店舗総数10,536店舗のうち約91％の9,557店舗を国外で展開している（2022年3月）。その他には吉野家ホールディングス（国内：1,647店，国外：1,011店）やサイゼリア（国内：1,079店，国外：477店）などがある。

前近代的な外食産業には固定式，もしくはリヤカーなどの移動式の店舗を構える屋台や露天商，ナイトマーケットなどがあり，安価で食事を提供しているため，特に途上国では重要な役割を果たしている。これらは外食であると同時に家に持ち帰って食べる中食的な要素もあわせもっており，男女共働きの多い国では朝食から夕食まで一家の食事をすべてこれら外食，もしくは中食で済ませることはめずらしくない。また低い投資額でスタートアップでき，納税義務を逃れることが容易なグレーゾーンのビジネスでもあるため，不景気下では数が増加する傾向にある。国によっては失業者のショック・アブソーバー的な役割も果たしていることから，当該政府がその存在を黙認しているケースもある。またすでに経済発展を遂げたシンガポールなどの国ではこれら前近代的な外食産業を制度的に管理している。

近年は国外における日本食レストランの数も増加傾向にある。農林水産省の推計によると2006年に約2.4万店であったものが2021年には約6.6倍の約15.9万店へと増加している。その約63％がアジアエリアに集中しており，約28％が欧米エリア，残りの9％がその他のエリアとなっている。こうした日本食レストランの増加の背景には2013年に「和食」がユネスコ無形文化遺産に登録されたことや世界的な健康志向の高まりがある。また経済発展が進み中間所得層が増加しつつあるアジア地域でも日本食の需要が高まっており，これら新興国市場での事業を成長戦略の軸と位置付ける企業も出現し始めている。寿司や日本式居酒屋など，これまでは国外でも高級料理とされてきた本格的な日本食をリーズナブルな価格で提供しようとする新たな動きが起こっている。　（土屋仁志）

KEYWORD

国際化，フランチャイズ，中食，世界標準化，現地適応化（適合化），日本食

5–15 フードサービス業の社会的責任

　企業は法令遵守と企業倫理の尊重を前提として，経済活動を行う。しかし市場が成熟した現代の社会では，利益志向のみの経済活動では企業の持続的な成長は難しい。このような中「企業の社会的責任」(CSR：Corporate Social Responsibility）という考え方が生まれた。CSRとは，企業の役割に経済的活動である財（製品）やサービスの提供，雇用の創出，納税のほか，寄付やボランティアなどの社会貢献活動や文化芸術支援活動などさまざまなものを含むとする概念である。CSRは，企業にたいして社会の公器としての行動を求め，市場原理主義や利益至上主義への疑問を投げかける視点でもある。したがって，CSRにもとづく評価は多面的に行われ，一般に①経済的，②社会的，③環境的の3つの側面（トリプルボトムライン）が考慮される。

　今日，30兆円産業に成長したフードサービス業が果たすべき社会的責任の範囲は大きく広がり，その内容も変化している。他産業と同様に社会貢献活動や文化芸術活動支援に取り組む企業は少なくないが，フードサービス業本来の活動に即した社会的責任は，以下の4つとなる。

　①食事の提供，家事労働の代行と食文化形成の責任。たんに食事を提供することで空腹を満たすという1次的欲求の充足だけでなく，食事を通じて人々を豊かな気持ちにさせるという，高次的な欲求の充足機能ももち，日本の食文化の形成に大きな役割を担ってきた。また，食事の提供は，食の外部化機能として家事労働の軽減機能を果たし女性の社会進出の一助となっている。

　②食育（食教育）の責任。食育の必要性が議論されるのを受けて，フードサービス企業が，親子を中心とする顧客（消費者）が食材産地を訪問するイベントを実施し，農業生産者と消費者の交流事業を通じ食育の一部を担う動きがみられる。

　③多様な雇用形態の提供責任。フードサービス業の成長には，パート・アルバイトといった非正規雇用が不可欠であるが，このパート・ア

ルバイトといった雇用形態は，ランチあるいはディナータイムの数時間といった短時間労働を含めた多様な雇用形態を定着させてきた。日中に短時間働きたいという主婦，放課後の数時間に働きたいという学生に就業の機会を提供してきた。

④国内農水産業のパートナーとしての責任。これまで日本農業はフードサービス業などの業務需要へ十分な対応をしてきた

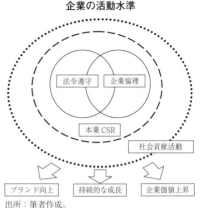

企業の活動水準

法令遵守　企業倫理
本業 CSR
社会貢献活動

ブランド向上　持続的な成長　企業価値上昇

出所：筆者作成。

とはいえないが，最近ではフードサービス業との契約栽培取引を通じて農業経営の安定化をめざす産地もあり，農業とフードサービス業は車の両輪ともいうべき関係を構築することが期待されている。

フードサービス業の課題は，消費者の食にたいする多様なニーズに応えていくことを基本に，健康志向への対応，あるいは縮小傾向の強まる日本農業との関係の再構築にある。また，他産業と比較して，フードサービス産業がその社会的役割の大きさに見合った地位を獲得しているとはいいがたい。パートタイマーの厚生年金・保険適用範囲拡大問題などの労務問題の解決や，勤務時間など労働条件の改善，有能な人材を確保していく上で魅力ある仕事・職場としての再構築も課題である。

フードサービス業には，図に示すような本業 CSR において，食文化の形成や消費者の健康に深くかかわる産業として，社会的に認識・評価されるような企業行動が求められている。なお近年，本業 CSR から CSV（Creating Shared Value）として，利益確保と社会課題の解決を同時に図る動きも出ている。　　　　　　　　　　　　　　　　（齋藤文信）

KEYWORD

企業の社会的責任（CSR），食の外部化，食育，多様な雇用形態

都市的ライフスタイルとサービス業

　都市は多くの産業とそこで働く人々によって成り立っている。高度経済成長期にピークを迎えた工業都市においては製造業者の工場とそこで働く画一化されたユニフォームに身を包む人々が都市のイメージを形作っていた。そして空は光化学スモッグによって覆われていたのであった。他方，好景気にわいたバブル時代の大都市のダウンタウンには百貨店やファッションビルなどの商業施設と個性的なファッションに身を包んだ人々が行き交う街路が都市のイメージを形成した。街には深夜までディスコの轟音が鳴り響いていた。

　その時代ごとに都市を彩る産業は異なっており，人々のライフスタイルも異なっているのである。産業には，もっぱら「都市に奉仕する」ものと，もっぱら「都市を形成する」ものとの2種類があると言ったのは，初期のマーケティング研究者の一人であるR. コックス（森下二次也監訳『高度経済成長下の流通問題』中央経済社，1971年）であった。現代のサービス業の中にも，テーマパークやフィットネスクラブなどからなる都市に奉仕する形の対消費者サービスと，広告代理店や不動産業などからなる都市を形成する対事業所サービスが存在している。

　多くの都市的生活様式論の議論が示しているように，都市では人々の生活問題の解決に次々に専門的なサービスが導入されてきた。インターネット社会が日常になり，マーケティング活動の中心が移動している現代の都市において，各種のサービス業はどのように配置されているのか，そして人々のライフスタイルはどのように変化しようとしているのか。両者が織りなす変化の端緒の中に流通システムの将来を見通すことができると言えるだろう。　　　　　　　　　　　　　　　（吉村純一）

6 ロジスティクス

6-1 延期—投機原理

延期 - 投機原理（principle of postponement-speculation）とは，製品形態と在庫位置の変更を流通チャネルのどの部分で行うかを決定するうえで用いられる原理である。購買需要の発生を基準とし，これらの変更を購買需要の発生時点および地点に近づけるのが延期であり，反対に遠ざけるのが投機である。延期が実際のニーズを確認してから生産や在庫を行う実需対応を特徴とするのに対し，投機はニーズを事前に予測して生産や在庫を用意する仮需対応を特徴としている。

鮮魚店を例にしてみよう。仕入れた鮮魚は切り身として販売できる可能性と薄造りとして販売できる可能性があるとする。この時鮮魚店は，切り身と薄造りの需要量をそれぞれ予測し，先んじて捌いておくのか，あるいは顧客の注文を受けてから要望に合った形態に捌くのか，という選択肢に直面する。前者のような投機的対応をする場合，加工の工程が集中するため効率的な作業が可能になるが，予測よりもいずれかの形態の需要が低かった場合，その分ロスが発生してしまう。一方で後者の延期的対応をする場合は，実際の需要に基づいた加工を行うため，需要の不確実性は解消されるものの，注文を受けるたびに加工することとなるために効率性は低くなり，顧客へ提供するまでの時間も長くなる。

このように，延期は顧客のニーズを確認してから生産を立ち上げるために需要の不確実性が解消され，過剰生産や過剰在庫のロスを避けることができる。しかし，生産の量や種類が分散し，少量生産と多頻度小ロット配送のため費用が増大しやすく，注文を受けてから提供までの時間が長くなる。投機は予測をベースに「売れるはず」と見込んだ製品を，大量・集中生産し，大ロット配送で規模の経済を発揮して費用を抑え，広告や販売促進を通して需要を刺激することで大量販売を狙う。しかし，顧客のニーズの変化やライバルの対応によっては売れ残りのリスクや売れるまでの在庫管理コストが発生する。こうした関係から，延期と投機はトレードオフであると言える。

　ファーストリテイリングのユニクロの場合は，流行に左右されにくいベーシック・カジュアルなアパレルに絞りこみ，精緻な需要予測に基づく投機的な対応を特徴としている。その一方で，染色前の生地の追加発注，年間計画を週単位で微調整するなどの延期的要素も取り入れ，製造から小売を垂直統合した SPA（Specialty store retailer of Private label Apparel）によって，川下から川上までの思惑による生産や在庫のミスマッチを排除しようとしている。コンビニエンスストアのセブン-イレブンは，店頭ではできるだけ在庫を持たず，売れた分の商品を中心に小ロットを多頻度で調達する延期的な対応を取りながら，同時に店舗での品揃えを共同配送センターで形成する投機的な対応を組み合わせることで機会ロスを抑え，顧客の支持を獲得してきた。

　近年のデジタル技術，通信機器，物流技術，AI やロボットを活用した生産技術などの進歩は，顧客ニーズのきめ細かい把握，注文情報の逐次投入，企業間のサプライチェーンでの情報共有を実現し，延期と投機のハイブリッド化が可能となってきた。販売段階では実需に基づいた迅速な商品調達，その一方で大量生産もしくは適量生産による生産コストの抑制を可能にする仕組みが実現されている。

　マス・カスタマイゼーションはその代表例であろう。共通部分である材料や部品は事前に大量生産しておき，可変部分は顧客の購買段階でニーズを確認してそれらをカスタム化された商品にするということが行われている。さらに，会員制サブスクリプションサービスは，顧客を囲い込むことで事前に顧客のニーズを把握し，後にそのニーズに基づいた生産に取り組むという手法を採っている。最近では，このような延期と投機の原理を効果的に活用した動きが注目されている。　　　（田口広樹）

KEYWORD

実需対応，仮需対応，規模の経済，サプライチェーン，マス・カスタマイゼーション，サブスクリプション

6-2 SCM

SCM（Supply Chain Management）とは，アメリカのサプライチェーン・マネジメント職業人協議会（Council of Supply Chain Management Professionals；CSCMP）によれば，「会社内部や会社間で供給と需要を統合させる」ことを本質とした，「サプライヤー決定や調達，加工，ロジスティクス活動全体，および製造業務に関わるすべての活動の計画設定と管理」と「サプライヤー，中間業者，外部のサービス提供業者，顧客などからなるチャネルパートナーとの協調や協働も含む」ものと定義されている。「会社間」や「協調や協働」という表現にあるように，組織の壁を越えることを前提にした管理概念であることに注意を要する。組織間の関係性を構築・維持したうえで，情報共有や組織間調整でもって計画やプロセスを連携させたり，統合させたりすることがSCMの実務に相当するといえる。

SCMの研究においては，伝統的に戦略アプローチと統合アプローチが存在する。戦略アプローチでは，高い稼働率と在庫回転率を追求する「物的効率型」戦略と，余剰能力で需要変化に迅速に応対する「市場応答型戦略」の2つに戦略を類型化して考察する。追求すべき戦略機能を基底とする視座であるといえよう。延期・投機の原理（☞6-1）とは親和性があり，延期原理は市場応答型戦略，投機原理は物的効率型戦略の具現化方法に関する知識を与える。

一方，統合アプローチは，組織を超えたプロセスの統合とその方法を焦点とする視座である。組織内の効率性を追求する職能主義の管理論から，サプライチェーンの最終顧客に対する価値提供を追求する組織間プロセスを重視する管理論への移行を求める考え方である。サプライチェーンを横断するプロセスは需給管理に限定しないので，新製品開発や販売・サービスの領域まで対象が及ぶ可能性があることに注意されたい。また，トータル・システムのパフォーマンスを重視する「システムズ・アプローチ」が思考のベースにあるともいえる。

　SCMの当初の目的は，激化するグローバル競争に対抗する手段としてのコスト削減と顧客サービス強化にあった。しかし，昨今のSCMの目的は，コストやサービス以外の視点も有している。そのひとつには，サプライチェーンにおけるリスク対応がある。新型コロナウイルスの感染拡大やロシアのウクライナ侵攻が，サプライチェーンに大きな混乱と制約をもたらしたのは周知のごとくである。その他にも，気象変動，自然災害，事故，労働紛争など，サプライチェーンが長くなればなるほど，サプライチェーンが途絶するリスクは多様化する。サプライチェーンのグローバル化のメリットが，サプライチェーン・リスクによって完全に相殺されれば，グローバル経済は成り立たなくなる。こうしたリスクに対応し，サプライチェーンの継続性を維持することを目的としたSCMを特に「サプライチェーン・リスクマネジメント」といい，昨今研究が進んでいる。

　いまひとつには，サプライチェーンに関する持続可能性の対応についての視点がある。この分野では特に環境や人権に関わる問題が注目を浴びている。前者では，サプライチェーンにおけるCO_2排出量の削減，自然エネルギーや生物由来資源の活用などが議論されている。後者では，サプライチェーンにおける強制労働と児童労働などの人権侵害問題が議論されている。こうした問題と対峙し，持続可能性を追求するSCMは「サスティナブルSCM」と呼ばれる。

　以上のように，昨今のSCM概念の発展は，単なる需給管理にとどまらない広がりを見せている。すでにSCMは，CSCMPの定義のような管理概念の側面だけでなく，専門領域（discipline）としての側面も有していることから，多面的な語義を有する用語であるといえよう。

（秋川卓也）

KEYWORD

SCM，サプライチェーン・リスクマネジメント，サスティナブルSCM

6-3 リードタイム

　リードタイム（lead-time）とは，製造やロジスティクスなどの業務において，ある作業や工程の開始（スタート）から完了（ゴール）までにかかる時間，または全工程の開始から完了までの所要時間のことである。最近，幅広い分野で使用されるようになり，リードタイムの意味もさらに広がっている。主に製造や物流などの業界で用いられる場合，リードタイムは着眼するポイントによっては，工程，機能，業界などの角度で分類することが可能である。工程におけるリードタイムとは，必要な設備や人員を製造や物流サービスの提供などの該当する工程に投入し，全工程が完成するのにかかる総時間である。機能におけるリードタイムとは，開発，調達，生産，配達といった企業内部における機能や価値創造に関わる活動を成し遂げるためにかかる時間である。異なる業界企業におけるリードタイムには，様々なリードタイムが存在しており，川上活動にあたる生産製造の注文から納品されるまでの時間や，川中・川下活動にあたる商業者による注文から納品までの時間などがある。

　今日まで，一般的にリードタイムの改善に，リードタイムの短縮が求められている。その理由としては，まず，リードタイムの短縮により全工程における原材料や中間製品及び完成品の在庫数が抑えられ，在庫関連のコストの軽減にもつながるためである。次に，受注後の迅速な商品提供により，顧客への対応ができ，販売の機会損失が避けられ，売上収益と新規契約の増加と共に，顧客満足度が向上できるとされている。さらに，需要の変化が激しいファッションやアパレル業界などでは，リードタイムが短縮できれば，製品開発，市場投入や配送のタイミング及びコスト削減の予測において，より的確な対応が可能になるからである。

　近年，EC（電子商取引）（☞10-7）における生鮮品販売は，消費者の「当日配送」や即時配達のニーズに応え，よりよい顧客体験を提供するために，リードタイムの短縮による業態革新が続けられている。多くのネットスーパーは，これまで最短でも翌日の生鮮品配達のリードタイム

拠点店舗・前置倉庫の設置によるリードタイムの短縮

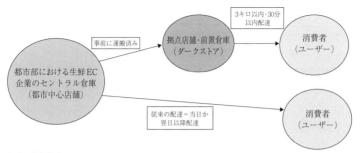

事前に運搬済み

拠点店舗・前置倉庫
（ダークストア）

3キロ以内・30分
以内配達

消費者
（ユーザー）

都市部における生鮮EC
企業のセントラル倉庫
（都市中心店舗）

従来の配送＝当日か
翌日以降配達

消費者
（ユーザー）

出所：筆者作成

を当日中にしたり，注文商品を指定可能な時間帯で受け取れるようにしたりするなど，消費者における利便性の向上を目指している。図のように，中国の「盒馬鮮生」，日本のウォルトマーケットなどのEC小売企業は，都市に多くの「拠点店舗・前置倉庫」を配達拠点として設置しており，消費者がスマホアプリを通じて，ネットで注文を確定すれば，1時間以内に自宅への配達が可能なシステム，いわゆる，「クイックコマース」を確立している。特に2020年のコロナウイルス感染拡大以降，各国ではECプラットフォームやアプリのみを利用した生鮮食料品の迅速宅配やフードデリバリーが急速に拡大し，そのうち，特にダークストアの拡張が目覚ましいとされている。消費者の「早く受け取りたい」といった需要を満たせることが，新たな付加価値として高く評価され，EC事業者の更なるリードタイムの短縮につながる重要な一因となっている。

（徐　涛）

KEYWORD

物流，リードタイムの短縮化，顧客満足度，EC（電子商取引），ネットスーパー，クイックコマース

6-4 日本の物流費

　物流費とは企業の物流活動に関わる費用の総額を指す。一般的に企業の物流活動は商品の配送，在庫管理，注文処理の３つの主要活動と荷役，保管，包装（流通加工），情報管理の支援活動に分けることができる。企業は商品の製造に要する費用のほか，これらの活動に伴う費用を負担しなければならず，物流費の多寡は商品取引や商品の流通範囲を決定する重要な要素となり得る。

　（公社）日本ロジスティクスシステム協会によれば，物流費は企業の物流活動により発生する「自家物流費」とこれらを専門の物流業者（子会社も含む）に委託した場合に生じる「支払物流費」から構成される。前者は①「物流人件費（ドライバー・荷役要員・事務員の人件費）」，②「物流施設費（建物・施設・車両の運用費および維持管理費）」，③「減価償却費（建物・施設・車両の減価償却費とリース料）」，④「在庫費（資本費・陳腐化損など）」，後者は物流業者の物流施設への配送に伴い発生する「対物流事業者等支払費」と原材料仕入の際に包括的に購入価格のなかに組み込まれる「みなし物流費」からなっている。そして，国内企業全体として両者の費用が売上高に対し平均的にどの程度の比率を占めているのかについて示した指標が「ミクロ物流費」，公的な統計データなどをもとに国全体としての物流費の総額を国民経済的な視点であらわした指標が「マクロ物流費」であり，いずれも物流の効率性を表現する指標として用いられている。

　日本の物流費の動向は（公社）日本ロジスティクスシステム協会の『物流コスト調査報告書』により把握することが可能である。これによると，2021年度のミクロ物流費は5.38％に上り，前年度と比べ0.38％の増加となっている。この背景には配送ドライバーの不足とこれによる物流事業者からの運賃値上げ要求があり，これらが企業の物流費の増加に

拍車をかけていると言える。ただし，2020年度は新型コロナウイルスの感染拡大により多くの企業の物流費が減少したことから，今年度の増加分はコロナからの回復に伴う物流量の増加に起因するものとして読み取ることも可能である。

　費用支払形態別の構成比は「自家物流費」が85.1％（うち子会社への支払い分10.5％），「支払物流費」が14.9％となっており，企業全体として物流業者への委託がすすんでいることがわかる（☞6-6）。一方，2019年度のマクロ物流費は48.8兆円に到達し，GDPに占める物流費の割合は8.7％に上っている。とくに，このなかで輸送費が占める割合は最も高く，物流費総額の66.7％がこれにより占められている。残りは在庫費や管理費により占有されている。

　このように，物流費はマクロ物流費・ミクロ物流費のいずれにおいても増加傾向にあることが確認される。なお，ミクロ物流費は調査年度により対象企業や回答数が異なり，マクロ物流費も国別に費用算定基準が違うことから，年度間，ならびに国際間の比較は困難であることに注意が必要である。しかし，全体の趨勢をとらえることは可能であるため，物流費の動向を把握するための参考指標として活用することができる。

（小熊　仁）

KEYWORD

自家物流費，支払物流費，マクロ物流費，ミクロ物流費，『物流コスト調査報告書』

6-5 通販と消費者物流

　通販（通信販売）とは，販売業者または役務提供事業者が「郵便等」によって売買契約または役務提供契約の申込みを受けて行う商品，権利の販売または役務の提供のことである。具体的なチャネルとしては⑴インターネット（EC：電子商取引）（☞8-6），⑵カタログ，⑶テレビ，⑷ダイレクトメール，⑸新聞広告，⑹雑誌広告，⑺ラジオ広告といったものが挙げられる。公益社団法人日本通信販売協会（JADMA）によると，2020年度通販市場規模（速報値）は10兆6300億円，前年度比20.1％増と急増している。

　通販のメリットは，利用者側にとっては店舗を探して出かける必要がなく，時間や労力を省くことができ，持ち帰る必要がない，24時間いつでも買い物ができる点がある。販売事業者側にとっては多くの場合リアルな店舗運営や販売員を置かず，また卸売業者を介さないため，運営コストが抑えられる。一方デメリットは，利用者にとって商品を画像のみで確認するため，想定したものと異なる場合がある，配送費用がかかる，配送日時・場所に所在しなければならないといった課題があった。しかし近年はインターネットが普及し，商品の検索が容易になったことや少額のオンライン決済手段が充実してきたこと，また保冷品対応やサイズ別価格設定，時間指定，置き配など，ニーズに合わせた輸送方法の多様化によりデメリットが縮小，購買に対するハードルが大きく下がった。特にECは近年急速に成長を遂げ，通販利用者の約9割がECを利用している。

　経済産業省「令和2年度電子商取引に関する市場調査」によると，日本市場における2020年のBtoC-EC市場のうち，8.08％をECが占めている。2019年の6.76％からも飛躍的に伸び，2013年から7年間で市場規模は倍増している。人ではなくモノが動く時代への転換を，コロナ禍が一気に推し進めたと言える。事業者別には，アマゾンジャパンが2兆円を超える売上を占めトップ，以下ヨドバシ，ビックカメラ，ZOZO，ユニ

クロ，オイシックス・ラ・大地などが上位を占めている。書籍・雑貨・家電・衣料・食品など，多彩な分野で広く利用されていることがわかる。

通販は，事業者から消費者個々人へ直接送品する「消費者物流」によって配送される。消費者物流とは，宅配便や引越輸送，トランクルームなど，一般消費者を対象とした物流のことであるが，店舗や物流倉庫などの拠点から消費者の自宅等希望する場所へのラストワンマイルの配送を担う宅配事業が市場の8割以上を占める。更に近年増加しているのが飲食店などからの配送を請け負う「配達代行サービス」である。これは貨物輸送を本業とする物流事業者ではない，第三の事業者によるラストワンマイル配送を指している。出前館・Uber Eats・楽天ぐるなびデリバリーといったプラットフォーマーがサービスを提供している。コロナ禍による「巣ごもり需要」によって脚光を浴びたサービスであるが，最近ではコンビニやドラッグストアから洗剤等日用品も配送されるようになった。高齢化や働き方の多様化に伴い，この市場は今後も拡大が続くと考えられる。

しかしこのように宅配サービスの需要が増大する一方，配送費用の商品価格への上乗せは十分に受容されず，配達を行うドライバーは長時間低賃金労働を強いられている。政府は働き方改革法案により，ドライバーに対しても2024年から時間外労働時間上限を年間960時間に制限する。その結果ドライバーの減少が加速し，現状のきめ細かなサービスを維持することは困難になると見込まれている。この「物流業界の2024年問題」を解決するために，業界全体として配送価格の適正化や作業の合理化が求められる。合理化面では，船舶のコンテナに見られるようなパレット・通い箱等の規格化，共同配送（☞6-8）ができるハブの多用，情報の規格統一により積載効率を向上させる次世代の物流システムとして，「フィジカルインターネット」実現に向けた検討が進んでいる。

（葛西恵里子）

KEYWORD

EC（電子商取引），ラストワンマイル，配達代行サービス，物流業界の2024年問題，フィジカルインターネット

6-6 3PL

3PL（3rd Party Logistics）とは，輸送や保管，在庫管理など複数の物流業務を特定の事業者が荷主から一括して請け負う（一括委託・一括受託）事業活動を言う。3PLを受託する事業者（以下，3PL事業者と略）は，荷主でも直接物流活動を担う事業者でもない両者を介在する第三の物流主体であることからサードパーティーと呼ばれている。また，3PLにロジスティクス業務に関するコンサルタント業務も加えて4PLと呼ばれることもある。

『月刊ロジスティクスビジネス』2021年9月号によると，日本国内における3PL事業は2000年代以降リーマンショック期を除いて年々上昇傾向にあり，2020年度には3.3兆円の市場規模に達している。また矢野経済研究所は，3PLを含めた「システム物流」の市場規模は，2010年代半ば時点で物流市場全体の2割に達したと算出している。このように3PLが発展した理由の一つとして，国内市場の縮小によって物流子会社の見直しが必要になったと判断したメーカー等が多数を占めるようになり，そういった親会社の物流子会社を大手3PL事業者が合併・買収（M&A）するようになってきたことが挙げられる。

3PL事業はロジスティクス事業者からすれば輸送事業や宅配事業等と並ぶ事業部門の一つとして位置づけられるが，自らの提案やシステムによって達成したコスト削減による利益を契約によって荷主と分け合うことで，従来の物流事業者になかった新しい利益の源泉が得られる。それ以外にも，様々な企業の様々な物流関連業務を一括して請け負い改善策を提案し続けることで，より高度な物流関連のノウハウを蓄積し競争力強化に結びつけることができるという利点もある。いずれにせよ，3PL事業者には，荷主から物流業務を受託するために高度な情報能力や継続的な改善提案能力が求められる。

一方，荷主企業にとって3PL事業を活用することは，ロジスティクス専業企業に物流部門を委託することでトータルでのコスト削減やサー

ビス水準の向上が図れると共に，これまで物流部門に割いていた経営資源を自社の競争力に直結する事業部門に集約することでより高度な競争優位を構築することができるといったメリットがある。他方，ドライバー等物流関連人材が不足している状況下において全ての物流業務を3PL事業者に委託することで，必要な台数のトラックを確保できなくなるという問題が生じることがある。

実際，2010年代半ば以降にはECの発展による宅配便取扱個数の急増，ドライバーの高齢化等によって物流業界全体の人手不足問題が一層深刻化している。鉄道貨物協会によると，2028年度には23万人のトラックドライバーが不足するという。この問題に対して，大手3PL事業者は第一にM&Aによって既存物流関連企業が保有しているドライバーや物流拠点を確保することで対応しようとしている。また，第二に大規模な投資を行い，高度に自動化を進めた物流拠点を開設することでコスト構造改革に取り組んでいる。例えば，SBロジスティクスは2021年より，アメリカのロボット開発ベンチャーと提携し，多様な形状の商品を1個ずつ高速でピッキングして出荷箱に投入することができるロボットを自社物流センター内で稼働させている。とはいえ，2020年代前半時点では多くの3PL事業者では依然として業務の多くを人手に頼りがちであることが指摘されている。

3PL事業者が人手不足問題や燃料費の高騰といった問題を解決できずに高まった物流コストを荷主に転嫁するようになると，顧客の一部は自社物流業務を3PLへ依存することを止めて，荷主企業自らが物流拠点を確保し，運送会社や庫内作業会社と直接契約を結ぶようになる。このような事態を避けるため，日立物流のような大手3PL事業者は，従来のような顧客企業の要望にあわせて個別最適化されたサービスを提供するビジネスから転換し，大規模な先行投資を実行して自動化を徹底した汎用施設を整備し，規格化された物流サービスを提供するプラットフォームビジネスに構造を転換しようという動きが見られる。　　（杉田宗聴）

KEYWORD

一括委託・一括受託，人手不足問題，改善提案能力，プラットフォームビジネス

6-7 静脈流通

　市場システムを研究対象としてきた従来の流通論では，商品は生産者から消費者までの一方向にしか流れないものであった。消費者に販売され，生産者や流通業者が利潤を得た時点で流通は完了する。したがって，その後消費者がどのようにその商品を利用し廃棄するのか，廃棄後の商品がどのように処理されるのかといった廃棄物の流通に関することが問題とされることはほとんどなかった。商品の原材料の多くは，地球の自然資源と環境から抽出され，使用後に廃棄されるため，環境破壊や公害問題を引き起こす資源の抽出や廃棄の問題は外部不経済をもたらすものとして，経済的取引の外に置かれてきたのである。

　しかし，廃棄物処理にともなう環境破壊や資源枯渇，処分場不足といった環境問題が深刻な問題として取り上げられるようになったことで，人々の目が廃棄物の流通に向けられるようになった。

循環型社会における流通システム

出所：筆者作成

　図の四角で囲まれているのが従来の商品流通の「動脈流通」である。そして，点線で囲まれているのが，廃棄物の流通である「静脈流通」である。このように，人体の血液循環になぞらえたことにより，商品流通と廃棄物流通がつながっていること，どちらが欠けても循環型社会が成

り立たないことを直感的に理解できるようになり，廃棄物の流通が従来の商品流通と同じ研究対象として認識されるようになったのである。

　静脈流通を通る廃棄物には産業廃棄物と一般廃棄物がある（☞8-7）。産業廃棄物は排出事業者責任や拡大生産者責任という考えのもと，廃棄物を排出する事業者が適切なリサイクルや最終処分を行うことになっている。したがって，静脈流通の構築と維持の責任は事業者が負っており，経済活動を行っている事業者がコスト削減の観点から，より合理的な処理方法や排出抑制を常に模索している。一方，一般廃棄物に関する静脈流通の構築と維持の責任は主に回収する行政にあり，廃棄物を排出する消費者には，静脈流通の構築や維持に直接の責任はない。よって，発生抑制（リデュース），再使用（リユース），再資源化（リサイクル）の3Rを意識して行動する消費者は，決して多いとは言えない。

　バージン資源を使用するよりも廃棄物を再資源化した方が経済的に有利である場合は問題ない。古紙回収業やデポジット制によるビール瓶の回収などが昔から利益をもたらす事業として成立しているのは，そのためである。しかし，一般廃棄物の多くは再使用，再資源化のコストが資本投下や労働による追加価値を上回るのが普通で，採算がとれないことの方が多く，静脈流通は確立しにくい。したがって，動脈流通では，生産者，流通業者，消費者のいずれがより多くの利潤を獲得するかでコンフリクトが生まれていたが，静脈流通においては，生産者，流通業者，消費者，行政のいずれが利潤を獲得するかだけではなく，いずれがコストを負担するかでコンフリクトが生まれる。これらのコンフリクトを押さえ，正の価値を持つ廃棄物だけでなく，負の価値を持つ廃棄物の静脈流通も確立して維持するためには，より一層の無制限な生産拡大に対するコントロールと，環境への負荷の少ない効率的な生産システムの構築とともに，消費者も豊かさを見直し，新たな生活の質という概念を確立する必要がある。　　　　　　　　　　　　　　　　　　　　　　（武市三智子）

KEYWORD

動脈流通，循環型社会，産業廃棄物，一般廃棄物，3R

6-8 共同配送

　共同配送とは，異なる荷主の貨物を1台の貨物自動車などに混載して配送することである。共同配送は道路の混雑，路上駐車による貨物の積み降ろし，地球温暖化等の環境問題，最近ではSDGsといった時代背景により議論され試みられている。

　日本では1950年代半ば頃に日本橋堀留において警察からの指導を受けた繊維商社が共同配送を試みたのが始まりといわれている。中小の卸売企業が一箇所に立地（卸商団地化）して取引先企業に共同配送する，百貨店（☞3-6）における納品代行，コンビニエンスストアチェーン内（☞3-8）における共同配送などがある。

　百貨店の納品代行とは，店舗への納品を特定の代行業者が多数の納品業者に代わってまとめて配送・納品する物流サービスである。これは百貨店と納品代行契約を結んだ物流事業者などが各納品業者の商品を百貨店の近隣にある物流センターで荷受けし，各店舗からの発注に応じて必要な商品を必要なタイミングで必要な数量届けるものである。百貨店は駅前などに立地していることが多く，駐車場や駐車場所が少ないにもかかわらず，取扱商品が多いことから個別の納品業者がそれぞれ配送すると百貨店周辺の道路が渋滞するという問題があった。これを解消するために始まったのが納品代行である。近年では店舗の納品口から上層階の各階のバックヤードや売場まで商品を届ける縦持ち業務まで行うこともある。納品して空になったトラックには返品商品を積み込んで物流センターまで配送している。

　百貨店ほどではないが，総合スーパー（☞3-7）も取扱商品が多く店舗からの毎日発注に対応するために各店舗への配送を異なるメーカーや異なる商品カテゴリーの商品を1台のトラックに混載する形で共同配送している。その代表的なものに，ダイエーが始めた自社物流センター方式，イトーヨーカ堂が始めた窓口問屋方式，イオンが始めたミルクラン方式がある。自社物流センター方式は，総合スーパー企業の子会社が物

流センターの運営と各店舗への配送を行うものである。窓口問屋方式とは，ある地区ではA問屋（卸売企業）が他卸売企業の商品もまとめてイトーヨーカドー各店舗に配送し，別の地区においてはB問屋が同様な配送を行うものである。ミルクラン方式はイオンがメーカーの工場まで委託したトラック業者に商品を取りに行かせ，複数のメーカー工場をまわって商品を集め，それを物流センター（Distribution Center）で店舗ごとに仕分けして他社商品とまとめて各店舗まで配送を行うものである。イオンは物流センターの運営や配送を他社にアウトソーシングしている。

コンビニエンスストアは40坪程度の売場に約3,000アイテムの品揃えをしている。そのコンビニエンスストアはバックヤードが小さいため在庫を保管しておくスペースがほとんどない。そこで考え出されたのが多頻度小口配送（☞6-10）である。同納品では異なるメーカーや異なる商品カテゴリーの商品を1台のトラックに混載する形で共同配送している。セブン-イレブンの日本1号店が開店した当初には1日に70台のトラックが配送のために店舗に来ていたが，共同配送や温度帯別配送を行うことにより，現在では9台程度まで削減された。

コンビニエンスストアはドミナント出店していることもあり，自社チェーン店舗内でのみ共同配送を行ってきた。しかしながら駅周辺や幹線道路沿いでは異なるチェーンがすぐ近くに出店していることもある。その配送をセブン-イレブン，ファミリーマート，ローソンの大手3社の垣根を超えた実験が2020年に東京都内の湾岸地区で行われた。この実験では配送トラックの走行距離が13.8%削減され，納品1店舗あたりのCO_2排出量は295g削減され，納品1店舗あたりの燃料消費量は115ml削減された。さらにトラックの積載率も7.8%改善されるという結果がでた。

（河田賢一）

KEYWORD

納品代行，自社物流センター方式，窓口問屋方式，ミルクラン方式

6-9 貨客混載

　貨客混載は，旅客運送と貨物輸送の事業を一定の条件のもとで事業の「かけもち」により行うものである。具体的に述べると，路線バスや鉄道の空きスペース，タクシーのトランクなどを活用して，荷物を輸送するものである。トラックなどの貨物自動車輸送事業者が助手席などを活用し，旅客を輸送する場合もある。現状は，前者が殆どであり，後者がほぼ皆無な状況にある。その成立要件は，混載を希望する事業者と旅客事業者との意見が一致することである。設備は，殆どの実施事例をみると，駅のホーム（バス停）で積み込み，荷物の到着地の担当者が積み下ろしをするケースが多く，新規に投資する事例が少ない。運行ダイヤは，旅客用で運用される。

　貨客混載の歴史は，鉄道や路線バスの空きスペースを利用し，新聞や雑誌，食品などを運んでいた。国鉄分割民営化後は，その取扱量も徐々に減少の一途を辿った。物流不足が話題となる近年は，トラック運転手が慢性的に不足しており，代替手段の一つとして注目されるようになった。新しい動きとして，都市間を短時間で輸送するため，高速で運行される特急列車・新幹線・都市間バス・飛行機などの空きスペースを活用し，短時間で生鮮食品を輸送する取り組みも増えつつある（☞7-8）。

　特に，過疎地域や農山村の流通がゆき届かない地域では，運転手不足が顕著になってきたことから，なんらかの対策が求められている。2021年6月15日に閣議決定された「総合物流施策大綱」では，過疎地域での貨客混載や共同配送が推奨されている。今後の貨客混載は，流通抹消部で有効な輸送手段の一つになり得ると期待される。さらに，旅客運送業界では，過疎地域で利用者僅少な赤字路線バスの維持が大きな課題となっている。路線バスや鉄道在来線の統廃合は，高齢者や自動車を有しない交通弱者にとって，大きな不利益を生じさせる。貨客混載の実施は，旅客事業の赤字幅を小さくし，路線の採算性を上げることにより，移動手段維持という社会基盤を維持する効果も期待される。しかしながら，

表　貨客混載事業についての規制緩和と要件

	規制緩和前	規制緩和後
乗合バス	350kg 未満の貨物運送が可能（道路輸送法第82条）	350kg 以上の貨物輸送を可能とする。 ●貨物自動車輸送事業の許可取得が必要 ●350kg 以上は貨物の運航管理者の選任が必要
貸切バス	旅客運送に特化	**過疎地域に限り，貨物運送を可能とする。** ●貨物自動車輸送事業の許可が必要 ●貨物の運行管理者の選任が必要
タクシー		
トラック	貨物運送に特化	**過疎地域に限り，旅客運送が可能とする。** ●旅客自動車運送事業の許可取得が必要 ●旅客の運行管理者の選任が必要
自家用有償旅客運送者	過疎地域に限り自家用自動車で350kg の貨物輸送が可能とする。（道路運送法第78条第3号の許可が必要）	

参考：公益財団法人日本自動車教育振興財団　トラフィケーション第47号，p.2

貨客混載は，先に述べた事項のほかに，法的な要件も持ち合わせている。そのため，希望する荷主と旅客事業者との意見が一致すれば成立する，単純な旅客と貨物の「かけもち輸送」ではない。たとえば，上の表は，2017年9月に国土交通省の示した貨客混載事業についての規制緩和とその条件である。具体的な内容は，貸切バス・タクシーも一定の条件付きでの貨客混載が可能となった点にある。対象となる過疎地域の条件は，発地または着地の人口が過疎地域自立促進特別措置法第2条1項，同法第33条に規定された過疎地域であって，3万人に満たない地域であるとされている。なお，規制緩和で可能となった条件下で貨客混載を行う際には，新たに行う事業の許可を取得し，運行管理者をおかなければならない。また，旅客事業は，人を運ぶことが最優先であり，貨物輸送よりも旅客運送がいかなる場合においても優先される。そのため，①乗客が乗車・手荷物を載せるスペースの確保，②旅客ダイヤの厳守，③輸送する荷物の制限などのいくつかの条件を有している。　　　　　　　（種市　豊）

KEYWORD

旅客運送，貨物事業，過疎地域，かけもち

6-10　多頻度小口配送

　多頻度小口配送とは，注文を小さい単位で多くの回数に分け，小刻みに小口＝小ロットで配送することである。輸配送は，一度に大量に運ぶことで規模の経済性に基づく効率性を実現することができる。多頻度小口配送は，その点で相対的に高コストになるにもかかわらず日本企業で広く導入されているが，その要因はどこにあるのだろうか。

　日本の高度成長期には，旺盛な需要に対応して，メーカーは製品を大量に生産し，大ロットで輸送し，卸売業者や小売業者に納入していた。その卸売業者や小売業者も大量に在庫を保有し，販売していた。

　しかし，1970年代後半からこのあり方が変化し始める。背景には，市場の成熟化にともなう製品多様化と製品ライフサイクル（PLC）の短縮がある。消費者ニーズの多様化に対応するために，メーカーは製品ラインの拡張などにより製品のバラエティを増やす製品多様化戦略を採用した。製品の品目の増加は需要予測を困難にし，さらに製品ライフサイクルが短くなることで販売可能な期間が短くなり，過剰在庫になるリスクが増大する。この製品多様化と在庫の適正化という課題を解決するために生み出されたのがトヨタ生産方式（JIT 生産方式）に代表される多品種小ロット生産である。そこでは「かんばん方式」により，部品サプライヤーから必要なモノを必要な時に必要な量だけ調達する多頻度小口配送を行うことで部品や原材料の在庫を圧縮している。

　小売業でいち早く多頻度小口配送に取り組んだのがコンビニエンスストア（以下，CVS）である（⇨3-8）。日本の CVS は，平均100㎡の売場面積に，およそ3000品目の多様な商品を取り扱っており，1品目当たりのスペースが限られている。そのため，大量の在庫を保有するのが難しい一方で，売れ筋商品を適切に補充できなければ機会ロスにつながることになる。商品の多様な品揃えと在庫の圧縮を両立するために，各商品を小ロットで頻繁に配送する必要がある。しかし，少量で配送すると積載効率が低下するため物量を確保する必要がある。そのため，商品分野

ごとに窓口問屋を設定し，共同配送センターに納品され，店舗別に仕分けた商品を窓口問屋が配送する窓口問屋制という共同配送（☞6-8）の方式が生み出された。

このように製品の多様化と在庫の圧縮というトレードオフの関係にある両者を両立させるための仕組みが多頻度小口配送なのである。そのため日本では製造業でも流通業でも広く導入されているのである。しかし，そこには問題点もある。

1つ目は，サプライヤーが在庫リスクやコストを負担することで成立しているということである。CVS の例で見たように，共同配送センターから必要なモノが必要な時に必要な量だけ納品されることで，CVSの店舗はムダな在庫をもつことなく販売することが可能になっている。しかし，卸売業者は店舗からの発注に確実に対応するために在庫を保有し，注文に応じて正確に仕分けし，指定された時間に配送しなければならない。

2つ目は，環境負荷の問題である。多頻度小口配送は，トラック台数の増大につながる。それにより CO_2 排出量が増加し，環境への負荷を増大することになる（☞6-15）。

3つ目に，ドライバー不足問題がある。上で述べたように多頻度小口配送はトラック台数の増大につながる。現在，物流業界では労働力不足が深刻化しており，トラックドライバーが不足している。そのため，今後多頻度小口配送のためのトラックを調達できなくなる懸念がある。

以上のように，多頻度小口配送は，サプライヤーの負担や環境負荷の増加につながる。現在進んでいるドライバー不足といった問題もふまえて，特定の主体に利益が偏るのではなくサプライチェーン全体で最適化されるあり方が求められる。 （宮崎崇将）

KEYWORD

製品多様化，製品ライフサイクル，在庫リスク，JIT 生産方式，かんばん方式，窓口問屋制

6-11 立体自動倉庫と荷役作業

　立体自動倉庫とは，JIS の物流用語の定義（JISZ 0111）によると，「鉄骨構造などのラック，スタッカクレーン及び入出庫ステーションで構成され，複数の物品又は包装貨物を一つの取扱単位とする貨物のうち，主にパレットを取扱単位とした貨物を保管する施設」としている。このうち，ラックとは，「商品や物資を保管するために使用される，支柱と棚で構成されている構造物」である。スタッカクレーンとは，「立体自動倉庫のラックの間に設置されているクレーン」であり，前後の走行機能や上下の昇降機能を持っている。入出庫ステーションとは，「自動倉庫の棚などへ商品の入出庫を行なう装置」のことである。

　立体自動倉庫では，入荷された商品や物資を入出庫ステーションに投入し，スタッカクレーンを利用してラックまで搬送され，ラックに格納される。格納された商品や物資は，受注データ等をもとにラックから必要な数量が出荷され，スタッカクレーンを利用して入出庫ステーションへと搬送される。これら入庫から出庫までの一連の作業は，コンピュータなどで管理されている。立体自動倉庫のラックへ商品や物資を保管する場合，パレット単位で保管する場合もあればケース単位やコンテナ単位で保管する場合もある。近年では，立体自動倉庫内に保管されている商品や物資に，RF タグが付与されている場合がある。

　RFID（Radio Frequency Identification）とは，JIS の物流用語の定義（JIS Z0111）によると，「誘導電磁界又は電波によって，非接触で半導体のメモリのデータを読み出し，書き込みのために近距離通信を行うものの総称」としている。この RFID は，RF タグ（Radio Frequency）と，RF タグに記録された数字や文字のデータを読み取る装置（以下，リーダ・ライタ）からなる。この RFID の技術は，交通系 IC カードなどで利用されている。このうち RF タグとは，IC チップとアンテナを一体化させたタグのことである。RF タグには，タグ内部にバッテリーを搭載しているアクティブタグと，リーダ・ライタなど外部からの電磁

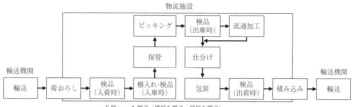

図　物流施設における作業

物流施設

ピッキング（出庫時）　→　検品（出庫時）　→　流通加工

保管　　仕分け

輸送機関　　輸送　→　荷おろし　→　検品（入荷時）　→　棚入れ・検品（入庫時）　→　包装　→　検品（出荷時）　→　積み込み　→　輸送　　輸送機関

凡例：—→　搬送（横持ち搬送、縦持ち搬送）

出所：『サプライチェーン・マネジメント概論　基礎から学ぶSCMと経営戦略』白桃書房、p.21

波を動力源とするパッシブタイプがある。RFタグにリーダ・ライタの無線技術を利用することで、遮蔽物がある場合においても非接触で複数のRFタグのICチップ内のデータを同時に読み書きすることができる。そのため、倉庫内で保管されている商品や物資にRFタグを付与するとともに、検品時にRFタグを読み取るリーダ・ライタを用いることで、複数の商品や物資がまとまって入っている段ボールを開けることなく検品が可能となる。

　立体自動倉庫にかかわらず、物流施設では荷役作業が行われている。この荷役とは、JISの物流用語の定義（JIS Z0111）によると、「物流過程における物資の積卸し、運搬、積付け、ピッキング、仕分け、荷ぞろえなどの作業及びこれに付随する作業のことである。この荷役をマテリアルハンドリング（Material Handling）とも言う。」としている。この荷役作業は、積み込み、荷おろし、施設内作業の3つに分類できる。このうち、積み込みとは、「物流施設から貨物自動車などの輸送機関に商品や物資を運び入れること」である。荷おろしとは、「貨物自動車などの輸送機関から商品や物資を物流施設や店舗などに商品や物資を運び入れること」である。施設内作業とは、「物流施設内で行なわれる作業のこと」である。この施設内作業のうち、荷役に係わる作業には、検品（入荷時）、棚入れ・検品（入庫時）、ピッキング、検品（出庫時）、仕分け、検品（出荷時）、搬送（横持ち搬送、縦持ち搬送）がある。　　（岩尾詠一郎）

KEYWORD

立体自動倉庫，RFタグ，荷役，積み込み，荷おろし，施設内作業

6-12　物流施設と REIT

　物流不動産とは，「物流業務を行うための施設として第三者へ賃貸される，倉庫・物流センター等の建物（国土交通省 HP「物流：物流不動産とは」）」である。物流不動産の対象となる倉庫や物流センター（以下，物流施設）は商品の保管や仕分けなどを行う。近年では保管機能だけではなく流通加工機能を備え大型化したものが増えている。

　これまで日本の倉庫は，物流事業者が自社で倉庫を保有・運営したり（自家用倉庫），倉庫業者が荷主企業に保管スペースを貸し出していた（営業倉庫）。しかし，2001年にアメリカ系の物流不動産業のプロロジス社が物流施設を不動産として捉える「物流不動産」という新しいビジネスモデルを日本に導入して，物流不動産は普及し始めていった。こうした普及の背景には，倉庫業法の改正（2001年：倉庫業への参入が許可制から登録制に変更），ノンアセット型 3PL の進展（☞6-6），物流事業者による倉庫の所有から利用への移行，倉庫の大規模化と集約化，投資家から資金を調達する REIT（不動産投資信託）市場の開設（2001年）が挙げられる。加えて，近年ではインターネット通販の拡大（☞6-5）による物流施設の需要が高まったことから，物流不動産の市場は拡大している。また，不動産ビジネスにおいてもオフィスビル，商業施設などと並んで，物流不動産は有望な事業の柱として注目されている。物流不動産のビジネスでは当初，外資系企業が先導的な役割を果たしていたが，物流施設は土地取得や建築のコストなどが他の施設と比較して低く，入居テナントが安定的で長期賃貸借契約が可能であり，高い利回りが期待されている。こうした背景から，近年では日本の不動産企業や総合商社，さらに金融機関などが物流不動産の分野に参入している（鈴木邦成・大谷巌一（2016）『すぐわかる物流不動産』白桃書房）。

　物流施設の取得には多くの資金が必要になる。この点に関しては不動産投資法人が大きな役割を果たしている。不動産投資法人は投資口を発行して投資家から資金を募り，物流施設等を購入・運用し，そこから発

生した利益を投資家に配分する。なお，不動産投資法人には従業員が存在せず，不動産の運用全般についてはアセットマネージャーに業務を委託する。不動産投資法人には，複数の領域に投資するものと，たとえば物流不動産をメインにするような特定領域に投資するものがある。

　物流施設の立地は，高速道路のインターチェンジ付近で，消費地にアクセスしやすい場所になる傾向がある。このうちトラック車両が建物の異なるフロアを自走する通路（ランプウェイ）を備えて荷役作業の効率化を図っているものもある。また物流施設は以下のように大別できる。

・「マルチテナント型」…複数のテナント企業に賃貸する。
・「ビルド・トゥ・スーツ型」…特定のテナント企業のニーズに応じて，立地場所を選定し，物件を開発・賃貸する。

　前者のマルチテナント型は後者のビルド・トゥ・スーツ型に比較してテナントへの依存のリスクを小さくできるが，契約期間はビルド・トゥ・スーツ型の方が長い。

　物流不動産にはさまざまな事業が関連する。まずリーシングマネジメントは，入居テナントの誘致活動，マーケティング調査，企画，仲介，契約管理までを含む。プロパティマネジメントは，物流施設の所有者から不動産の管理業務を受託する。そして建物の保守点検・メンテナンスを行うのがビルマネジメントである。なお，REIT 等においても活用される賃貸借契約の形態として，マスターリースがある。これは，物流施設の所有者からマスターレッシー（転貸者）が一括に施設を借り，賃料保証を行ったうえでテナント企業に倉庫スペースを貸すサブリース（転貸）を行うものである。マスターリースの活用により，物流施設の所有者はテナントの賃料下落や減収リスクを回避できる。　　　　（菊池一夫）

KEYWORD

物流不動産，倉庫，物流センター，物流施設，REIT（不動産投資信託）

6-13 複合輸送とコンテナリゼーション

　1つの貨物輸送において複数の輸送機関（海運・陸運・空運）を組み合わせて運ぶ形態を「複合一貫輸送（Intermodal Transport）」という。国際複合一貫輸送は，1960年代後半からのコンテナリゼーションの発展と，製品や半製品の海外現地生産など国際分業や消費需要の多様化・高度化の進展による，JITやSCMといった高度な国際物流体制構築の要請を反映し，Port to Port からDoor to Door へと物流形態を変え，急速な発展を遂げてきた。（☞6-2）。

　国際複合一貫輸送の定義は，国連国際物品複合運送条約（1980年成立）の第1条によると，「国際複合一貫輸送とは，複合輸送人がその管理下においた一国のある場所から，荷渡しのために指定された他国のある場所までの，複合輸送契約に基づく，少なくとも2つの異なる輸送方法による物品の輸送をいう。」と規定している。

　荷主企業に対して，輸送サービスを直接的に提供するのはフォワーダーの一種である複合一貫輸送業者（NVOCC：Non-Vessel Operating Common Carrier）である。彼らは各区間の運送事業者のサービスを統合して，自社で通し船価証券（B/L：Bill of Lading）を発行することでサービスを提供している。近年ではB/Lの代わりに海上運送状（SWB：Sea Waybill）もある。フォワーダーによるサービスのメリットは，①荷主は簡単にDoor to Door サービスを利用可能　②荷主のコスト節減　③輸送ルート・方式の多様化による荷主ニーズへの適正対応　④コンテナ1個に満たない小口貨物を輸出する荷主にとって，混載等により費用節減と取扱利便の向上　⑤JITによる物流合理化，である（☞6-3）。

　代表的な国際複合一貫輸送が，海上輸送の低廉性と航空輸送の迅速性という長所を組み合わせたSea and Air である。Sea and Air は荷主にとって次のようなメリットを有する。①海上輸送のみに比し，所要日数が短いので需要発生時に適正量の発送が可能になる　②航空輸送のみに比し，運賃や在庫投資，倉庫料の節減が可能　③航空貨物として到着す

るため，海上輸送の場合に比し通関等が簡易迅速　④高発送頻度により小口での出荷が可能，である。

　Sea and Land（船舶と鉄道・トラック）の代表例はランドブリッジ（Land Bridge）である。1971年にシベリア・ランドブリッジ，1972年にアメリカ・ランドブリッジが開通した。

　アメリカの大陸横断鉄道はほとんどの区間が非電化であったことを利用し，ダブルスタック・トレインと呼ばれる二段積み輸送が行われており，1編成で40フィートコンテナを最大280本輸送できる。

　シベリア・ランドブリッジ（SLB）は，日本発着でロシア極東港湾との海上輸送⇔シベリア鉄道⇔欧州各国の鉄道等を結んで輸送する。インド洋（スエズ運河）経由の海上輸送に比べて輸送距離と輸送日数が大幅に短縮されるが，運賃は高い。

　チャイナ・ランドブリッジ（CLB）は2013年の一帯一路構想の下，中国の複数都市と欧州方面を結ぶ鉄道輸送手段を形成した。DHL や UPS もフォワーダーとして参画した国際定期快速コンテナ貨物専用列車は中欧班列（China Railway Express）と呼ばれ，主に工業製品を輸送している。海上輸送より高価だが所要日数は半分以下の15日程度である。軌間の違いによる複数回の積み替え，不確実なリードタイムが存在する。

　コンテナがもたらした輸送上の革命をコンテナリゼーションという。コンテナが世界統一の規格（Unit Load）であることから，複数の輸送機関を跨いで載せ替える荷役作業の機械化・荷役コストの大幅削減が世界中で進み，コンテナの扉を開けることなく，荷送人から荷受人の手元まで貨物を容易に輸送できるようになった。メリットとして，①輸送の一貫性・互換性・安全性・正確性の向上　②積み替え・荷役の合理化，生産性の向上，雨天荷役が可能　③物流コストの低廉化　④国際輸送における標準化・規格化，等が図られる。これが製造業のグローバルな立地展開や大量の輸出入・JIT を容易にし，国際貿易を劇的に促進した。

（吉原圭佑）

KEYWORD

コスト節減，Sea and Air，ランドブリッジ，Unit Load

6-14　世界の巨大ロジスティクス企業

　Fortune Global 500によれば，売上高ランキングで2021年における世界トップ3のロジスティクス企業はUPS（United Parcel Service），ドイツポストDHLグループ（Deutsche Post DHL Group），そしてフェデックス（FedEx）である。3社の平均売上高は日本物流業界最大手企業の35倍以上にも達している（各社のAnnual Report参考）。

　これらの巨大ロジスティクス企業は一般的にインテグレーター（integrator）と呼ばれている。インテグレーターとは，航空会社とフォワーダー（forwarder：自らの輸送手段を持たず，多数の荷主企業から集めた貨物を取りまとめ，輸送の手配などを行う利用運送事業者）の機能を併せ持つ業態で，自社の航空機とトラックなどを利用して，ドア・ツー・ドアで世界中に貨物の一貫輸送を行う。また，3社ともハブ・アンド・スポーク・システムを採用している。ハブ・アンド・スポーク・システムとは中心拠点（ハブ）に貨物を集約させ，そこから各拠点（スポーク）に分散させる輸送方式である。それによって，路線数を削減し，輸送効率を高めることができる。

　各社は2000年代以降経営の多角化・グローバル化を推進するために，M&Aや提携を繰り返してきた。その中でもドイツポストDHLグループはとりわけ積極的であった。ドイツポストはもともとドイツ政府が100％株式を保有し，郵便事業を主力とした企業であった。段階的な民営化を進めながら，2002年にインテグレーター大手の米DHLを完全子会社にし，2003年にアメリカ3番目の貨物航空会社エアボーンを買収した。そしてロジスティクスとその管理をアウトソーシングする企業動向を踏まえ，2005年に世界最大規模の3PL企業英エクセルを傘下に収めた。このような大型買収を重ねることで，ドイツポストは急速な事業拡大を遂げ，2009年に会社名をドイツポストDHLグループに変更した。現在はエクスプレス事業，グローバルフォワーディング事業，郵便事業，SCM事業，EC宅配事業を展開している（DPDHL Group Annual Report

2021）。

　UPSとフェデックスはアメリカの総合ロジスティクス企業である。UPSは1980年代までは全米における小口貨物の地上宅配を主力事業としていた。その後，着々と業務範囲を拡大し，現在は国内外の小口貨物配送からなるグローバル・スモールパッケージ事業と，フォワーディング，トラック輸送仲介，ロジスティクスなどを中心とするSCM事業を展開している（UPS Annual Report 2021）。フェデックスは航空便を利用した速達貨物が看板であり，ハブ・アンド・スポーク・システムを考案した会社でもある。2000年代に製品の受発注から在庫管理，輸配送まで一括受託するSCM事業を強化し，2010年代に，景気減速による安価な陸送に対する需要の増大を見込み，陸送部門を拡大してきた。そしてインターネット通販の急成長に伴って，世界規模での小口輸送網の整備が必要とされることを受け，2015年に小口輸送に強いオランダのTNTを買収した。現在はフェデックスエクスプレス，同グランド，同フレイト，同サービスを中心に事業を展開している（FedEx Annual Report 2021）。

　これらの巨大ロジスティクス企業はグローバルな輸送網を通じて，220以上の国・地域に多様なロジスティクス・サービスを提供し，人々の生活や日々の企業活動を支えている。しかし，SDGs（Sustainable Development Goals）（☞6-15）の観点から見る場合，課題は少なくはない。航空機をはじめとする輸送手段の利用で大量の温室効果ガスを排出している。また，インターネット通販（☞10-7）の急拡大に人員確保が追い付かず，人手不足による労働環境の悪化も見られている。これらの課題に対応するために，各社は最新のテクノロジーに投資し，業務の自動化と効率化を高めつつ，燃料消費量の少ない航空機への切り替えや電気自動車による配送の拡大，ドローンによる宅配の試験などに取り組んでいる。　　　　　　　　　　　　　　　　　　　　（秦　小紅）

KEYWORD

インテグレーター，ハブ・アンド・スポーク・システム，多角化，SDGs

189

6-15　SDGs と物流

　SDGs は「Sustainable Development Goals」の頭文字を取った略称であり，日本語で「持続可能な開発目標」と表現される。2015年に国連に採択されてから，今は世界中に広まっている。SDGs は17のゴールと169のターゲットから成り立って，貧困やジェンダー問題，環境保全や産業，エネルギー，国際平和など，世界が抱える多くの課題についてどのような解決を目指していくべきかが定義されている。特に，SDGs は，「誰ひとり取り残さないこと」を目指し，先進国，新興国を問わず世界中の国々が協力して達成すべき目標で構成されているのが特徴である。

　日本政府は2016年5月に総理を本部長，官房長官及び外務大臣を副本部長，全閣僚を構成員とする「SDGs 推進本部」を設置し，様々な分野における SDGs への取り組みを促進してきた。例えば，物流・ロジスティクス分野においては，国土交通省が掲げているホワイト物流推進運動やグリーン物流パートナーシップが挙げられる。

　ホワイト物流推進運動とは，国土交通省が掲げる運動であり，深刻化するトラックドライバー不足の解消と安定的な物流確保，経済成長の実現を目的とした運動である。物流業界では長時間の連続運転を起因とする事故の多発することや，長時間労働が常態化していたことに，少子高齢化による労働人口の減少に加え，労働環境が原因で深刻なドライバー不足に陥っている。ドライバーを確保することが難しい課題を解決するために，輸配送事業者による生産性向上・業務効率化の推進だけでなく，荷主側企業も協力し，商慣行の見直しを含めた物流効率化の推進，女性や高齢者も働きやすい，より「ホワイト」な労働環境の実現することがホワイト物流推進運動である。

　グリーン物流パートナーシップは，「二酸化炭素の排出量削減を目的とした低炭素物流」を推進するため2005年発足した取り組みである。荷主企業や物流事業者が「パートナーシップ」を組み，トラック輸送の効率化や物流設備の省エネ化等のようなグリーン物流の実現を目指し，産

業横断的に協働してグリーン物流を進めていく取り組みである。定例的に開催される「グリーン物流パートナーシップ会議」において顕著な功績のあった事業者を表彰する等も行われている。

　さらに，消費者の需要の高度化・多様化に伴い貨物の小口化・多頻度化等への対応および環境負荷の低減や流通業務に必要な労働力の確保等の目的から2016年10月に国土交通省が物流総合効率化法の改正を行った。2社以上の企業が共同で実施することが条件であり，共同配送による輸送の効率化や環境負荷の低減を図る企業への補助金支給，営業倉庫に対する固定資産税・都市計画税の減免などが行われている。日本経済新聞によると，物流総合効率化法の施行から一年経過した時点で，トラック運送の一部を鉄道やフェリーに替えるなど，約2000人分に相当する労働力を確保した。

　物流総合効率化法に基づき異業種連携の先進的な取り組みとしては2019年にスタートした日本マクドナルドと読売新聞社が食塩と新聞の共同運送が挙げられる。それまでに新聞輸送の2t車の余裕スペースを活用し食塩と新聞を共同輸送することによって，積載効率をアップし過去に食塩輸送に使用した4t車を廃止した。

　SDGsの17ゴールのうち少なくとも13のゴールが環境に関連していると言われている。二酸化炭素の排出が必須となる物流業界にとっては環境への影響をできるだけ最小限に抑えることが永遠な課題である。グリーン物流パートナーシップの提携やホワイト物流推進運動以外に，複数の企業が目的地まで同じトラックを共有して配送業務を行う共同配送（☞6-8）や電車，バスの客貨混載（☞6-9）による共同輸送等もSDGsを達成するための取り組みとして挙げられる。　　　　　　（侯　利娟）

KEYWORD

SDGs，グリーン物流パートナーシップ，物流総合効率化法，ホワイト物流推進運動

日本における物流・ロジスティクス

　2021年，2022年は，新型コロナウイルスとともに，物流もクローズアップされた。2021年12月と2022年1月にかけて，日本マクドナルドは，「マックフライポテト」M・Lサイズの販売を停止した。この要因をカナダ・バンクーバー港周辺の水害，コロナ禍における世界的な物流網の混乱を理由に挙げている。

　また2022年3月から2カ月，新型コロナウイルスの流行を抑え込むために，中国・上海市はロックダウン・都市封鎖を実行した。マスコミは，これらの上海ロックダウンによって物流網が混乱し，エアコンや冷蔵庫等の白物家電を代表的に，日本での販売に影響を及ぼしていると報道した。

　日本において物流は，1956年に日本生産性本部がアメリカを視察した際に，Physical Distribution を物的流通と訳し，その略称を物流としたことに由来する。物流は，物の移動，保管に関することを束ねる概念として，主に輸送・保管・荷役・流通加工から構成され，1960年代半ばから定着したといわれている。しかし物流が日本に存在していなかったわけではない。その代表例が飛脚である。飛脚は，辞書によると，急用を知らせる使いの人夫，信書，金銀，貨物などの送達を業とした者とされ，鎌倉時代には存在した。宅配便業界において2位のシェア（市場占有率）を持つ佐川急便は，宅配便事業として飛脚宅配便，飛脚クール便，飛脚航空便，飛脚メール便を展開し，2007年までは自社のトラックに大きく飛脚のマークを載せていた。

　ロジスティクスは，1990年代初頭から日本において導入された。当時は好景気が続き，トラックドライバー不足によるコストの増加等，物流の諸問題を解決する手段として導入された。フランス語を語源とするロジスティクスは，兵士や軍事物資の

集積地である兵站と訳され，アメリカにおいて1980年代から普及し始めた言葉である。軍事用語であるロジスティクスは，戦争を遂行するために兵士，武器・弾薬だけではなく戦車などの装備品，それを動かすための燃料，兵士の食料など多岐にわたる。これらの軍事物資を，いかにして最前線まで，計画的に輸送され的確に供給されるかは，軍隊にとって重要なことになる。この軍事的な優れた概念をビジネスに取り入れたものが，ロジスティクスであり，製造したものを販売する販売物流はもとより，原材料の調達，工場内の物流などを統合し，最適なものを作り上げ効率化していく概念として普及した。　　（中嶋嘉孝）

7 農林水産物流通

7-1 わが国農水産業の動向

農水産業は，人間が自然に働きかけることによって，食料をはじめ人間生活にとっての有用物を生産する産業である。

わが国において，農業の基盤である耕地面積は2020年で437万 ha であり，国土面積の11.6%にとどまる。また，排他的経済水域は447万㎢であり，国土面積の約12倍の広さを持っている。

農水産業の経営体数（2020年）は，農業経営体108万，海面漁業経営体7万であり，いずれも大幅に減少してきた。「国勢調査」による農漁業就業者数（2020年）は農業192万人，漁業14万人であり，総就業者数に占める割合は3.2%にとどまる。また，農水産業の産出額が，農業は1984年の11.7兆円から2020年には8.9兆円へと，漁業は1982年の3.0兆円から1.3兆円へと，それぞれ1980年代前半をピークに減少し，GDP に占める農水産業の割合も2020年には1.0%に低下している。これらのことは，国民経済における第1次産業の地位が経済発展にともなって相対的に低下したことを示すものであるが（ペティ＝クラークの法則），同時にわが国においては農水産業の産業規模が1980年代前半をピークに絶対的にも縮小してきた。

農水産業の産業規模の縮小は，主として次のような要因によるものである。第1に，生産面では農漁業従事者の減少と高齢化，耕地面積の減少と耕地利用率の低下など生産構造の脆弱化が進んだことである。そのなかで，米をはじめ，野菜，果実，畜産物や魚介類など多くの農水産物の生産量が減少していることである。第2に，需要面でも，食生活の変化に伴って農水産物需要の高級化・多様化が進むとともに，輸入農水産物や輸入加工食品によって国産農産物市場が侵食されたことである。第3に，その背景に，GATT 加盟以降に段階的に進められた輸入自由化，さらに WTO 加盟（1995年）や EPA（経済連携協定）の拡大（☞7-13）という貿易政策と，円高・内外価格差の拡大という経済的要因がある。

このような動向のもとで，食生活における輸入農水産物や輸入加工食

品への依存度が高まっており，総合的な食料自給率を表す指標であるカロリーベースの食料自給率は1965年度から2020年度の間に73％から37％に低下し，生産額ベースの食料自給率も同じ期間に86％から67％に低下した。その結果，現在では，わが国の食料自給率は主要国のなかでも著しく低い水準になっている。

このように農水産業の国民経済や食生活における地位と産業規模は，長期的に見れば相対的にも絶対的にも低下・縮小してきた。そのなかにあって，2000年代に入っていくつかの新しい動きが現れている。第1には，地産地消（☞7-10）や農商工連携，6次産業化（☞7-11）への取り組みの拡大である。第2には，農漁業経営体が減少するなかで，家族経営から法人経営への移行や企業による農水産業への新規参入が進んでいることである。第3には，これらの結果として農漁業生産規模の拡大に加えて，6次産業化などへの取り組みを進め，事業規模を拡大していく経営体が増加していることである。それに伴って販売力を持った経営体が増加しており，農水産物の流通チャネル多様化につながっている。第4に，農林水産省が2006年に「有機農業推進法」を制定し，さらに2020年に「みどりの食料システム戦略」（☞7-2，7-9）を策定したこともあって，SDGsや環境に配慮した持続可能な食料システム構築に向けた取り組みが進み始めていることである。これらの動きが，今後の農水産業にどのような影響を与えることになるか，注目されるところである。

また，農水産業は産業としての経済的役割とともに国土や自然環境の保全，良好な景観の形成，生態系の保全，伝統文化の伝承，人間性回復・教育機能などの多面的機能を有している。これらの多面的機能は農林水産業の生産活動が健全に行われることによって発揮されるものであることから，このような側面からも農林水産業の果たす役割を評価していくことが求められている。 （小野雅之）

KEYWORD

農水産業，ペティ＝クラークの法則，輸入農水産物，食料自給率，多面的機能，流通チャネル多様化，持続可能な食料システム

7-2　農産物市場・流通政策

　農業に特化した行政組織の存在に象徴されるように，農業政策は，他の産業政策とは異なる特有の性格をもつ。農業では，必需財ゆえの需要の硬直性，自然要因による生産の不確実性，利潤最大化行動を必ずしも採らない家族経営の多さなどから，価格変動を通じた需給ギャップの解消が困難である。よって，農業経営の安定と農産物の安定供給を目的に，価格や流通，需給調整に介入する農業政策が行われてきた。

　第二次世界大戦後，米国で価格支持と貿易制限を基盤とする統制的な農業政策が採用されると，他国でも同様の政策が成立した。日本でも，価格支持や，国家貿易を含む貿易制限，特定主体（農協や卸売業者など）への流通集中（いずれも米麦や乳製品など），生産調整（米），公的規制下での価格形成（青果物・水産物など対象の卸売市場制度）（☞4-12）といった統制的な政策体系が確立し，基本法農政と呼ばれた。基本法農政は，1995年発効のWTO協定で転機を迎える。WTO協定は各国の統制的な農業政策を制限したため，価格支持は撤廃，数量制限などの貿易制限は関税化，価格形成・流通に関する規制は大幅に自由化された。

　1990年代半ば以降の新自由主義的なWTO農政改革によって，統制的な政策手法は，米・畑作物向けの経営所得安定対策など農家への直接支払いへ置き換えられ，農業政策の価格支持・経営安定機能は後退した。2000年代以降の農業政策は，歴代政権の規制改革に象徴される新自由主義的政策の一方，深刻化する農業・農村問題を弥縫する政策が同時進行で行われ，相互の政策が相互の政策効果を弱める矛盾的展開となった。この矛盾は，自民党連立政権だけではなく，2009年からの民主党政権でも見られ，近年の農業政策の特徴と言える。

　第1に，2018年から，豪州など環太平洋諸国やEU，米国など主要な農産物輸入国とのメガサイズ経済連携協定（メガEPA）（☞7-13）が相次いで発効した。食肉や乳製品，畑作物などを対象に，WTO協定水準を大きく超える関税の撤廃，段階的削減が開始された。食肉や乳製品な

ど影響の大きい品目を対象に、価格下落時の補填拡充や補給金の上積みといった国内対策が実施されたが、価格下落の緩和機能しかなく、かつ財源問題もあり、効果が不安視されている。

第2に、国内規制改革である。市場・流通政策では、酪農の指定団体制度改革（2018年）（☞7-5）や卸売市場法改正（2019年）（☞4-12）が典型である。いずれも、規制改革推進会議など首相諮問機関の提言を受けたトップダウン型改革であった。改革対象となった諸制度の目的や理念は考慮されず、企業投資を活性化する環境整備が最優先された。具体的には、特定の農協への出荷誘導（前者）と卸売市場内の卸と仲卸との取引を通じた価格形成の重視（後者）が問題とされ、改革を通じて、生産者や実需者の取引多様化や流通段階の競争促進が意図された。だが、改革で問題視された制度こそ公正な取引・価格形成の要であり、規制緩和によってこれまで実現されてきた公正性の毀損が懸念される。

第3に、2000年代以降に顕著となった競争力強化政策である。安倍政権下で農政の"花形"となった輸出促進政策（☞7-14）は2030年に輸出額年間5兆円の目標を掲げる（2020年基本計画）ほか、農商工連携・6次産業化（☞7-11）など異分野連携・進出支援、GAP（農業生産工程管理）（☞7-8）・HACCP（☞8-4）ベースの国際規格の取得支援、ローカルフード認証の地理的表示保護（日本 GI）制度（2015年創設）（☞7-12）などがある。農業・農村問題の深刻化に、個々の農家の競争力で対応する政策だが、国際競争や農村社会などのマクロ的変化には限界がある。

農林水産省は、2021年5月に、持続可能な経済・社会・環境に向けた「みどりの食料システム戦略」（☞7-9）を策定した。2050年までに有機農業面積を全農地の25%まで引き上げる意欲的な目標が含まれ、日本の農業政策を質的に転換する画期的な戦略だが、その実現手段は技術革新や経済成長に偏重しており、持続可能性の面から懸念も指摘されている。

（清水池義治）

KEYWORD

農業政策，新自由主義，WTO 協定，経済連携協定（EPA），規制改革，みどりの食料システム戦略

7-3 米流通

　畜産物（☞7-5）や青果物（☞7-4）と異なり，米は長年にわたり食糧管理法の下で政府による全量管理が行われてきたが，1995年の「主要食糧の需給及び価格の安定に関する法律」（食糧法）の施行に伴い，食糧管理法が廃止され，2004年の同法改正により，米流通はほぼ完全に民間流通となった。ただし，米流通は国民に主食を安定的に供給するという公共的な性格を有しており，現在も政府の役割は大きい。

　米は国内の主食用のほか，加工用，酒造用などにも用いられる。また，近年では需給調整のための新規需要米として飼料用が増加しているとともに，米粉用や輸出用など用途が多様化している。そのうち，主食用米の主要な流通経路は，生産者→農協・全農（☞8-15）→卸売業者→量販店（スーパーマーケット（☞3-7）等）・外食事業者（☞5-13）・中食事業者（☞5-10）→消費者，である。通常，米は生産者から籾ないしは玄米の形態で集荷され，産地の倉庫や乾燥・調製施設であるカントリーエレベーターに保管されたものが，玄米形態で卸売業者等の流通業者に出荷される。多くの場合，倉庫やカントリーエレベーターは農協などの集荷業者が保有しているが，比較的大規模な生産者は，乾燥・調製のための専用施設（ライスセンターなど）や精米施設を保有し，玄米や精米の形態で，流通業者や消費者に直接販売する場合もある。

　集荷段階では，地域内のほぼ全生産者を組織する農協及びその系統組織が相対的に大きなシェアを占めているものの，農協に出荷せず自ら販売する生産者・生産者グループが増加し，以前よりも集荷率は低下した。また，米の需要が減少し，産地間競争という形で農協系統組織内部での競争が激化し，米流通における影響力は以前ほど大きくはない。産地間競争激化の中で，各産地が消費者に選択される品種の開発を積極的に行った結果，米の品種数が増加するとともに，日本穀物検定協会の食味ランキングで最高の「特A」に格付けされたブランド（☞7-12）米が乱立する状況になっている。

　卸売段階では，全国でチェーンストア・オペレーション（☞3-2）を展開する量販店や外食・中食事業者を取引先とする大規模卸売業者が存在する一方，中小も含めた米の卸売業者は全国で260社以上存在し，顔ぶれは入れ替わっているものの，数としては食糧管理法下の状況と変わらず，米の市場規模が縮小していることを考えれば業者数は過剰である。近年の農産物流通改革で政府は，業者数を減らす再編・改革を通じて，非効率な中間流通を極力なくし，産地と実需者が直接取引することで，流通コスト削減に結び付けることを推奨している。

　小売・消費段階では，量販店と外食・中食事業者等が大きな位置を占める。かつて消費者の米購入先は専門小売店が大部分であったが，現在の主要な購入先は量販店である。専門小売店の場合，精米機を保有している場合が多く，玄米で仕入れ，単体もしくはブレンドした精米商品を販売できるが，量販店の場合，精米は卸売業者に委ねるため，卸売業者の商品設計機能が重要となる。卸売業者は出荷された玄米を精米工場で加工し，「新潟コシヒカリ」，「北海道ななつぼし」等の産地名と品種名を組み合わせた商品アイテムとして量販店に納入する。それ以外に，複数の産地・品種をブレンドした商品や量販店のプライベート・ブランド商品（☞3-10）も納入する。また，消費者の食料消費（☞8-3）に占める外食・中食の位置付けが高まる中で，米についても業務用の割合が増え，外食・中食事業者の役割が大きくなっている。

　近年は，消費者がインターネットや産地直売所（☞7-10）などを通じて生産者から直接購入する場合や，農協が実需者（小売業者，外食・中食事業者等）や消費者に直接販売する場合も増えるなど多様な流通経路がひろがり，全農や卸売業者など中間流通の見直しが進みつつあるが，中間流通を構成する集荷業者（農協・全農等）と卸売業者が需給調整や価格形成に果たす役割は大きく，主食の安定供給という公共性の観点から中間流通の再編を進める必要がある。　　　　　（冬木勝仁）

KEYWORD

食糧法，農協・全農，量販店，外食・中食事業者，需給調整

7-4　青果物流通

　青果物（野菜と果実）流通の要は，全国各都市に開設されている卸売市場（☞4-12）である。青果物の国内生産は基本的に小規模，零細，分散的でかつ季節性をもっている。少量ずつ生産された青果物は農協や業者によって集荷され，物量をまとめ，大きさや品質ごとに選別されて卸売市場に出荷される。スーパーマーケット（☞3-7，以下「スーパー」）を含む小売業者は卸売市場から仕入れて消費者に販売するという流れになっている。卸売市場の役割は，こうした集分荷と価格形成である。

　卸売市場における価格形成は，出荷された青果物を荷受する卸売業者と仲卸業者ならびに売買参加者との間で行われる。今日ではセリ（オークション）は1割未満となっており，相対（あいたい）取引が主流となっている。卸売業者の集荷方法は6割が委託，4割が買付となっており，農協も生産者から委託集荷することが一般的であることから，その場合，卸売市場において初めて価格が形成されることになる。

　国内で流通する青果物（加工品を含む）に占める卸売市場経由率は，図のように傾向的に低下を続けており，2018年には野菜65%，果実36%

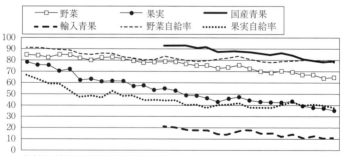

卸売市場経由率の推移

資料：農林水産省『卸売市場データ集』各年次版，同省食料自給率関連資料。
注：卸売市場経由率，自給率はいずれも重量ベース。

となっている。この理由は，加工品を中心とする輸入の増加と，それに伴う自給率の低下である。ジュース用の果実などは輸出国において搾汁されることが一般的であり，輸入後，国内の工場に直送される。野菜についても，輸入品の95％は加工業務用向けとなっており，これらも輸出国において加工処理済みのものも多い。こうしたことが背景となって，輸入青果物の卸売市場経由率は11％にとどまっている。

他方，国産青果物については，卸売市場経由率は低下傾向にあるとはいえ，79％の高率を維持している。国産野菜は50％が生鮮形態での流通，残りの50％が加工業務用向けとなっている。後者においては産地と実需者との契約栽培が多く，市場外流通が主であると理解されているが，取引相手の探索，価格交渉の仲介などの面で卸売市場の業者が利用されていることが多く，必ずしも市場外流通で完結しているわけではない。

生鮮青果物の小売段階においては，スーパーや生協（☞8-14）などが高いシェアを占めるようになっている。全国消費実態調査（2014）によれば，生鮮青果物の購入先別割合は，一般小売店10％，スーパー70％，生協7％，ディスカウントストア2％等となっている。スーパー等小売企業は多店舗を展開し，仕入れを統一して行うことが一般的である（☞3-2）。仕入先は卸売市場を中心とするが，複数の卸売市場（業者）を並行的に利用し，日々，品目ごとに最も有利な業者から仕入れようとしている。近年では，地場産品を充実させ，一括大量仕入れに伴う価格高騰を回避するため，店舗群を複数のエリアに分割し，それぞれエリア内の卸売市場を利用するようになってきている（エリア仕入れ）。また，産地の生産者や農協との提携，直接仕入れに力を入れる小売企業も多いが，この場合でも提携産地の発見や価格交渉，数量調整の必要性などから卸売市場が利用されるケースが少なくない。　　　　　　　　（坂爪浩史）

KEYWORD

卸売市場，生鮮青果物，加工業務用，小売企業，エリア仕入れ

7-5 畜産物流通

　私たちの食卓に欠かせない乳卵類や肉類は，母牛が子牛に与えるための母乳や，家畜動物の命をいただくため，流通過程での特殊な加工処理が必要である。例えば，農家で育てられた牛や豚，鶏は生きたまま出荷され，屠畜場や食鳥処理場といった食肉処理施設で屠畜・解体され，部分肉仕分けと精肉加工を経てようやく小売店に並べられる。また，農家で飼われている乳牛から搾られた生乳が液状のまま集荷され，乳業工場で様々な加工工程を経て初めて飲用牛乳や，チーズ，バター等の乳製品となる。このように，畜産物の流通は，生産者から消費者にわたるまでの商品形態が大きく変化してしまうところに大きな特徴がある。

　総務省の「家計調査」によると，家計消費のうちの食料費は2020年に1人当たり35万2,483円で，10年前の2010年に比べ24％増加した。食料費のうち肉類は3万2,678円で，乳卵類は1万7,494円，2010年に比べそれぞれ41％，34％増加している。

　肉類の消費傾向については，東西の差異はあるものの，全体的に，牛肉の3分の2は外食と中食で消費されるのに対し，豚肉と鶏肉は内食の割合が50％近くなるほど高い。直近でいえば，COVID-19感染防止のため，外食の利用機会が減少し，食肉全般に関しても家庭内での喫食頻度が顕著に増加した。特に鶏肉は最近ソーセージ等の加工肉や惣菜・弁当等の調理食品においても出番が多く，最も食べられている畜種といえる。これには，デフレ経済下での牛肉離れや，低カロリー・高タンパク質等の健康志向が背景として挙げられるが，インテグレーターによる量産システムと独自のチャネルで実現した手頃価格の定着と，宗教的タブーの少なさが，鶏肉の競争的優位性ともいえよう。

　牛乳の家計消費は，2010年から5,000円台で横ばいないし漸減傾向にあるのに対し，乳製品の家計消費は70％も増加している。そのうち6割がヨーグルトで，3割弱がチーズとなっている。飲用牛乳の消費はすでに定着し，これからは乳製品の消費増加が考えられる。

　輸入自由化が進む中で，こうして消費が増加し多様化する畜産物の需給調整が価格の安定を図る上で不可欠となる。牛肉・豚肉の場合は，生産者団体や独立行政法人農畜産業振興機構（以下，alic）による買入・保管もしくは保管食肉の売渡し等で卸売価格を「安定価格帯」に留まるように流通量を調整している。乳製品の場合も，乳業メーカー等による保管や，国の管理の下で alic による追加輸入・売渡しで国内流通量を操作している。また，北海道を中心に生産される乳製品向けの生乳は，過剰時にバターや脱脂粉乳に加工して保存することで需給調整の重要な役割を果たしている。しかしながら，日欧 EPA（経済連携協定）や TPP 11（環太平洋経済連携協定）等の発効に伴う関税削減・撤廃（☞7-13）が，加工製品向けの原料乳を含む乳製品全般の輸入自由化を加速させ，輸入品との競争にさらされる懸念も大きい。

　さらに近年，生乳流通の自由化を促進する動きが注目されている。日本の生乳流通は，系統農協（☞8-15）等といった旧・指定生乳生産者団体（以下，旧・指定団体）を経由するチャネルと，それ以外のチャネル（自家加工を含む加工農協や生乳卸売業者経由等）の２つに大別される。旧・指定団体とは，1966年度施行の加工原料乳生産者補給金等暫定措置法に基づいて指定される農協等の生乳生産者団体で，酪農家は生乳をこれらの指定団体に出荷しなければ補給金を受け取れない仕組みであった。なお，この制度は2018年度の改正畜安法で廃止され，酪農家に生乳の出荷先に関係なく補給金が交付されることとなった。指定団体に生乳を集中させて，集送乳の合理化や円滑な需給調整，乳業メーカーとの価格交渉力を強化することから，酪農家による生乳出荷先の選択肢拡大や生乳販売に関わる競争促進に，政府の意図が変わったのである。この制度変更と，酪農生産基盤の脆弱化によって生乳生産の減少傾向が止まらない状況が重なっている中，乳業メーカーとしては生乳を確保するために，酪農経営に対する関与を強める可能性も考えられる。　　　　（戴容秦思）

KEYWORD

商品形態，家庭内での喫食頻度，輸入自由化，需給調整，価格の安定，生乳流通の自由化

7–6 水産物流通

　水産物は，本来的には鮮度・品質の保持や規格化・差別化が難しいという商品特性をもつ。加えて，小規模零細で分散的かつ変動性が高いという生産の特徴をもつ。こうした商品や生産の特徴をもつ水産物を，迅速かつ的確に都市の消費と結びつける合理的な形態として，水産物流通，中でも一般鮮魚は市場流通を基本として展開してきた（☞4-12）。

　また，水産物流通は，産地市場と消費地市場の二つの卸売市場を経由するところに特徴がある。多くの産地市場の開設と運営は漁協が行っており，漁協の販売事業として主要な収入源となっている（☞8-15）。産地市場では，出荷業者，加工業者，冷凍冷蔵業者等の産地流通業者（買受人）が取引に参加することによって，漁獲物の用途別一次的処理配分を行う機能を発揮している。併せて，産地市場は水産物の的確・迅速な価格形成による商品化という漁業者へのメリットを供与するという一次的価格形成機能をもつ。なお，水産物の産地市場と消費地市場の区分は地方卸売市場における産地・消費地の売り場の規模区分はあるものの，本質的な定義はなく，その卸売市場の立地や機能から判断される。特に産地市場の場合，水揚げを受けて第一次段階の取引が行われているか否かという機能が重要である。加えて，一般的には価値のある魚種としては評価されないような雑魚類でも地域性のある食材として高価格で商品化する機能や，地域の小規模な鮮魚商や行商等の商品購入の機会を提供して地域の消費者へ供給する等，産地の「地域における機能」も有している。現在の産地市場統合の議論では都市消費地向けの機能を発揮できない産地市場が淘汰の対象とされているが，こうした「地域における機能」をどのように維持・継承していくかも課題の一つである。

　中央卸売市場を中心とした消費地市場では，取扱メリットの高いエビ・カニ，紅鮭，船凍魚等の主要水産物の供給を大手水産会社が掌握してきたことから，ほとんどの卸売業者はそれらの荷割を確保する目的でそれぞれ資本提携も含めて特定の大手水産会社の販売系列に組み込まれ

ている。現在，漁業者の減少や高齢化，水揚げ量の減少等もあり，産地市場・消費地市場いずれも取扱量は減少し，魚価は低迷している。また，仲卸業者や買参人等も減少し，全体として弱体化している。そのため，中央卸売市場でも卸売業者の廃業や地方卸売市場へ転換するものも現れ始めている。一方で，卸売市場がスーパーや外食チェーンへの対応を図らなければ生き残れないような状況となっている中で，卸売業者の中には定番商品や輸入品の取り扱いだけでなく，差別化商品としての「前浜物」の取り扱いを増やすために産地開拓や商品開発を行ったり，経営の多角化を図ったり，仲卸の機能と競合しつつ場外で加工や配送業務等も行う事例も増えている。仲卸業者も単なる卸売業者の配送業務の下請けとなっている例もある一方で，スーパーのニーズに対応するため本来は卸の役割であった集荷業務を直荷引きによって積極的に場外活動を行っている例も多い。このように，卸・仲卸間の競争激化と機能分担の垣根の低下が進行しているが，2018年の卸売市場の大幅改正が，こうした卸売市場や業者の淘汰・統合等の再編成の動きにどのような影響を及ぼすのか注視していく必要がある。

　一方で市場外流通も，特に1970年代後半以降から大きく展開している。輸入水産物をはじめ，日本においても産地段階での冷凍・加工形態の商品や需給調整が可能な養殖物や活魚が増え，保蔵・物流技術の開発と普及もあり，生鮮魚介類も耐久財に近い取り扱いが可能となったためである。特に，マグロ，エビ，サケ，ブリ，すり身等や耐久財的・規格品的な水産物商材については，大手商社や大手水産，場外問屋等が主導権を持つ個別商材ごとの市場外流通が形成されている。

　これら以外にも，水産物直売所や，漁業者が宅配便等を利用して消費者に直接販売する事例，量販店がマーケティング戦略の1つとして産地から直接仕入れた水産物を販売するコーナーを店内に設ける事例等が増えており，多種多様な水産物流通が展開している。　　　　　（副島久実）

KEYWORD

卸売市場，産地市場，消費地市場，市場流通，市場外流通

7-7 加工食品流通

　現代の食生活で，加工食品は重要な地位にある。その流通は，主に食品卸売業が担っている。わが国では，菓子や酒類など取扱分野を細分化した専門卸が発達してきた。第1に品目ごとに特化した小規模生産者が分散して立地していること，第2にアイテム数の多さ，第3に商品の回転速度，賞味期限，温度帯も多様という加工食品の商品特性とも相まって，わが国の場合，専門卸を中心とした流通には合理性があった。

　ところが，零細な食料品店を中心としていた小売段階は，スーパー・チェーン化（☞3-7）という業態の革新を伴いつつ大型化を遂げてきた。これらの多くは，本部での集中仕入れを特徴としつつ，品揃えを総合化させてきたものの，仕入れの物流は依然として食品卸へ依存してきた。このことが，食品流通の中心的担い手を専門卸から総合卸へと置き換える，つまり食品卸売業をフルライン化する直接的要因であったといえる。

　食品卸売業のフルライン化は，同時に総合商社（☞4-8）との関係強化を進展させた。その動きは70年代末ごろからあったが，2010年ごろからは商社主導による食品卸売業の大規模再編が加速し，三菱食品の発足によって売上高2兆円規模の巨大な食品卸売業が登場するに至った。

　これら一連の再編によって，加工食品流通では大規模な食品卸への取り扱いの集中が著しく高まってきている。そのような集中度の高まりについて，各年の「日本の卸売業調査」（日本経済新聞社）から，食品卸売業の年間商品販売額上位100社の合計をローレンツ曲線の考え方で整理してみると，2005年に上位100社の年間商品販売額合計の50％を占めているのは10社だったが，2010年には上位8社で50％に達し，2020年には上位5社で50％を占めるまで集中が進んでいる。

　このような動きは，食品スーパーから大型ショッピングモールへの展開に象徴される，流通システムの変化への対応でもあった。そこでは，取扱量はもちろんのこと，取り扱う商品群も拡張している。例えば，食品卸売業で第3位の規模を保持する国分グループ本社は，医薬品卸の東

邦薬品，水産卸の大都魚類，青果物卸最大手の東京青果とそれぞれ業務提携を結びつつ，加工食品の枠をも超えたフルライン化を推進している。

小売段階において大規模化を進めてきたスーパー・チェーンは，今日では自社専用の物流センターを保持することが主流となっている。それらと取引する食品卸は，各店舗への配送ではなく，物流センターへ一括で納品するようになる。この専用物流センターへ納品に際し，通常，食品卸はスーパー・チェーン側から物流センターの利用料金の支払いを要求される。これをセンターフィーという。センターフィーの要求は，本来，商品の仕入価格には店舗への配送費が含まれている，という考えを根拠としている。

専用物流センターを設置したスーパー・チェーン側が，店舗配送を自社で代行した料金を食品卸に要求するのは一見すると合理的だが，近年ではその負担が大きすぎるということがしばしば問題になっている。その背景には，センターフィーをスーパー・チェーン側が一方的に決定し，食品卸はそれに従わざるを得ないという事情があるとみられる。

この結果，食品卸売業は，フルライン化を伴いつつ経営規模を拡大させたものの，同時にコストも増大してしまった。「2020年度　日本の卸売業調査」によれば，2020年度に売上高上位5社以内の大規模層にあっても，営業利益率が1％を超えているのはそのうちの1社のみである。

食品卸売業による収益性向上の取り組みとして，近年ではプライベート・ブランド（PB）商品の展開や，情報流の強化などがあった。ところが，いわゆる「物流危機」が加工食品流通全体の問題として深刻化し，状況はさらに変化しつつある。食品卸売業にとって，これは一方でスーパー・チェーンとの関係性の改善をもたらす可能性もあるが，他方では，物流費が高騰（☞6-4）する加工食品流通で，食品卸売業がどのような役割を担うべきかを改めて問われているともいえる。　　　　（杉村泰彦）

KEYWORD

フルライン化，専用物流センター，センターフィー，プライベート・ブランド，物流危機

7-8　産直

　産直は，一般に産地直送，産地直結，産地直売などの略とされ，生鮮食料品を卸売市場等の経路ではなく，生産者（供給）側と消費者・小売（需要）側が直接取引することである。牛乳・乳製品や米麦などの流通においても生産者と消費者が提携する産直は存在する。さらに「産直住宅」のように，中間経路を省いた流通形態を産直と形容する場合もある。

　わが国において，産直という流通形態が発生した契機や目的は，生産者と消費者双方の性格によって，また時代によって異なる。大別すれば，流通合理化（流通コスト削減）のための産直，そして生産者と消費者とを繋ぐ運動としての産直に分けることができる。

　流通合理化のための産直は，1960〜70年代の消費者物価高騰の原因が複雑な流通経路にあると批判されたことを契機とする。その解決のために「商業資本排除による商業利潤部分の削減」（☞1-10）を目指す形態として産直が提起された。しかし卸売市場（☞4-12）を経由しない生鮮食料品流通は，集出荷，保管，輸送，仕分け，代金精算など卸売市場が本来担う機能を生産者や消費者が負担，代行することで，むしろ双方の労働負担が増え，継続性にも問題が大きくなる。それゆえ流通合理化としての産直は，「流通経路短絡論」として批判されることにもなった。実際，生鮮食料品流通の多くは現在に至るまでも卸売市場が担っており産直は副次的な位置に留まっている。

　運動としての産直は，農業者（団体）と消費者（団体）との提携の形で1950年代から行われてきた。独占的巨大乳業メーカーによる系列化に対抗した取り組み（10円牛乳運動）が典型的である。と同時に，高度経済成長の歪みである「食品汚染」「有害食品」への不安から，安全・安心な食糧を得るために産直運動が取り組まれた。

　こうした時代的背景のもと，1970年代以降の産直運動の主体は，大小の農業生産者や団体，共同購入グループや様々な生協（☞8-14）が担ってきた。その他，「産消提携」と称し，生産者・消費者との交流を通し

て，双方の生産・生活のあり方を見直すことに力点が置かれた産直運動もある。

1980〜90年代には生協の産直事業は大型化し，卸売市場を経由したり，輸入農産物を利用する形態も，広く産直と称するようになる。また，消費者側から生産者への高品質，低価格農産物の要求，双方の運動意識の希薄化によって偽装問題が発生することもあった。これらの反省から生協産直にあっては産直基準の見直しが行われ，2000年以降には産直品の品質保証システムが作られる。そこでは農業生産にあっては適性農業規範（GAP）が導入されるとともに，流通・販売にあっても標準化（システム化）が求められる。また，商品仕様書に基づく「たしかな産直商品」供給が産直の原則となり，生産者と消費者との交流は文書記録が重視される形に変容している。

現在の産直は，生協などの消費者組織だけではなく民間小売業や通販業者，外食・中食企業や多様な生産者が主体となって広く行われている。流通情報システムの革新に伴い，産直はマーケティングの一環として取り組まれるようになっている。今後，ICT（情報通信技術）の一層の進行，生産・小売主体の大型化，多様化によって卸売市場外流通がより広がるとみられる。

運動としての産直は，生産者と消費者との提携によって地域の食料・農業・環境を守ってゆくという本来の理念を実現させるために，「食料運動」という形へ変容しつつある。農産物直売所（☞7-10）や地域流通，地産地消運動に力点が置かれるようになり，規格外農産物や地場産品の扱いを重視する傾向もみられる。運動としての産直が発展するためには，システム化された産直商品の提供だけではなく，フードマイレージやSDGs（持続可能な開発目標）（☞8-8）を視野に入れた「産直ブランド」の認知を関連各層になされるよう取り組まれることが課題となる。

（佐藤　信）

KEYWORD

市場外流通，産消提携，フードマイレージ，SDGs，ブランド

7-9　有機農産物流通

　日本有機農業研究会は有機農産物を「生産から消費までの過程を通じて化学肥料・農薬等の合成化学物質や生物薬剤，放射性物質，遺伝子組み換え種子及び生産物等をまったく使用せず，その地域の資源をできるだけ活用し，自然が本来有する生産力を尊重した方法で生産されたもの」と定義している。また JAS 法（日本農林規格等に関する法律）では，有機農産物を「次条の基準に従い生産された農産物（飲食料品に限る。）をいう。」とし，使用禁止資材，化学的処理，組換え DNA 技術，栽培場，などの事項毎に細かく規定している。生産方法を概括すれば，種苗の播種または植え付けの 2 年前（多年生の植物から収穫されるものにあっては，その収穫の 3 年前）から当該農産物の収穫に至るまでの間，化学的に合成された農薬，肥料及び土壌改良資材を使用しない圃場において収穫された農産物である。また，有機農産物の多様化に伴い，有機加工食品，有機畜産物，有機飼料，有機藻類の区分が設けられ，生産方法の基準が設定されている。

　有機農産物流通は，特定された売手と買手による閉鎖市場における有機農産物の取引と，売手・買手双方が特定されない開放市場における有機農産物の取引に大きく分けられる。前者は産消提携や産直（☞7-8）などの閉鎖的な流通であり，後者は JAS 法による認証を受けた開放的な流通である。日本の有機農産物流通は，勃興期（1970年から70年代前半），発展期（70年代後半から80年代前半），世界市場化期（80年代後半から現代）の 3 期に大きく分けられる。

　勃興期の特徴は，日本有機農業研究会の設立（1971年）と産消提携の始まりにある。一般に有機農産物は見栄えも悪く卸売市場ではその価値を認められないため，生産者と消費者が直接取引する方法で行われた。日本の有機農産物流通は認証制度によって市場流通を発達させた欧米とは異なり，産消提携という方法が採られた。

　発展期の特徴は，生協や専門流通事業体等による有機農産物流通の多

様化が進展し，減農薬・減化学肥料栽培を含めた広義の有機農業が拡大した。

世界市場化期の特徴は，有機農産物のビジネス化と国際流通の進展である。小売業やフードビジネスにおける有機農産物の需要創出は，より安価で大量の有機農産物を希求し，量販店・外食産業による契約栽培，商社の有機農産物流通への介在，輸入増加等の展開を産み出した。さらに，CODEX（国際食品規格）委員会による有機農産物の基準作りが行われ，有機農産物の国際流通が進展するようになった。1999年，日本においても JAS 法による有機農産物の基準・認証・表示制度が導入された。一方，減農薬・減化学肥料栽培などによる特別栽培農産物は農林水産省のガイドラインに規定されている。JAS 法によらなければ有機農産物の表示はできないが，産直のように売手・買手双方が了解した閉鎖的な取引では無表示で流通していることが多い。また，生協や量販店においては有機農産物よりも PB 商品（☞3-10）展開が進んでいる。

農林水産省は日本の有機食品市場を2017年時点で1,850億円と推計し，過去8年間の推計を前提に2030年に3,283億円と予測している。

一方，農林水産省は2021年5月に「みどりの食料システム戦略」を策定した。とりわけ注目されたのは2050年までに耕地面積に占める有機農業の取組面積の割合を25%（100万 ha）に拡大するというものである。有機農業の取組面積が増大するには，有機食品市場が国内で発展するか否かに掛かっており，国民の購買力が高まり有機食品を購入できるようになるのかが鍵となる。　　　　　　　　　　　　　（野見山敏雄）

有機 JAS マーク

認 定 機 関 名

KEYWORD

有機農産物，JAS 法，基準・認証・表示制度，みどりの食料システム戦略

7-10 地産地消と農産物直売所

　地産地消は，地域で生産された産物をその地域内で消費することを意味する概念である。その考え方は，高度経済成長期に形成された生鮮食料の広域大量流通システムにたいするアンチ・テーゼとして展開された「地場流通論」，産消交流の意義を理念に掲げた生協の「地場産直」，あるいは「地域主義」の思想に源流があるとされる。

　これまで，経済のグローバル化のもとで進行した食料供給の国際化（輸入食料の増大），生活様式の変化に伴う食の外部化（中食・外食への依存）を通じて顕在化した食の安全・安心にたいする不安の高まりを背景に，国内農業の振興や生産者と消費者との「顔の見える」関係性を取り戻す手段として，地産地消への期待が寄せられてきた。

　さらに近年では，SDGs への貢献やポストコロナ社会を見据えた議論の中で，脱炭素と経済成長の両立を目指す欧州の新成長戦略「グリーン・ディール」と，その中で農業部門の核となる「Farm to Fork 戦略（公正で健康的な環境にやさしいフードシステムへの移行）」の実効性が問われることになった。すなわち，ローカルフードシステムの本来的価値（家族農業経営の持続性，地域活性化や流通経費削減への期待）や食農教育の意義（農山村での体験学習機会の拡大や学校給食への地場産利用促進）等の観点から，地産地消をニッチとしてではなくメインストリームの一角として再評価すべき時期を迎えている（☞7-4）。

　「顔の見える」流通として消費者の期待を集めた農産物直売所（直売所）は，JA ファーマーズマーケットの登場を機とする業態変化（常設・大型化）を経て全国に拡がり，いまやフードシステムの重要な構成要素である。例えば，「6次産業化総合調査（令和2年度）」によれば，直売所の年間総販売金額は1兆535億円で，同年度の卸売市場の取扱金額（「卸売市場データ集」）である3兆114億円（青果のみ），6兆3,612億円（青果・水産合計）と比較してもその成長ぶりは明らかである。

　日本の直売所は，1970年代に無人市または定期市として開催されたこ

とに端を発するが，1980年代後半から1990年代にかけて常設化が進展し，2000年以降の農協（JA ファーマーズマーケット），道の駅，民間企業等の本格参入を機に一段と大規模化の様相をみせる。近年，直売所間の競合に加え，スーパーのインショップ導入や地場産コーナー拡充の動きも拡がっており，多くの直売所で新たな展開が模索されている。

一般に，生産者個人またはグループが運営主体の小規模直売所では，金銭の授受も生産者自身が交代で担当するのが通常であるため，生産者と消費者との交流機会は自ずと確保される。一方で，大規模直売所では，生産者が直売所に足を運ぶのは早朝の出荷時と夕方の引き取り時のみで，直売所で生産者と消費者とが直接触れ合う機会はきわめて少ない。しかし近年では，多くの大規模直売所で POS レジと連動した「販売情報通知システム」が導入され，生産者の営農意欲向上に寄与するのみならず，追加搬入のために直売所を訪れた生産者に消費者と直接交流する機会を提供している。さらに，直売所の大型化に伴う交流希薄化への対策として，直売所出荷者が農作業体験を受け入れるなどの取り組みも進んでいる。また近年，地元食材を活用したレストラン（あるいはイートイン）の併設，食育イベントの実施や農業体験希望者の受け入れなど多角的な事業展開を図る直売所も増え始めている。

当初，直売所には，規格外品の販路確保，高齢者・女性の経営内での地位向上，販売農家の増加など，営農意欲向上やその結果としての潜在的生産力の底上げなど主にその経済的役割が期待された。しかし近年では，それに留まらず，生産者の健康増進や生き甲斐の創出，生産者と消費者との交流機会の提供などの非経済的役割も強く期待されている。

農協も，第27回全国大会（2015年）において，地域住民である准組合員を農業や地域経済を共に支えるパートナーと位置付け，地域活性化のための「交流拠点」として JA ファーマーズマーケットの機能を強化する方策を打ち出している。　　　　　　　　　　　　　　　　　（藤田武弘）

KEYWORD

ローカルフード，Farm to Fork，JA ファーマーズマーケット，交流

7-11　農商工連携と6次産業化

　農商工連携とは，食資源等の多様な地域資源の有効活用と高付加価値化を目的とし，農林漁業者・商業者・工業者それぞれが主体的に協力・連携し，それぞれの強みや得意分野を活かし合いながら，地域ブランドとなり得るようなストーリーを盛り込んだ商品やサービスを開発・提供し販路の拡大などに取り組むことである。

　その源流には，マイケル・ポーター（1998）が提唱した，企業・大学・研究機関・自治体などがぶどうの房のように集積・連携し新たな価値創造，すなわちイノベーションを果たすような取り組みを指す「産業クラスター」という概念をもとに，農業と食品産業及び大学・研究機関・行政等との産学官連携による「食料産業クラスター」があると考えられる。いずれも農林水産省が標榜し，地域活性化政策として施行している。食料産業クラスターは2005年から，農商工連携は経済産業省とともに2008年から始まり，2022年の現在に至るまで800件以上の事業が計画認定を受け，制度的な支援等も受けながら多くの事業が進められている。

　しかしながら，この農商工連携の仕組みは多くの優良事業を輩出しながらも，農林漁業者・商業者・工業者が必ずしも対等な関係を築くことができない，という課題が生じた。農業者が原材料を供給し，工業者が製造し，商業者がそれを売る，という連携構造の中で，多くは商工業者もしくは商業者が主体性を持ち，農林漁業者はただ原材料を供給するだけのような関係性となってしまい，目指すべき協力・連携のかたちにならなかったという事例が散見された。

　一方，1次産業者が主体となる複合的な取り組みとして，今村（1998）が6次産業化という概念を提起し「農業が1次産業のみにとどまるのではなく，2次産業（農畜産物の加工・食品製造）や3次産業（卸・小売，情報サービス，観光など）にまで踏み込むことで農村に新たな価値を呼び込み，お年寄りや女性にも新たな就業機会を自ら創りだす事業」と定義した。この概念は経営多角化による高付加価値化を図ることを示唆し

ており，１次産業の新たな可能性を切り開く地域活性化に資する取り組みであると，全国の農山漁村地域から大きな期待が寄せられている。

この６次産業化も，農林水産省が「マーケット・インな取り組み」を推奨しながら2011年より施行し，現在では2600件以上の事業が認定され，政策としても推進されている。このマーケット・インという考えに関しては，農業経営においては気候等による変動があるため，プロダクト・アウトにならざるを得ない側面を考慮しながら，生産者のこだわり（ストーリー）を込めたうえで，顧客ニーズを考えた商品づくり，地域ブランド（☞2-6，7-12）としての取り組みを行うことがひとつの理想の姿とされている。また，「強い農業」の象徴のように大規模化や輸出などの事業が多くなったように見受けられ，そのような志向が一方にあるのは当然だが，他方では持続化を志向する取り組みも多く見られ，むしろそのような恒常性の追求こそが地域活性化に資する取り組みであると言えよう。

６次産業化も農商工連携同様に，地域活性化に資するものであることが目的であり，「地域ぐるみの面的な取り組み」であることが望ましい。すなわち，地域内雇用の創出・地域内再投資・地域内経済循環など，何らかのかたちで地域に還元する，地域課題解決の一助となる取り組みとして推し進められることが本質である。そのような観点からすると，６次産業化・農商工連携の前史には「内発的発展」があり，さらには，そのような手法の原点には，地域ブランド活動（☞7-12）の源流と目される，1970年代に大分県から発せられた「一村一品運動」があると言えよう。さらに，そのような地域活性化の取り組みにおいて重要なのが，地域内の結束と合意形成であり，そこに賦存する人・組織等の信頼関係とコミュニティの醸成，すなわちソーシャル・キャピタル（社会関係資本）であると考えられる。　　　　　　　　　　　　　　　　（川辺　亮）

KEYWORD

地域活性化，地域ブランド，食料産業クラスター，マーケット・イン，内発的発展論，一村一品運動，ソーシャル・キャピタル

7-12　農水産物のブランド化

　農水産物のブランド化（☞2-6）は，1990年代以降活発化してきた。その前提として，1970年代から80年代にかけてスーパーマーケット（☞3-7）において，バックヤードにおける作業の標準化により生鮮食品の外形的な規格化が確立されてきたことがあげられる。ブランド化に不可欠な規格化が生鮮食品でも実現し，全国的に「食のスタンダード」が創出された。このような標準化された生鮮食品は，NB（ナショナル・ブランド：全国的に流通する規格化された大量製品ブランド）に相当するものといえる。

　こうしてスーパーマーケットが外形的な規格化を実現しNBを成立させたが，1990年代になり，生産者や生産者組織が，品質の規格化を行い農水産物のブランド化を進展させていく。さらに品質管理や物流に関する技術の発達も後押しした。例えば農産物では，一定以上の糖度で販売するために，非破壊型評価技術により糖度を測定する糖度センサー導入による品質管理の実現，品種改良による食味の改善などがある。水産物では，天然トラフグなどの高価で希少な魚種のみならず，本来大衆魚とされてきたサバを，漁獲から流通過程まで一貫した品質管理を行うことでブランドとして確立した。鮮度が重視される生鮮農水産物において物流も問題となるが，温度管理技術の進展により，一定の品質を保ち長距離輸送を行うことも可能となった。

　一部の先進組織では，知的財産の活用として商標登録によるブランド管理も行われはじめた。さらに，2006年「地域団体商標登録制度」，2015年「地理的表示保護制度」，2021年及び2022年「改正種苗法」施行，といったように知的財産によりブランド保護や差別化が意図され，国際的な展開まで見据えた動きもみられるようになった。農水産物のブランドは，個別ブランドとして確立してきたが，地域団体商標登録制度の活用にみられるように，地域と結びつき地域ブランドとして広がりはじめた。

　こうして2000年代以降，農水産物のブランドが特別なものではなくな

っていく中，ブランドとして全国的に認知され愛着をもたれているものも多く確立してきた。特に農産物において，加工品まで含めて「ブランド拡張」していく事例もみられるようになった。また，主体として，単一の生産者組織や地方行政組織のみでなく，複合組織や省庁認可の下，ブランド対象を全国にまで広げた展開もみられる。

このような農水産物のブランドには差別化要素としてブランドの源泉があり，おおまかに5つを指摘できる。①産地の条件　②品種・魚種　③生産・加工技術　④品質管理　⑤流通業者による評価，選別である。ブランド化にあたって，どのようにこれらの要素を組み合わせて活用していくのかが重要である。さらに，どのようなポジションやターゲットを狙うのかによっても，マーケティング戦略は異なるものとなる。

近年のブランド化をめぐる変化としては，地域との結びつきの強化があげられる。例えば養殖魚における「フルーツフィッシュ」の取り組みがある。これは地域の特産品である農産物を餌として与えるというものであり，個別ブランドと地域諸資源が結びついた地域ブランドの展開といえる。また，主体として行政が関与し，地域活性化を目指す取り組みも多くみられるようになってきた。一方，社会情勢において環境問題が重視されるなか，農産物では環境保全型農業，水産物では資源管理型漁業が推進されており，今後こうした環境と結びついたブランド認証についても推進されていくと思われる。

消費者とブランドの関係を考えると，消費者が究極的に望むことは「生活の豊かさ」である。そこでブランドが果たす役割は，生産者との関係，地域や文化，環境といった様々な指標をもつことで豊かさを提案することといえる。個別ブランドの源泉である優れた品質のみならず，地域や社会的価値と結びつく展開が，今後のブランドが目指す姿といえよう。

（波積真理）

KEYWORD

品質の規格化　食のスタンダード　知的財産　ブランドの源泉　資源管理型漁業　環境保全型農業　地域ブランド

7-13　経済連携協定と農産物貿易

　WTO ドーハ交渉の停滞が長期化する中，WTO が主催する多角的貿易交渉に代わり，主要国は近年，二国あるいは三国以上が参加する経済連携協定に貿易自由化交渉の軸足を移してきたと言われる。

　GATT 第24条は，このような経済連携協定の締結を妨げないが，協定締結時に，当該協定の当事国でない国々との貿易に維持，適用される関税その他の通商規則は協定締結前に存在した該当する関税その他の通商規則よりそれぞれ高度なものであるか又は制限的なものであってはならない。また，協定は自由貿易地域を設定するための計画及び日程を含むものでなければならないとする。

　世界で発効した経済連携協定数も日本を締約国に含み発効した経済連携協定数も累増しているが，GATT 第24条の上記が遵守され，かつ，経済連携協定の締約国が広範に及んでいくのであれば，国家間に適用される関税その他の通商規則に差異を認めつつも，自由貿易を最終到達の状態として目指す地域が拡大していくことになる。

　経済連携協定発効の締約輸入国における効果には，各品目における締約国からの輸入量の増加に替わる非締約国からの輸入量の減少，または，輸入量総計の増加，他方の締約輸出国における効果には，各品目における締約国への輸出量の増加が考えられる。

　経済連携協定の締約国外の原産品を締約国の一つの国が輸入し，経済連携協定税率を利用して，締約国である別の国に輸出する迂回貿易を回避するために，同税率適用においては輸入者が輸入申告時に貨物が同税率を適用できる締約国の原産品であることを申告する原産地手続が必要である。このような原産地手続は，一般特恵税率適用においても必要であるが，WTO 協定税率適用では不要である。経済連携協定税率や一般特恵税率の適用には原産地手続の時間と労力を要することになる。

　どのような貨物が原産品と認められるのかの基準を規定した原産地基準について，経済連携協定における原産品には全ての材料に締約国のみ

が関与する完全生産品や最終産品の材料の材料（二次材料）に締約国外の国も関与しているが最終産品の生産に直接使用された材料（一次材料）には締約国のみが関与する原産材料のみから生産される産品がある。そして，一次材料に関与する締約国は一の締約国又は二以上の締約国とされている。一般特恵税率と WTO 協定税率の適用に際しては，完全生産品の場合は前者において一の特恵受益国のみ生産に関与し，後者においても一の国又は地域のみ生産に関与することとされているが，原産材料のみから生産される産品は両税率適用の際の原産地基準にない。以上のルールの相違は，経済連携協定の域内で生産される物品の域内での最終産品またはその材料としての輸出入を増やす誘因となり，活発な貿易を実現するための締約国による協定域内のサプライチェーンへの投資促進に作用すると考えられる。

　外務省によれば2022年6月時点で発効済みの日本が締約国である経済連携協定等は20である。このうち三国以上の締約国による広域の協定に日 ASEAN·EPA，TPP11，日 EU·EPA，RCEP がある。

　2021年に日本からの農産物輸出（☞7-14）金額の上位5か国は，香港，中国，米国，台湾，ベトナムであるが，香港と台湾は，2022年6月までに発効済みで日本が締約国となっている経済連携協定の締約国には含まれない。農林水産省が公表した TPP11，日 EU·EPA，日米貿易協定の合意内容の最終年の試算によれば，発効前（品目によって異なる2012〜2017年度のうちの1年）の国内生産量に対して TPP11の締約国，EU，米国からの合計輸入量が多くなる上位5品目は，比率の高いものから，でん粉，小麦，牛肉，牛乳乳製品，豚肉であり，同様の国又は地域からの輸入の影響により国内生産額減少が大きい上位5品目は上から牛肉，牛乳乳製品，豚肉，小麦，砂糖（砂糖と小麦の生産減少額は同額）である。

　　　　　　　　　　　　　　　　　　　　　　　　　　（豊　智行）

KEYWORD

経済連携協定，原産地手続，原産地基準，農産物，貿易

7-14 農水産物の輸出

　日本の農水産物輸出は，農産物については明治維新後，生糸や絹織物といった農業及び在来産業（雑工業）の生産物が輸出され，水産物については戦前・戦後にわたって長く出超の状況が続き，外貨獲得の重要な地位を占めたこともある。戦後，食料不足の中でアメリカの食料援助を受け入れてからはGATT・WTO体制（☞7-1，7-2）のもとで農産物及びその加工品の輸入が順次解禁され入超に，また，水産物も1971年以降入超となっていく。入超のもとでも農水産物輸出額は戦後漸増し，1984年には5,056億円に達して一旦ピークを迎えるが，プラザ合意のあった翌85年以降の円高基調のもとで輸出額は3,000億〜4,000億円台で推移することとなる。

　21世紀に入ると，政府は農林水産物・食品輸出額の増大を主要な政策の一つに位置づけるようになる（☞7-2）。その背景としては，日本においては人口が減少局面へ入り，国内市場の縮小が不可避となっていること，アジア諸国においては所得水準が向上し，世界的には日本食ブームとなっていることが挙げられる。2005年，当時の小泉首相を本部長とする食料・農業・農村政策推進本部は「21世紀新農政の推進について〜攻めの農政への転換〜」の中で，農林水産物・食品の輸出額を当時の3,000億円から6,000億円へ倍増するという数値目標を設定した。また2006年には，第1次安倍内閣が2013年までに1兆円を達成すると掲げた。この達成年次は度々変更されたが，最終的には2019年までとされた。この年までの達成は叶わなかったが，2021年，輸出額は初めて1兆円を超え，1兆2,385億円に達した。その内訳は，農産物8,041億円（うち加工食品4,595億円），水産物3,015億円（うち水産調整品680億円），林産物570億円，少額貨物756億円である。

　主な品目を輸出額の大きい順に言えば，農産物ではアルコール飲料，牛肉，ソース混合調味料，清涼飲料水，菓子（米菓を除く），緑茶，りんご，たばこ，粉乳，播種用の種等，スープブロス，水産物ではホタテ

貝，ぶり，さば，かつお・まぐろ類（以上の水産物には生鮮・冷蔵・冷凍・塩蔵・乾燥の全部あるいは一部が含まれている），真珠（天然・養殖），なまこ（調整）である。また，主な輸出先は輸出額の大きい順に中国，香港，アメリカ，台湾，ベトナム，韓国，タイ，シンガポール，オーストラリア，フィリピンである。これら上位10カ国で輸出額の83.8%を占めており，東アジア，東南アジア，アメリカ，オーストラリアに輸出先が偏っている。

　例えばりんご（輸出額162億円）は，台湾（72.9%），香港（21.6%）の上位2地域で輸出額の94.5%を占めている。現地では他国産の輸入りんごに比して高価格帯に位置し，高級品として消費されている。一方，さば（輸出額220億円）は，ベトナム（27.9%），ナイジェリア（14.8%），タイ（12.3%）の上位3カ国で輸出額の55.0%を占めている。ベトナム・タイ向けのさばは，現地で缶詰に加工して日本に再び輸入される一方，ナイジェリア向けのさばは，日本国内市場では出回らないような小型で低価格帯のものが現地で消費されている。このように，日本産農水産物の輸出は，品目によって高級品あるいは廉価品として，また開発輸入的に，様々な意図で行われている。市場細分化（☞2-3）や標的市場の選定が，輸出の可能性を開いているともいえよう。

　この間の輸出政策は，当初はプロモーション等のマーケティング活動の支援，すなわちソフト事業を中心に展開したが，次第に輸出促進のためのハード整備に関わる事業が加わっていき，予算額は増大している。また，特にアベノミクス下の為替相場が円安基調であったことも，輸出額増大に一定の影響を及ぼしたものと考えられる。各種の経済連携協定（☞7-13）の締結が進みつつあるなか，政府は，2030年までに農林水産物・食品輸出額を5兆円まで引き上げる新たな数値目標も掲げており，一層の政策的な後押しが見込まれる。　　　　　　　　　　　（成田拓未）

KEYWORD
人口減少，市場細分化，標的市場，為替相場，経済連携協定

7-15 フードバンク

　フードバンクは，1967年にアメリカでセントメアリーズフードバンクがスーパーマーケット（☞3-7）で廃棄される食品を無償で譲り受け，それを生活困窮者に配布したことが始まりといわれる。現在は全米で200を超える団体のネットワークが広がり，年間130万トンの寄付食品が1400万人の子供たちと300万人のシニアを含む年間3700万人以上に提供されている。

　この斬新な取り組みは，1980年代にフランス，1990年代には韓国などへ伝播し，2000年代には香港や日本でも取り組みが始まった。韓国ではアジア通貨危機，香港ではやリーマンショックを契機にフードバンクが活動を開始し，日本では2011年の東日本大震災，欧州でも2015年の欧州難民危機などを契機に注目を集めたという経緯がある。しかし，諸外国と比べると日本は寄付文化が未熟で，国内のフードバンクへの食品寄付量は重量ベースでアメリカの100分の1程度の規模でしかないのが現状である。教育支援や職業訓練などに活動のすそ野を広げるフードバンクも多いが，寄付食品を足がかりに自立支援へ活動の場が広がることは大変心強い。オーストラリアでは小学校における教育プログラムをフードバンクが提供していたり，生活困窮者の自立支援のため調理師の職業訓練を行ったりしている。さらにドナーとなる食品企業が彼らを就業させるなど総合的な支援体制を完成させている。

　現在の日本のフードバンクが寄付する食品は，菓子類や飲料，加工食品など比較的保存性の高いものに偏っている。このような状況が海外では研究者からのフードバンク批判に繋がっている。こうした批判をふまえ，フランスでは取り扱う食品の4割程度は購入された肉や卵などを提供するようになった。資金は，国やEUの補助金や寄付金を用いる。韓国では大手の食品企業がフードバンクの寄付のために閑散期のラインを稼働させて，売れ残りではなく寄付のためにわざわざ伝統食を製造することがある。

　このような動きは，もはやフードロス対策のためではなく，フードバンクがセーフティネットとして社会インフラへ進化する過程となるかもしれない。海外の事例の多くは，寄付金を用いるほか，フードサプライチェーンの構成企業がフードバンク事業を直接行うことがある。例えば，食品だけではなく，小麦の製粉やパスタなどへの加工，包装，輸送，パッケージデザインなど，フードシステム全体の企業が集結し，フードバンク版 PB のような製品を製造している。国内でも規模は小さいものの，食品卸や運送業者，生協（☞8-14）などの事業者が直接フードバンク事業に乗り出すケースも散見されるようになってきた。食品を取り扱うノウハウを惜しみなくフードバンク活動に注ぎ込んでいる食品企業の姿は，われわれ市民社会にとっても大変心強い。

　フードバンクは，災害や戦争など突発的かつ局地的な需給変動に対する調整機能する役割も期待されている。2020年の COVID-19 パンデミック対策においても，フードバンクが大きな活躍をした。イギリスを代表するフードバンク FareShare は，2020年に政府や企業の支援を受け，2019年比で約3倍に事業規模を拡大した。アメリカでは一時的な緊急食糧支援プログラム（TEFAP）に沿って，国家が余剰食品を買い取りフードバンクに融通した。オーストラリアでは，移動販売車ならぬ「移動寄付車」を用意し，ロックダウン時の食糧支援として各戸へ寄付を行った。

　このように，現在フードバンクへの期待が増すと同時にそのニーズは多様化し，包括的で魅力的な活動を支える人材と予算が不可欠となった。日本のフードバンクは，縦割り文化のなかで断片的な評価しか得られていない。そのため，人材と資金が集まらず，コロナ禍のため日本のフードバンクには大量の寄付食品が届けられたものの，現場の作業負担が大きくなりすぎて効果的な食糧支援には結びつかないケースもある。「フードバンクはゴミ箱ではない」。そんな現場の悲痛な叫びを我々はどのように受け止めるべきか，真摯に考えるときが来ている。　　（小林富雄）

KEYWORD

フードロス／食品ロス，寄付食品，緊急食糧支援

地場産物活用と学校給食

　学校給食における地場産物活用は，2005年に食育基本法が施行されたことで一層推進されてきた。5年ごとに策定される食育推進基本計画の中では，食育推進の目標として，当初の「学校給食における地場産物を使用する割合の増加」から，2021年3月の第4次食育推進基本計画では「地場産物を活用した取り組み等を増やす」と，文言は変化したものの，具体的施策として打ち出されている。

　取り組みの内容は，主食である地場産米やパン・麺の原料となる地場産小麦，地場産生鮮食品，地場産原料を使用した加工食品・調味料等からなり，自治体によって産地の特色を活かしながら展開している。

　しかし，この地産地消の取り組みは容易ではない。市町村の各自治体が学校給食の調理施設・設備等を整え，その施設・設備で処理を含めた調理可能な食材・食品でなければ取り扱うことが難しいためである。また，加工食品・調味料類等は学校給食会に登録している食品納入業者が学校給食に適した食材（産地）・栄養素を考慮し製造したものを取り扱っているが，学校給食向けの対応をしている加工食品製造業者は，各地域に必ずいる訳ではない。具体的には，地場産原料産地と一次・二次加工食品製造業者の立地が離れている場合，あるいは調理済加工食品は冷凍野菜や水煮等の素材系加工食品を原料として使用するが，地場産原料の一次・二次加工食品製造と三次加工食品製造業者が離れている場合などがある。このように学校給食において地場産率を上げる取り組みは，とくに加工食品の利用において，解決しなければならない問題も多い。

（脇谷祐子）

8 消費・協同組合

8-1 労働・賃金

　日本は長時間労働の国として有名である。OECDによると，2020年の日本の年平均労働時間（フルタイム，パートタイム，時間外労働等を含む）は1,598時間である。最も短いドイツは1,332時間で，日本との差は266時間である。この差を日本の法定労働時間である週40時間労働で換算すると1.7カ月分近く日本の労働者は多く働いていることになる。にもかかわらず，2020年の日本の年間平均賃金は38,515ドル（1ドル＝110円換算で4,236,650円）で，OECD諸国（35か国）中で22番目である。ドイツは53,745ドル（同5,911,950円），最も高いアメリカは69,392ドル（同7,633,120円）で日本の賃金はアメリカの55.5％しかない。日本の賃金の伸びは過去20年以上にわたって停滞し続けている。

　人間は自らの存在を維持・再生産するために，食物，住居，衣服などを必要とする。人間は，自らのもつ能力を使って自然に働きかけることで，自然に手を加え人間にとって有用な使用価値をつくりだしてきた。使用価値とは，それぞれの物がもつ人間の欲望を満たすことのできる性質のことであり，たとえば米やパンは食べることができるという使用価値をもっている。人間が使用価値を生産する際に発揮する，人間の身体の中にある肉体的・精神的諸能力（脳，神経，筋肉などを動かす力）の総体のことを労働力といい，労働力の消費または発揮を労働という。

　資本主義社会では労働力も商品として売買される。労働者は自己の労働力を資本家に時間単位で切り売りすることによってのみ賃金を手に入れることができる。反対に資本家は労働者を雇うことなしに生産物に新しい価値を付け加えることはできない。労働力の発揮によって生みだされる商品には，資本主義的生産の目的である剰余価値が含まれている。言い換えれば，労働の結果生みだされた商品の価値が，労働力の価値よりも大きくなるという点に労働力の使用価値はある。つまり，資本家は労働力を時間単位で購入するという労働者との契約により，労働者が生産した商品価値から彼らに支払う価値を差し引いた資本家の取り分（＝

剰余価値）を合法的に取得することができるのである。労働と労働力との区別はマルクス（Marx, K.）により明確にされた。この労働力範疇の発見は資本主義社会において，資本がいかに価値増殖するのか，資本家がいかに合法的に剰余価値を生産・取得することができるのかという剰余価値生産の秘密を明らかにした。

現代は，科学技術の発展により人間の能力を補完する機械やコンピューター等を活用して，より早く正確に作業できる領域が拡大している。人間は，生産の物的条件である機械等を意味する生産手段を発展させると同時に，生産の人的条件である労働力も発展させてきた。労働には財を生産する以外にも，財を移動する，管理する，販売するといった労働もあり，これらのなかに流通労働は含まれる。

賃金の本質は，労働力の価値である。資本主義社会では一定量の労働を行った後に賃金が支払われることから，賃金はある一定量の労働にたいして支払われる貨幣すなわち労働の価格として現象している。

労働者は労働力を販売し，その労働力の価格として貨幣を受け取り，生活の糧を手に入れる。資本主義的生産様式のもとでは，労働力の価値は他の商品と同様に，その生産または再生産に必要な労働時間によって決まる。すなわち，労働力の価値は，労働力という商品の再生産に必要とされる生活資料の価値または価格である。労働力の価値を構成する諸要素は，労働者の再生産費（労働者が翌日にも前日と同様の労働ができるよう体力・知力などが維持されること），家族の養育費（労働者の階級としての再生産），労働者としての技術的力量の再生産（教育や訓練）などからなっている。

資本主義の発展にともない，賃金は労働者に支払われる直接賃金以外にも，社会保障給付や公共サービスなどを通じて雇主・国庫からの支出（これらを間接賃金という）によっても一部分はまかなわれている。

（森脇丈子）

KEYWORD

使用価値，価値，労働，労働力，剰余価値，労働力の再生産

8-2　日本的生活様式

　人間は自然に働きかけ，それらを変化させることで，生活に必要なものを作り出してきた。この自然に働きかけて生活財をつくりだすことのできる力を生産力といい，生産力の水準は労働手段の発展によって示される。生産にあたり用いる労働手段は時代とともに変化してきた。つまり，単純な道具を用いるか，機械を用いるか，高度な機械を複数用いるか，コンピューターや AI 技術を活用するのか等の違いである。人間のみが労働手段を使用するなかで改良を加えたり，新しい労働手段を生み出したりすることができる。こうして私たちは，生産力を発展させ，働き方や生活を変化させてきた。

　生活様式は，諸個人が社会的に規定された労働様式のもとで，衣食住や余暇の過ごし方などを含めた生活手段との結合を軸とした生産と消費のあり方を意味する。また，生活様式はそれぞれの国の地理的・歴史的条件や生産力の発展段階，そのもとでの労働様式や国民一般の生活状態の程度をあらわす生活水準などによって規定され，一定期間の継続により社会に定着したものである。20世紀を牽引したアメリカの生活様式が基盤となり，先進諸国では類似した生活様式が形成されている。

　第二次世界大戦後の日本は，衣食住さえ欠くようなもの不足の状態から戦後復興をとげ，敗戦から約10年後の1956年度『経済白書』には「もはや戦後ではない」との言葉が登場した。この頃から高度成長期に入った日本社会では，農村部から都市部へ大量の人口が移動し，第一次産業の人口が減る代わりに第二次産業と第三次産業の人口が増えていった。そして，投資を続け勢いを増す企業と，月給など比較的安定した賃金を得ることで消費できる条件を獲得した勤労諸国民が経済発展を支えていった。この時期には企業の成長とともに賃金も大幅な上昇を見せた。

　同時期のこうした変化は，生活面での便利さと快適さをもたらした。社会を支える共通基盤であるインフラストラクチャー（道路，港湾，公共の施設，上下水道など）の建設，小規模個人商店に代わるスーパーの

台頭，高校・大学への進学率の上昇，家電製品の普及，生活スタイルの洋風化（ex.椅子とテーブル，洋食），ファストフードの登場による外食機会の増加，家事労働の外部化（ex. クリーニング，保育所），自動車保有率の上昇などがみられた。労働面では，工場労働者として次々と「金の卵」たちが吸収されていったが，それでも労働者は不足した。その不足を補うために，低賃金で家計の補助的役割を担うパートタイム労働者としての主婦が活用されはじめた。新商品を購入し隣近所と同じ生活を手に入れたい（横並び意識）という欲望を実現するためには元手が必要となる。家電の普及による家事労働時間の削減はパートタイム労働を可能にした。企業は「作れば売れる」という収益拡大の絶好の機会を得ると同時に，勤労諸国民の生活は目に見えて改善した。有名大学に入学し大手企業に就職できれば，安定した生活が保障されると多くの人びとが思い描く人生の成功ストーリーは高度経済成長期に築かれた。だが，そのイメージは1997年に発生した相次ぐ大手企業の倒産や経営破綻により崩れた。その後は長期の経済停滞が続いている。

現代の日本は，労働者全体のうち約4割を非正規雇用が占めている。そして，OECD諸国のなかでも日本の賃金は低い位置にある。生活様式の面では，生鮮品をこまめに買うといった買い物習慣が残っており，食料品を取り扱う店では生鮮品の品ぞろえに消費者の関心が寄せられる。日本は平時においては金銭的条件が許せば生活の便利さや快適さが提供される社会であるが，格差（ex.所得，情報，地域，教育，医療）の広がりも指摘されている。特にひとり親世帯での子どもの貧困は50％前後である（内閣府「子供の生活状況調査の分析報告書」2021年12月）。私たちは便利さや快適さと引き換えに，時間的余裕の欠如や人間関係の結びつきの弱さや環境問題などを引き起こしてきた。人間を大事にし，持続可能な社会とのバランスの取れた生活とはいかなるものかについて考え，具体的に行動すべき時が到来している。　　　　　　（森脇丈子）

KEYWORD

生産力，生活様式，家電製品の普及，パートタイム労働者，格差

8-3　食生活の変化

　わが国の食生活は高度経済成長期に大きく変化した。その主なものは洋風化と外部化である。洋風化とは，輸入食料の増加にともなうパンや畜産物，果実，砂糖類，油脂などの消費量の増加と，油脂を多用する洋風の調理法の導入のことである。米，野菜，魚が中心であったわが国の食生活は多様性に富むようになり，栄養バランスの面でも1975〜80年頃には理想的な水準となった。しかし洋風化が進むにつれ1980年代以降は栄養バランスに偏りが出てきた。まず主食である米の消費量が減少し，現在では国民一人当たりの米の消費量はピーク時の約半分となり，穀物を主体とする炭水化物の摂取量は1980年代頃から一貫して減少している。他方で畜産物や油脂類の消費量が増えたことから脂質の摂取量は過剰気味になっている。これにカルシウムや食物繊維の摂取不足が加わり，栄養バランスの偏りは常態化し，食生活と密接にかかわる肥満や生活習慣病の増加がみられるようになった。

　外部化とは，従来家庭の中で行われていた調理や食事を家庭の外に依存することである。外食や，中食（☞5-10）と呼ばれる総菜や弁当など調理食品の利用の増加をさす。調理工程が短縮された食材や加工食品などの利用の増加とあわせて簡便化ともいう。これらは世帯構成の変化や働く女性の増加，ライフスタイルの変化などを背景に外食産業や中食産業の拡大とともに進んだ。平成の30年間における食料消費支出の内訳の推移は，生鮮食品など食材費にあたる内食は減少，外食はほぼ横ばいであるのに対し，中食は30年間で1.7倍に増加している。そして外部化もまたカロリーの過剰摂取や栄養バランスの偏りを招きやすいことが指摘されている。

　こうした食生活の変化は，第1には高度経済成長にともなう国民所得の増加によってもたらされた。消費支出に占める食料費の割合であるエンゲル係数は1946年には二人以上の世帯で66.4％であったが，高度経済成長とともに低下し，1970年代後半には20％台となり，現在までこの水

準で推移している。第2には世帯構成の変化，とくに共働き世帯や単身世帯の増加，また高齢化の進行や働く女性の増加，ライフスタイルや食への価値観の変化といった社会的な要因がある。共働き世帯では家族が揃って食事をとる機会や家庭内で調理する時間が減っており，単身世帯や高齢世帯では調理をあまりしないことから外食や中食に頼る傾向がさらに強い。また家庭内でも個人志向が優先されるようになり，各自が好きな時に好きなものを食べる個食や一人で食事をする孤食が増え，個別化・多様化した食生活が進みつつある。ほかにも食生活の変化を促した要因に食品加工や保存などの技術的な進化や流通業の業態革新，農産物や食品の輸入増加といった食のグローバル化の影響もある。

　現代の食生活は豊かになったが，栄養バランスの偏りや食の安全性，フードロス，食料自給率の低下などさまざまな問題もある。なかでも消費者の問題意識が高いのは栄養バランスの偏りである。洋風化と外部化が定着し始めた1970年代より消費者のあいだに健康志向がみられるようになり，現在では今日の食生活を代表する志向性の1つとなっている。

　なお，直近の動向としてフードテックの台頭とコロナ禍の生活様式の変化による影響がある。フードテックとは食の分野への最新技術の応用のことで，世界的な食糧不足や栄養不足など食の問題解決をはかりながら食の可能性を広げようとするものである。植物性たんぱく質から作られる大豆肉や陸上養殖の魚，昆虫食などが代表的である。その新奇性や技術の複雑さから，消費者の理解を得にくい面や添加物などへの懸念もあるが，今後の成長分野として注目されている。後者はコロナ禍の外出自粛や飲食店の営業制限などによって外食の機会が減り，家庭内での食事や調理が増えたことである。とくに中食などのテイクアウトの利用増加，オンラインを利用した食品購入の増加も大きな変化の1つである。こうした新たな動向が洋風化や外部化，健康志向を主とする現在の食生活にどのような影響をおよぼしていくのかも注視する必要がある。

（伊藤祥子）

KEYWORD

洋風化，外部化，栄養バランスの偏り，エンゲル係数，健康志向

8-4 食の安全性問題

　日本における食の安全性問題は古くは1880年代の日本の公害問題の原点といわれる足尾鉱毒事件に遡る。戦後になって，1950年代に水俣病，森永砒素ミルク事件，1960年代にカネミ油症事件が発生している。また1975年に輸入柑橘類から防かび剤が検出され，それ以降農産物市場開放がすすむにつれ，輸入農産物のポストハーベスト農薬問題が深刻化した。だが，食品による危害が大きく社会問題化するのは病原性大腸菌 O157 による大規模な食中毒事件が発生した1996年以降である。

　政府はこの事件を契機に食品衛生法を改正し，食品製造・加工工程を対象に，HACCP（危害分析・重要管理点）の概念を入れた「総合衛生管理製造過程」の承認制度を創設した。指定対象食品は，1996年に牛乳・乳製品，1998年に容器包装詰加圧加熱殺菌食品（缶詰やレトルト食品）と魚肉ねり製品，1999年には清涼飲料水へと拡大した。ところが，2000年に雪印 HACCP 認証工場（大阪市）で加工乳による食中毒事件が発生し，それからは3年ごとの承認更新が実施されている。また同年からと畜処理過程にも HACCP 的概念が導入され，後に述べるように2018年には HACCP による衛生管理が制度化された。従来の食品の衛生管理方法は，製品完成段階で行うサンプリング検査が主体であったが，HACCP は原材料投入から製品完成までの製造・加工工程において，健康に及ぼす可能性のある危害を分析・予測し，予測される危害を食品の種類ごとに特定し，この危害を防止するための重要管理点を設定して，その管理点を監視・記録して，事前に食品による危害・事故を防止するシステムである。

　2001年には国内で最初の BSE 罹患牛が発見され，政府は国産牛肉の市場出回りを防ぐために買い取りを行ったが，2002年以降その制度を悪用した，輸入牛肉を国産と偽った夥しい産地偽装が発覚した。その後も未登録農薬の販売・使用事件，中国産野菜の残留農薬問題や健康食品事件，米国における BSE 罹患牛発見にともなう米国産牛肉の輸入停止，

そして，2004年には鳥インフルエンザが発生し，さらに，WTO体制のもと，輸入農産物・食料の大量流入にともなう遺伝子組み換えの作物や飼料の増大等によって，食の安全性の問題が一層深刻化した。

以上のような状況の下，2003年食品衛生法の改正とともに，食品安全基本法の制定，JAS法の改正が行われ，残留農薬については，原則禁止され，例外的に許可される農薬だけを列挙したポジティブリストの導入とともに，食品の生産・流通履歴情報が記録・公開される牛トレサビリティの構築が義務化された。また，2003年にその情報が正確であることを認証する生産情報公表JASの制度が確立した。さらに2007年には「赤福」や「白い恋人」，「舟場吉兆」のお菓子や総菜の老舗による賞味・消費期限の偽装，2008年には非食用の事故米が学校給食，病院用等に転売された事件が発覚した。

2012年以降，「健康食品」に起因する健康被害や2017年以降，関東地方において腸管出血性大腸菌（O157）等による数県を跨いだ広域的な食中毒が発生している。そのような状況の下，HACCPによる衛生管理が義務づけられている国々との自由貿易がすすめられつつあり，2018年にはTPP11協定，2020年にはアメリカと日米貿易協定，2021年には日欧経済連携協定（EPA）がそれぞれ締結され，日本も2021年6月から食品事業者にHACCPによる衛生管理が完全義務化された。そして①HACCPに沿った衛生管理の制度化，②広域，大規模食中毒への対策強化，③サプリメントのような食品による「健康被害情報の届け出」の義務化，等を盛り込んで，2018年食品衛生法の再度の改正が行われた。また食品の原材料が食品安全，環境保全，労働安全の向上を目指した生産工程による農産物であることを示すGAP（農業生産管理）が推進されている。特に2020年東京オリンピック・パラリンピックにおける食材の調達にGAP認証が採用されてGAPへの取り組みが全国的に急速に広がりつつある。 （佐々木悟）

KEYWORD

BSE，HACCPによる衛生管理，トレサビリティ，O157，鳥インフルエンザ，食品衛生法，GAP

8-5 買い物難民（買い物弱者）

買い物難民とは端的に言えば，生活必需品を購入するための店舗が自らの行動範囲に存在しないため生活に支障をきたしている人々のことである。この問題は非常に多くの定義や呼び方が存在し，その嚆矢はイギリスのフードデザート問題である。その発生要因は主に移民の貧困問題であるとされる。

一方日本では，フードデザート，買い物難民，買い物弱者，食料品アクセス問題など多様な言い方が併存しているが，主要な問題関心は "高齢者" の買い物に関する問題である。特に食料品を物理的に入手できない（近所に店舗がない，移動手段がない等）状況を指すことが多い。とりわけ買い物 "難民" という言葉は単に買い物が難しいという状況を指すのではなく，これまでの街作りや大店立地法（☞9-4）を初めとした政策展開によって，自身の意図・行動の結果とは関係なく "作り出された存在" であるとの意を持っているため "難民" という言葉を充てているとされる。よって，公的な場所ではやや使いづらく，一般的には買い物 "弱者" と呼ばれることが多い（自治体・国など）。

一般的に日本では以下の二つの定義が良く用いられる。経済産業省の定義では，「買物弱者とは，住んでいる地域で日常の買物をしたり，生活に必要なサービスを受けたりするのに困難を感じる人たち」とされ，総務省のアンケートにおいて「日常の買い物に不便」と回答した割合 17.1％（2010年）に60歳以上の高齢者数約4200万人（2014年）を乗じた約700万人を対象としている。もう一つは農林水産省の定義（食料品アクセス問題）であり，「生鮮食料品店までの距離が500m 以上かつ自動車を持たない人」である。全体では854万人（2010年），65歳以上に限れば382万人であると推計されている。またこの問題は過疎高齢化が進む地方部だけでなく都市部（大規模団地や都市中心部）においても発生しつつあり，広範かつ一般的な問題となりつつある。

買い物難民の発生要因はアクセス可能な店舗の不存在である。大都

市・農村部を問わず過疎化・高齢化が進んだ地域では，購買需要が縮小し，店舗の採算がとれない状況となる。特に農村・山間部では店舗経営の後継者も不足しており，店舗の撤退が早期に問題化しやすい。

　買い物難民が生じると，単に生活必需品が購入出来ない不便さだけでなく，買い物頻度の低下による社会からの孤立や，低栄養に伴う医療費の増加といった結果を招く可能性がある。さらに地域に存在する店舗が果たしていた役割が喪失するという2次的な課題も生じる。例えば緊急時の物資供給が難しくなることや，清掃・景観維持の機能が無くなることで治安の悪化が予想されること，高齢者の情報取得機会（コミュニティの場）の減少も想定される。加えて買い物が可能な地域まで移動可能な公共インフラを維持することによるコストの増加も生じる。

　このため，各地で様々な対策が検討・実施されてきた。国も対策の手法を例示しており，整理すると大きく以下の3つに分けられる。1つは商品を届ける形態である。宅配や生協の個配（☞8-14），御用聞き，買い物代行等が該当する。2つ目はお店を弱者のそばに設置する形態である。小規模店舗や移動販売である。3つめは移動手段の支援である。ボランティアやライドシェア，公共交通機関の再編等による移動手段の提供が該当する。その他間接的な取り組みとして社会的孤立を防ぐためのコミュニティの場を設ける取り組みや，コンパクトシティ・新たな物流方策といった流通経済の変革を検討する事が指摘されている。

　一方で，いずれの手法においても採算的には厳しく，その継続性には十分な検討を要する。今後は，買い物難民の支援事業を単なる"赤字"として認識するのではなく，買い物難民を支援することが地域の維持や，低栄養の解消・外出によるフレイル（加齢等による心身虚弱）の予防等による医療コストの削減につながるといった多方面から評価し，公民連携など行政サービスの提供・維持の側面から支援するような考え方の転換が必要であるとされる。　　　　　　　　　　　　　　　　（今野聖士）

KEYWORD

買い物難民，買い物弱者，食料品アクセス問題，公民連携

8-6 EC（電子商取引）と消費

　わが国においてインターネットが一般に使用されるようになったのは，1995年とされる。以降ごく短期間に商品の購買プロセスを含む消費生活のあり方は大きく変貌してきた。

　EC とは，電子商取引の略であるが e コマースと称されることもある。この中には，BtoC（企業対消費者），CtoC（消費者対消費者），そしてBtoB（企業対企業）という 3 種類の取引が含まれている。経済産業省によれば，EC 市場の規模は年々増え続け2020年段階で BtoC における物販系市場の EC 化率は約 8 ％を占めるに至っており（図），さらに拡大が続くものと予想される。もっとも EC 市場全体においては現状ではBtoB 市場がもっとも大きいことも知っておきたい。BtoC の商品販売は，Amazon，楽天市場，Yahoo! ショッピングなどのモール型の EC サイトを利用する方法と自社サイトを用いた方法とに大別される。衣料品販売のZOZOTOWN は，ファッションに特化したモールと言えよう。無印良品は，自社サイトを用いた EC 戦略において成功しているとされるが，近年ではモール型 EC への出店，ソーシャルメディアや電子決済の利用など，幅広いインターネット対応が目立つようになっている。

　したがって，EC と消費生活との関係を把握するためには，消費生活過程に深く浸透することになったソーシャルメディアや電子決済が果たしている役割について知っておく必要がある。消費者向けのモール型にせよ自社サイトにせよ，インターネットを通じて消費生活すべてのプロセスにおいて介在することによって成功がもたらされる。それぞれのプロセスにおいてデータの集積を有しているプラットフォームは，各企業や消費者に対して大きな影響力を有することになる。『情報通信白書』（2021年版）によれば，わが国におけるそれぞれのサービスの利用率は，インターネットショッピング73.4％，支払い・決済（クレジットカード含む）66.9％，メッセージングサービス50％，SNS48.6％となっている。

　インターネットを介したショッピングをはじめとして消費生活に変化

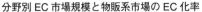

分野別 EC 市場規模と物販系市場の EC 化率

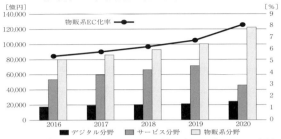

出所：経済産業省『令和2年度 電子商取引に関する市場調査』2021年，pp. 6–8をもとに作成。

がもたらされる中で，能動的に生産や流通などの経済活動に参加する消費者をプロシューマーと称することがあり，特に Web2.0以降の世界においては自らの情報発信力を高め注目されている。その活動の中で影響力を増しているのが各種のシェアリングであり，物財，サービス，金融，労働などが新しい技術を媒介にしながらインターネット上において消費者間で共有（シェア）されている。EC の類型としては CtoC の領域に含まれ，わが国においては，メルカリや Yahoo! オークションなどの大手業者が存在する。シェアリングは，物の長期的所有を前提としない，ポストモダン的なリキッド（流動的）消費の特徴の一つとされている。

もっとも現代は，プラットフォームを展開する巨大ハイテク企業が中心的な位置に存在するデータ資本主義あるいは監視資本主義と称されることもあり，社会経済における消費者の中心性については否定的な見方も少なくない。消費に関わる，調査・検索から決済に至るまですべてのプロセスにおける消費者の行動はデータ化され，サービスを提供するプラットフォームに集積されている。また直接的に購買に関わらない SNSでの呟きや，リアル社会での行動履歴などのパーソナルデータさえもデータ収集の対象となっており，個人情報の保護のための消費者による監視や法的規制へ向けての動きに期待されるところである。　　（吉村純一）

KEYWORD

EC（電子商取引），e コマース，プロシューマー，シェアリング，プラットフォーム，パーソナルデータ

8–7 廃棄物・リサイクル問題

　廃棄物は大きく「産業廃棄物」と「一般廃棄物」の2つに区分される。産業廃棄物は事業活動に伴って生じた廃棄物のうち，法律で定められた20種類の廃棄物と，輸入された廃棄物をいい，一般廃棄物は産業廃棄物以外の廃棄物を指す。一般廃棄物の内訳は，し尿の他，主に家庭から発生する家庭系ごみとオフィスや飲食店から発生する事業系ごみである。

　令和元年度における全国の産業廃棄物の総排出量は3億8596万トン，令和2年度における一般廃棄物ごみ総排出量は4167万トンである。

廃棄物の排出量，リサイクル率，最終処分場の残余年数の推移

		2011年	2012年	2013年	2014年	2015年	2016年	2017年	2018年	2019年	2020年
産業廃棄物	総排出量（万t）	38121	37914	38464	39284	39119	38703	38354	37883	38596	−
	再生利用率（%）	52.5	54.7	53.4	53.3	53.1	52.7	52.2	52.5	52.7	−
	最終処分場の残余年数	14.9	13.9	14.7	16.0	16.6	16.7	16.3	17.4	−	−
一般廃棄物	総排出量（万t）	4543	4523	4487	4432	4398	4317	4289	4273	4274	4167
	リサイクル率（%）	20.6	20.5	20.6	20.6	20.4	20.3	20.2	19.9	19.6	20.0
	最終処分場の残余年数	19.4	19.7	19.3	20.1	20.4	20.5	21.8	21.6	21.4	

出典：環境白書

　一般廃棄物より産業廃棄物の方が総排出量ははるかに多いが，同種の廃棄物が大量に排出されることが多い産業廃棄物は，回収や処理の段階で経済的効率性を求めることができる。また，回収からリサイクルまで単独の企業が担当することも多いため廃棄物の流通経路である静脈流通（☞6–7）を管理しやすく，その上廃棄物の有効利用が企業にとってコスト削減につながることも多いことから，再生利用率は50%を超える。

　一方，一般廃棄物のリサイクル率はようやく20.0%といったところである。排出割合が大きい生活系ごみは非常に種類が多く分別しにくい上に，素材ごとの量が少なく，経済的効率性を求めることが困難であること，ごみを排出する消費者にとって，ごみのリサイクルが直接的な経済的利益をもたらすことはまれであること，ゴミの排出部分は消費者に，回収および処理は市町村に，リサイクルやリサイクル資源の有効利用は企業にゆだねられており，静脈流通全体を管理するのが難しいことなど

がその要因である。

最終処分場の残余年数は，1990年には産業廃棄物が1.7年，一般廃棄物で7.6年と非常に逼迫した状況にあった。持続可能な発展を目指す動きのなかで徐々に改善してきたとはいえ，まだ危険な状態である。

廃棄物のリサイクルに関する法律としては，環境保全に向けた基本的方向を示した環境基本法（1993年）の下に循環型社会形成推進基本法（2000年）がある。循環型社会形成推進基本法では，廃棄物政策について「発生抑制」（リデュース，Reduce），「再使用」（リユース，Reuse），「再生利用」（リサイクル，Recycle），「熱回収」，「適正処分」という優先順位を明確にし，リデュース，リユース，リサイクルはその頭文字を取って3Rといわれている。そして，事業者は製品が使用済みになった後まで責任を負うという「拡大生産者責任」（EPR）の原則も定められている。容器包装リサイクル法（1995年），家電リサイクル法（1998年），食品リサイクル法（2000年），建設リサイクル法（2000年），自動車リサイクル法（2002年），小型家電リサイクル法（2013年）といった個別法は，事業者の製品の引き取りとリサイクルの義務を規定しており，EPRの事例ともいえる。

リサイクルされた資源を利用した商品の需要を確保するため，公的機関が率先して環境負荷低減に資する製品・サービスの調達を推進する「国等による環境物品等の調達の推進等に関する法律」（グリーン購入法，2000年）も整備されている。

1980年代に先進国が有害な廃棄物を開発途上国に持ち込み，放置するといった問題が発生したことから，1989年に「有害廃棄物の国境を越える移動及びその処分の規制に関するバーゼル条約」（バーゼル条約）が採択され，それに基づき，我が国では「特定有害廃棄物等の輸出入等の規制に関する法律」（バーゼル法，1992年）が制定されている。

（武市三智子）

KEYWORD

環境基本法，循環型社会形成推進基本法，3R，拡大生産者責任，グリーン購入法，バーゼル法

8-8 SDGsと消費

SDGs（Sustainable Development Goals：持続可能な開発目標）とは，2015年の国連サミットにおいて採択された「我々の世界を変革する：持続可能な開発のための2030アジェンダ」のなかで掲げられた17の目標を指す。2030アジェンダによると，17の目標は，①貧困や飢餓の撲滅，質の高い教育の提供，健康・福祉，ジェンダー平等の実現等の社会面の目標，②ディーセントワークや持続可能な生産と消費を前提とした包括的・持続的な経済成長の実現，国内・国家間の不平等の是正等の経済面の目標，③気候変動や地球環境など地球規模での取り組みが求められている環境面の目標から構成される。

17の目標のうち，消費活動を直接の対象として含む目標は「つくる責任・つかう責任（目標12）」である。その内容は，生産者と消費者が地球環境や人々の健康を守るために責任ある行動をとることで持続可能な生産と消費の仕組みを形成することを企図している。その到達を測る指標として，マテリアル・フットプリント（国内の最終需要を満たすために消費された天然資源量）や，カーボン・フットプリント（原材料の調達から生産，廃棄に至るライフサイクル全体を通して排出される温室効果ガスを二酸化炭素に換算した排出量）などが用いられている。

また目標12では，化学物質及びあらゆる廃棄物の適正管理・削減や，小売・消費レベルにおける食品廃棄の削減がとりわけ重要な課題として位置づけられ，企業や政府に対して対策と行動を求めている（☞8-7）。それを象徴する事例として，海洋汚染の一因とされるマイクロプラスチック削減へ向けた企業や各国政府の取り組みがあげられる。近年，外食産業を中心とした多くの企業がプラスチックストローを廃止し，各国政府はプラスチック廃棄物の削減を図る法制度を整備している。日本では，容器包装リサイクル法の関係省令改正（2019年）によるプラスチック製買い物袋の原則有料化や，プラスチック資源循環法の施行（2022年）による使い捨てを前提としたプラスチック製品（スプーンやフォーク等）

の削減等が企業を巻き込みながら進められている。ただ，先進国を中心にプラスチック廃棄物の削減を急速に進める理由として，これまでリサイクルを目的としてプラスチック廃棄物を受け入れてきた開発途上国が自国の環境保護を理由に輸入を禁止するようになってきたことも背景にある。つまり，先進国は自国で排出されたプラスチック廃棄物を自国内で処理する必要に迫られている。こうしたSDGsの経済面や環境面の目標から消費活動を捉えると，使い捨てを前提とした消費そのものを変革し，これまでの大量生産・大量消費・大量廃棄を前提とした社会経済システムからの脱却と循環型社会への転換が促されているといえよう。

また消費活動をSDGsの別の目標（例えば，目標1：貧困をなくそう，目標8：働きがいも経済成長も）との関連で捉えると異なる側面もみえてくる。それは多国籍企業のサプライチェーンの問題である。多国籍企業が生産活動をコストの低い開発途上国で行うようになった結果，先進国の消費者は以前に比べ低価格で商品を購入できるようになった。ただその背後には途上国の労働者が劣悪な労働環境で働いているという問題が存在する。それを象徴しているのが2013年にバングラデシュで起きたラナ・プラザの悲劇である。グローバルブランドの製品を生産していた縫製工場の入ったビルが崩落し多数の従業員が犠牲となった事件である。この悲劇を契機としてアパレル業界を中心に多国籍企業の調達において労働者の人権や労働環境に配慮されているかが消費者から厳しく問われることになった。つまり，多国籍企業は持続可能なサプライチェーンの構築が強く求められている。また労働者の人権や地球環境に配慮した商品の購買をエシカル消費（☞8コラム）と呼び，近年注目されている。

（下門直人）

KEYWORD

マテリアル・フットプリント，カーボン・フットプリント，マイクロプラスチック，持続可能なサプライチェーン，循環型社会

8-9　消費者行動とマーケティング

　マーケティングは19世紀後半から20世紀初頭にアメリカで発展した当初から，直接の取引先である卸・小売等との取引のみならず，最終消費者に焦点を当てて，市場に対する組織的な働きかけとして展開された（☞2-2）。したがって，マーケティング実践においては，消費者をどうとらえるかということと，どのように消費者に働きかけるかということが中心的業務として位置づけられ，また，マーケティング研究においても，マーケティングの成否や効果を解明するために消費者行動に注目した研究がすすめられている。

　まず，企業（マーケティング）と消費者との関係について大きく2つの対立する考え方と実践がある。第1の見方は，「消費者志向」「消費者は王様」「顧客に聞く」というように，消費者のニーズを調査し，明らかになったニーズに応えるようにマーケティングを実施するというものである。ここでは暗黙の前提として，消費者が事前に独立した明確なニーズを持っているという仮定が存在する。市場調査をもとに消費者を分析し，市場を細分化し，標的市場に適合したマーケティング戦略を構築するというマーケティング・マネジメント（☞2-3）の枠組みはこの前提にもとづいている。ややもすれば，これは企業によって消費者を「操作」「操縦」「コントロール」するという誤った認識につながりうる。第2の見方は，「消費者は自分がほしいと思うものがなにか，実はあまりわかっていない」「技術が世界を変える」「技術や新製品・サービスの登場によって新たなニーズが具体化する」というように，消費者のニーズは単独で自立的に存在するのではなく，企業行動や社会状況の中で生成変化するというものである。この点からみれば，マーケティングとは企業と消費者（顧客）との相互行為，共創関係にもとづくものとなる。さらにマーケティングは既存市場に適応するだけではなく，新市場を創造するという役割も担っていると言える。たとえば，起業家行動の原理である「エフェクチュエーション」（Effectuation，サラス・サラスバシー

の研究）は，起業家とパートナーの相互作用によって新市場が生まれる
プロセスに注目している。

つぎに，消費者行動研究にもいくつかのアプローチがある。第1のアプローチは刺激—反応パラダイム，感覚への反応として消費者行動を分析するものである。実験研究によって消費者の反応パターンや傾向が明らかになっている。第2は，消費者が行う購買前・中・後の意思決定を合理的な問題解決行動，情報処理プロセスとしてとらえるものである。ここでは損得，経済的利益を基準に行動を理解しようとする。第3は，消費者行動を「満足の生産者」とみるものである。ここでは，必ずしも合理的な意思決定ではとらえきれない，「非合理的」に見える「芸術的」「感性」「快楽」「経験価値」「ファン」などに注目する。第4は，消費者行動を社会的な相互作用のプロセスとしてとらえ，「コンテクスト（文脈）」「文化」というマクロな視角を強調するものである。ここでは，グローバル化が進む中で逆説的に顕在化する，国や地域などによる消費者行動の相違などの異文化理解についても注目されている。

また，消費者行動研究の多くは，購買に影響する要素やメカニズムの解明に集中してきた。しかし，近年の環境問題への関心の高まりを受けて，製品の獲得・使用・廃棄の全体を消費者行動としてとらえ，消費者市民社会（消費者が自らの利益のみを追求するのではなく，市民社会を構成する市民として責任を持った行動を行う社会）を形成する責任を持つ消費者行動，エシカル消費（倫理的消費）（☞8コラム）のあり方が問われるようになっている。現代社会におけるマーケティングは，消費者の満足のみを満たすように努めるのではなく，地球温暖化問題や海洋プラスチック汚染，ゴミ問題，ジェンダー，LGBTQ，人権などの環境問題・社会問題への責任ある対応（☞2-5）が求められ，SDGs（☞8-8）などの取組に貢献しなくてはならない。　　　　　　　　　　　（若林靖永）

KEYWORD

消費者行動，消費者志向，エフェクチュエーション，消費者市民社会，エシカル消費

8-10 市民参加と NPO

　NPO（Nonprofit Organizations：民間非営利組織）は，営利企業とは異なり，利潤追求ではなく社会的使命（ミッション）を目的として社会的サービス，公益的活動を行う民間組織である。政府・公共部門（公的セクター）でもなく，民間営利産業（私的セクター）でもなく，私たちの社会を構成する，第3の組織（サード・セクター）とも呼ばれる。医療，福祉，教育，環境，文化，人権，国際交流など，さまざまなミッションにもとづいて，社会問題の解決等のために NPO が活躍している。貧困や飢餓など，世界的な問題に対して国際的な事業を展開する民間組織の場合，NGO（Non-Governmental Organization：非政府組織）とも呼ばれる（これはもともと国連憲章第71条にもとづく政府組織ではない団体を意味する）。

　NPO の第1の特徴は，社会的な問題を解決するという公益的なミッション志向である。たとえば，医療者は患者を差別せずに従事することが義務づけられているし，学校教育は個人の尊厳を尊重し，社会を形成する人間の育成をめざすものである。第2の特徴は非営利性，すなわち，利益を利害関係者に分配できない（非分配制約）点である。NPO は利益を獲得していけないわけではなく，NPO もまた持続的に事業を展開していくためには，事業を通じて一定の利益を獲得して，それにより安定した経営基盤を確立し，未来への投資を行うことが求められる。あくまでも利害関係者に利益を分配することで利益追求目的の運営とならないための制限をかけている。この点を厳格に適用すると，協同組合などは構成員に対する出資配当（利益分配）が行われるため NPO とは言えない。第3の特徴は，政府・公的セクターや営利セクターからは十分に供給されない社会サービスを担うという点である。貧困，障害，虐待など，さまざまな困難を抱えている人たちへの支援は，既存の社会制度等では十分ではなく，当事者との関わりの中でともに解決をめざしていく NPO が生まれ活動している。第4の特徴は財源の不安定性と組織人員

のぜい弱性である。多くのNPOでは，寄付金募集が小規模で不安定な財政となっていたり，政府・自治体などからの公的補助や受託事業による収入に過度に依存している。そのためもあり，多くのNPOでは有給スタッフの雇用，専門性を持つスタッフの参加なども弱く，ボランティアに過度に依存している。これらは，NPOが積極的に寄付金を募集する取組をすすめることや，社会問題解決のために活動を拡大していくことを困難なものとしており，大きな課題である。

　NPOの法的な枠組みとしては，法人格を持たないで任意団体として活動するものは別として，公益法人（財団法人・社団法人），宗教法人，学校法人，社会福祉法人，医療法人，特定非営利活動法人（NPO法人）などがある。特に，NPO法人は，1998年に制定されたNPO法（特定非営利活動促進法）にもとづいて誕生した。NPO法は，1995年の阪神淡路大震災におけるボランティア活動，市民活動団体の活躍を契機に，一般の市民による法人設立を容易にし，利益の分配制約を設けて，日本での民間の公益的活動を促進することをめざして制定された。NPO法人では，広く一般市民が関心を持つ社会問題について団体を設立し運営参加できるようになり，さまざまな公益的活動への市民参加の受け皿として広がっている。また，厳密にはNPOには分類されないが，協同組合なども構成員によって組織された経済事業体であり，農協，漁協，生協など（☞8-14, 8-15）がそれぞれの法律にもとづいて設立されている。2021年には労働者協同組合法が成立し，新たに協同労働（組合員が出資し意見を反映しながら自ら事業に従事する）を通じて持続可能な地域社会の実現に貢献する団体が認められた。さらに，社会問題の解決をめざして収益事業をすすめる「ソーシャルビジネス」「社会的企業（ソーシャルエンタープライズ）」（これらの一部は株式会社である）の活躍が国際的に見受けられ，注目されている。　　　　　　　　　　（若林靖永）

KEYWORD

NPO，サードセクター，NGO，NPO法，社会的企業

8-11　消費者運動の歴史と役割

　消費者運動は，市場を通じた消費過程に発生する消費者被害（問題）の解決や未然防止を目的とする消費者による社会運動の一つである。今日もなお消費者（商品やサービス等に関する情報量，市場での交渉力，そして経済的・身体的被害の転嫁方法等，市場での最終取引主体として）は，事業者との関係において構造的に従属的地位にある。

　消費者運動の歴史は，経済社会の発展に伴って発生した消費者問題の消費者の側からの抵抗の歴史であり，その原初形態は生活協同組合型運動である。1760年代，イギリスの造船労働者による「穀物製粉所」建設や1844年の織物工場労働者を中心とした「ロッチデール公正開拓者組合」の設立が，生協運動の基礎の確立とされる。日本においては1921年に，「コープこうべ」の前身である「灘購買組合」と「神戸購買組合」が設立され，1924年から事業と情報提供型運動の多面的活動が展開した。

　1931年の満州事変以降1945年敗戦までの間，次々と全国的の生協運動は停止を余儀なくされたが，1946年各地で復活し「食料メーデー」や47年不良マッチ退治主婦大会などの生活防衛運動に婦人運動団体とともに中心的役割を担った。1956年には，労働組合も参加した全国組織として「全国消費者団体連絡会（全国消団連）」が発足し，国民生活の多様な課題に対応する運動体に発展した。1950年代後半期，高度経済成長政策による産業復興や大量生産・大量消費体制のもとで食品中毒や薬害が発生し，安全性を求める運動が高揚し，その社会的圧力のなかで政府は省庁に消費経済課を設置し消費者行政を開始した。1960年代から70年代前半期は，引き続く成長政策に伴う物価高騰が進み，公共料金値上げや家電・洗剤などの寡占企業の価格管理が強化され，消費者団体は不買運動で抵抗した。また諸外国の消費者運動の影響を受けた告発型運動や産業公害等の環境汚染に対する市民運動が全国各地で展開し，1968年の「消費者保護基本法」制定，70年には国民生活センターの設立につながった。

　1970年代後半，ニクソン・ショックやオイル・ショックに起因する不

況が進行し，組織的かつ巧妙で多様な悪徳商法，金融商品や契約トラブルを主とする被害が全国的に多発した。そのため消費者運動は，行政の相談業務や裁判による損害賠償を求め，消費者問題の専門家（弁護士等）の支援を受ける広域かつ大規模な新たな運動段階に発展した。そして1994年，欠陥商品による重大な被害の増大に対する長期にわたる裁判と立法運動の結果，ようやく「製造物責任法（PL 法）」が制定された。

1990年以降21世紀に入り，規制改革・市場開放政策が一層推進され，IT の社会化，市場メカニズムの活用と経済のグローバル化による新たな消費者問題が多発した。金融商品・輸入食品被害や企業犯罪の続発等は，情報公開，消費者団体訴訟，公益通報者保護等を求める消費者団体，法律・医学などの専門家，NPO 団体等の国民的な幅広い消費者・市民運動として発展を遂げ，改正・改称「消費者基本法」（2004年）に則り，政府への政策提言や消費者団体訴訟の内容深化が推進されている。消費者団体訴訟には差止請求と被害回復が制度化され，総理大臣認定の適格消費者団体は法的に重要な役割と機能を担っている。

消費者運動の歴史は，運動主体が遭遇したそれぞれの被害の発生原因を明確に示してきた。運動の担い手たちは直面した困難に先ずは一人の「社会のカナリア」として声をあげ，やがて集団として解決方法を考え行動することによって，実に多様な運動形態を歴史的に創造・継承・蓄積し，今日の SDGs 運動を含め地球環境・核発電問題にも関わっている。

消費者運動の果たしてきた社会的役割は，市場の監視者・権利の主張者としてその存在を示してきた。そこでの消費者運動団体の自律的発展の課題こそ，組織の活動財源，恒常的運営担当者，そして多様な専門的協同者の充実にあり，国際消費者機構や諸外国の運動事例の吸収も不可欠となる。今日の消費者被害（問題）の所在の構造がさらに複雑化・高度化するもとで，消費者運動の社会的役割強化がますます求められていると言える。　　　　　　　　　　　　　　　　　　　　　　（西村多嘉子）

KEYWORD

生協型運動，情報提供型運動，全国消団連，国際消費者機構，適格消費者団体，SDGs 運動

8-12 消費者法

　現代の市場構造において消費者問題の発生は必然的であることから，事業者−消費者間の経済力，情報力，交渉力などの格差を前提として消費者の権利・利益を確保するためさまざまな法律が制定されている。それらを総称して消費者法という。消費者法は，従来，被害が多発し社会問題化した業種や販売方法を主な対象とする法規制が中心であったが，1990年代半ば以降は規制緩和政策のもと事前（の業者）規制から事後（の被害）救済へと転換し，包括的な民事ルールの制定が重視されている。消費者法のなかでわが国の消費者政策推進のための基本的事項を定めるのは消費者基本法（2004年）（☞8-11，8-13）である。

　そして，消費者取引の適正化のための包括的な民事ルールとして消費者契約法（2000年）がある。同法は消費者と事業者との間で締結される消費者契約一般に適用され，同法によれば，消費者は①契約締結過程における事業者の不当な勧誘行為（不実告知，断定的判断の提供，不利益となる事実の不告知，不退去，退去妨害等）により，誤認または困惑して締結した契約を取消すことができ，また②契約内容について，不当な契約条項（事業者の損害賠償責任の免除条項，消費者にとり不当に高い違約金条項等）の全部または一部の無効を主張できる。

　他方，業種や販売方法ごとの法律の典型は特定商取引に関する法律（訪問販売等に関する法律を2000年に改称）である。同法は訪問販売，電話勧誘販売，マルチ商法，継続的なサービス取引などを適用対象とし，事業者にたいする①契約書面の交付義務，②不当な勧誘行為の禁止などを定め，違反した場合は行政による指示や業務停止命令が出される。また，消費者の③クーリング・オフ権，④不当な勧誘による契約の取消権なども規定する。クレジット取引については割賦販売法（1951年）が，事業者の書面交付義務，契約解除の制限，契約解除時に消費者が支払う違約金の上限などのほか，消費者のクーリング・オフ権，支払い停止の抗弁権などを規定する。キャッシングにかんしては貸金業規制法（貸金

業の規制等に関する法律を2006年に改称）が，貸金業者を登録制のもとに置き，広告規制，過剰貸付の禁止，不当な取立て行為の禁止などを規定し，出資法（1954年）が，貸金業者にたいし年20％を超える利息の契約を禁止する。近年急増しているインターネット通販などの電子商取引（☞8-6）にかんしては前述の特定商取引法に通信販売の規定があり，事業者が広告に記載すべき事項，誇大広告の禁止，契約解除制度などを定めている。さらに日本版ビッグバン以降増加するさまざまな金融商品の取引にかんしては金融商品の販売等に関する法律（2000年）が事業者の説明義務と損害賠償責任について定め，金融商品取引法（証券取引法を2006年に全面改正，改称）は包括的・横断的な消費者（投資家）保護を主目的として，事業者の行為規制（広告規制，書面交付義務，禁止される勧誘行為等），開示制度，罰則・課徴金などを定める。

商品・サービスの安全性確保のためには，食品は食品衛生法（1947年）（☞8-4），医薬品は医薬品医療機器等法（薬事法を2014年に改称），家庭用品は消費生活用製品安全法（1973年）というように，さまざまな商品・サービスごとに事前規制を中心とする安全規制が行われている。また，欠陥商品などによる消費者被害については，製造物責任法（1994年）が，製品に欠陥があり，その欠陥によって生命・身体・財産に損害を被ったことを立証すれば，製造業者は損害賠償責任を負う旨規定する。

消費者が適正な情報を得るための表示規制として，景品表示法（1962年）（☞9-8）は商品，容器，包装をはじめとするあらゆる手段を媒体とする広告，表示を対象に，商品やサービスの内容，取引条件等についての不当表示（優良誤認表示，有利誤認表示）を禁止し，行政による措置命令や課徴金納付命令，差止請求権等を規定している。

新たな消費者被害に対処すべく法整備が進められているが，業種や販売方法ごとの法規制は複雑で消費者にとり理解しづらく，他方で包括的な民事ルールはなお対象が限定的で十分とは言えない。　　　（近藤充代）

KEYWORD

消費者契約法，特定商取引に関する法律，割賦販売法，貸金業規制法，製造物責任法，景品表示法

8-13 消費者政策

　消費者政策は，消費者の消費生活上に生起した問題（被害）や解決困難性に対し，政府（行政）が統治権力活動を行うための政治上の方針を措置することである。

　戦後日本の消費者政策史は，1946年，物価高騰に対する「物価統制令（勅令）」に始まった。これ以降に制定された1947年の公正競争を目的とする「独占禁止法」（☞9-6）や1976年「特定商取引法」等の多くの法は，消費者の利益の擁護を図ることを目指した政策の具体化であった。

　1950年代後半以降の高度経済成長期の大量生産・大量消費の構造化に伴い，食品・薬品・表示等の消費者問題の多発と深刻化に対し，消費者運動が発展した。1965年，経済企画庁に「国民生活局」が設置され，1961年設置の「国民生活審議会」と共に消費者政策の推進が図られた。そして1968年，議員立法による「消費者保護基本法」が制定され，消費者政策の指針が列挙されたプログラム規定による消費者政策が開始された。1970年には，特殊法人（当時）「国民生活センター」が設置されたが，事業者に対する規制権限がないため全国の消費者被害情報の総合的収集機関にとどまった。

　他方，1969年地方自治法の改正により固有事務に消費者保護を追加し，全都道府県に消費者政策専管部局および消費生活センターが設置され，ようやく消費者行政の体制整備が図られた。その後，1973年の第一次オイルショックを起因とする狂乱物価や製品事故，金融商品被害等多様な消費者問題が増大した。これに対し消費者運動団体の行政や事業者への抗議活動等の全国的展開のなかで，事前規制のみではなく消費者の権利の実現のための民事ルールを示す法律・条例が急増した。特に，1984年国民生活センターが，PIO－NET運用を開始し，全国の地方自治体の消費生活センターと，情報・商品テスト・消費者問題担当専門家養成等で連携し，地域消費者にも政策が浸透しはじめた。

　21世紀に入り，規制改革・情報化・市場開放政策のもとで，多種多様

な消費者被害の高度化，複雑化が増大するなかで消費者政策の施策の基本的事項を定める目的で，2004年，「消費者保護基本法」は「消費者基本法」に改称・改正された。目的規定（第1条）は新たに消費者と事業者間の構造的格差の存在を共通認識とした。しかし，消費者政策の基本理念（第2条）では旧法の消費者の「権利の尊重」と「自立の支援」を踏襲し消費者の「権利の実現」を挙げていない。また同年，多様な消費者問題が多発したなかで，事業者の違法により発生した被害の多くが内部告発で露呈したことにより，法令（事前規制・参入規制）等と同等に重要な監視機能を持つ「公益通報者保護法」が制定された。

消費者運動団体等（☞8-10）が要求し続けてきた消費者政策の一元的担当行政機関として，2009年に「消費者庁」と監視的機能を持つ消費者委員会が発足した。同庁は，消費者政策に関係する省庁職員や「不当景品類及び不当表示防止法（景表法）」等の一部を所掌事務とする内閣府の外局となった。また，国民生活センターは，従来の情報提供収集に加え，事業者と消費者間に生じた紛争の合意による解決機能が備わった。

1990年代以降，情報通信技術の高度化が進み，消費生活にデジタル化が浸透した。ネット社会特有の消費者被害も多発し消費者の特性である脆弱性が顕著となり，IT・情報関係法として個人情報の保護・電子商取引・金融サービス等の法令整備が進められた。2021年オンライン取引に関して，消費者庁立案の「取引デジタルプラットフォームを利用する消費者の利益の保護に関する法律」が重要となっており，消費者庁は社会・経済環境の変化に対応した「景品表示法」の検討を開始した。

消費者政策の実効力（法制措置等）の向上には，産業保護育成官庁から独立した主導力を持つ横割り行政組織が不可欠である。地方公共団体も同様で，独立した消費者部局に専門的担当者を置き，市民の消費者問題に密接に対応可能な機能の強化・充実を図ることが急務となっている。

（西村多嘉子）

KEYWORD

消費者庁，消費者基本法，国民生活センター，消費者行政，景表法，デジタルプラットフォーム

8-14 生協

　生協とは生活協同組合の略称であり，協同組合という組織形態をとる法人である。生協をはじめとした協同組合を，英語で Cooperative と言うことから，呼称として「コープ」を用いる生協も多い。

　一般的な企業組織（株式会社）が利潤追求を目的とするのに対し，生協を含む協同組合は，消費者や事業者が協力して経済活動等を行い，自らの生活や事業の改善を図ることを目的としている。また，組織運営のルールも，株式会社が保有する株式に応じて株主の決定権が決まるのに対し，協同組合では出資額の多寡にかかわらず，組合員一人ひとりが一票ずつを持つ，経済界では例外的な民主的に運営される組織である。協同組合は，組合員や事業内容によって区別されており，生協は消費者が組織する，主に購買事業を営む協同組合である。購買事業を主とする生協にも種類があり，事業活動の場に応じて，地域生協・職域生協・大学生協などに分かれる。日常的に目にする多くの生協・コープは，地域住民が組合員となる地域生協に該当する。

　現在，生協は日本だけでなく世界中で組織されているが，そのルーツは，1844年，産業革命の中心地イギリスのマンチェスターの北部にあるロッチデールという街で設立されたロッチデール公正先駆者組合だとされる。紡績工たちが，自らの生活の改善，そして協同の思想に基づいたコミュニティの建設を目指して設立した先駆者組合は，生協として初めて事業的に成功を収めたことで，ロッチデールに倣った生協がイギリス全土，さらに世界へと拡大していったからである。先駆者組合の運動と経営にかんする理念はロッチデール原則と呼ばれ，現在では世界の協同組合の共通原則である協同組合原則の基礎にもなっている。

　日本でも，1870年代末にロッチデールの実践が紹介され，都市部で消費組合が設立されたが，戦時経済体制へ移行するなかで，ほとんどの生協は解散や活動休止に追い込まれた。戦後，生協設立は再度広がりを見せたが，日本社会で生協が広く認知されたのは1970年代以降のことであ

る。1960年代，日本では公害や消費者被害を背景に，消費者運動（☞8-11）が広範に展開し，安全・安心な食品を求める消費者は自ら地域生協を設立した。生協は組合員の声と主体的な運営参加のもと，有害あるいは不要な食品添加物を排したプライベート・ブランド（☞3-10）である「コープ商品」や，生産者との信頼関係に基づく「産直」（☞7-8）等，安全・安心にこだわった商品供給に取り組み，組合員が求めたニーズを実現することで支持を広げ，成長を遂げていった。

日本の生協の飛躍の要因には，食品宅配の事業モデルを確立したこともあげられる。生協における食品宅配の代表的な事業モデルは「班別共同購入」と呼ばれる。これは組合員が数名で班を作り，班を注文単位として，1週間に一度，商品を宅配する仕組みである。班別共同購入は予約販売であることから，在庫リスクや廃棄ロスを減らし，さらに組合員が班単位で届いた商品を情報交換しながら自分たちで仕分けすることで，流通労働やマーケティングコストも削減することができた。班別共同購入が展開された1970年代以降，地域生協の組合員数と供給高は拡大を続け，1990年代からは新たに「個配」という個別宅配の事業モデルを展開することで，生協はさらなる拡大と成長を実現した。

組合員のニーズに応え，組合員の運営参加を事業に組み込むことで，生協は成長を遂げてきたが，運営における課題もある。たとえば，2000年代後半，食品偽装事件や中国製冷凍餃子中毒事件など，安全・安心という生協のブランドイメージを毀損する事例が相次いだ。あるいは近年，複数の地域生協で過剰接待など経営陣の不祥事が重なり，生協のガバナンスに厳しい視線が向けられている。株式会社とは異なる協同組合という組織形態の下，生協の競争力は組合員の信頼や愛着，参加に支えられてきた。これらを維持し，組合員という強みを活かすためにも，経営における透明性と規範意識を保ち，組合員のニーズに応えた商品や事業を展開することが，現在の生協には求められている。　　　（加賀美太記）

KEYWORD

協同組合，ロッチデール公正先駆者組合，協同組合原則，班別共同購入，個配

8-15 農協・漁協

　農協（農業協同組合：JA）と漁協（漁業協同組合：JF）は，それぞれ農業者，漁業者を中心的な組合員とする，職能組合としての性格を持つ協同組合である。根拠法となる農業協同組合法（1947年），水産業協同組合法（1948年）が戦後改革のなかで制定され，出発点として家業的な小商品生産者の生産力発展と社会経済的地位の向上を目的としていること，生産と生活にまたがる多様な事業を兼営する組織が中核を占めるなど共通点も多い。

　また，農業と漁業が地域的・自然的条件の独自性を前提に行う産業であり，耕種・畜産，沿海・内水面など，一括に括ることができないため，多様な事業形態の組織が存在してきた。前史に遡ると，多くが村落単位の産業組合をルーツにもつ農協と，漁業権管理団体としての漁業組合を母体として設立された漁協という相違があり，それは今日の存立形態や事業方式にも影響を与えている。

　農協は総合農協と専門農協に大別され，欧米では作物・事業別に組織された専門農協が中心であるのに対し，日本で主流となるのは，地域内で生産されるすべての農畜産物を扱い，指導事業，経済事業（販売・購買），信用事業，共済事業など多岐にわたる事業を兼営する総合農協である。市町村〜都道府県を区域とする単位農協が全国に存立し，その区域内の農業者は同一の農協に加入する。2020年現在の単位農協数は全国584組合で，総組合員数1,049万人のうち農業者で構成される正組合員は425万人ほどである。残りの624万人は地域の非農業者の准組合員である。農協は地域内生活者に資する事業も行っており，地域組合としての性格を併せ持つ。しかし，組合運営に参画できる権利（共益権）は正組合員のみにあり，准組合員は出資者であっても一部の事業利用に限定される。また，単位農協の事業を補完するため，都道府県および全国段階で各事業別の連合会が組織され，これらを含め系統農協またはJAグループという。1990年代以降は単位農協の広域合併が進展したことで，農協数は

30年間で1/7に減少した。広域農協と全国連合会の2段階制へと再編が進み，さらには1県1農協もみられるようになった。なお，これら総合農協のほか，専門農協も存在し，西日本の園芸産地など特定の生産物の販売等を行い地域農業の発展に重要な役割を果たしてきたものもある。

　漁協は，沿海・内水面の地区漁協と業種別漁協に大別される。沿海地区漁協は2020年現在939組合あり，2019年度の正組合員12.7万人，准組合員15.0万人であるが，漁協の准組合員は地区内の自由漁業を営む漁業者などが大半（13.2万人）を占める。漁協も指導事業，販売・購買事業，信用事業などを兼営し，農協と同様に都道府県連合会，全国連合会の系統組織が存在する。ただし，漁協は事業団体であると同時に，漁業権管理団体として存立しており，経済事業を実施していない漁協も存在する。また，定置網など自営漁業を営む漁協もあるほか，種苗放流事業や海難事故対策など公益的な役割も併せ持っている。多様な組織・事業の形態をとりつつも，農協以上に職能組合としての性格が強く，漁業権・漁場の調整など地域漁協の合併は容易でない。そのため，農協と比較すると合併の進度は遅く，小規模・零細な漁協が多い。

　農水産物の生産構造は，自然条件に左右され，生産物の質・量が不安定であり，零細・多数の生産者によって担われるという特徴をもつ。また，食料品という必需品かつ高度な品質管理が求められる商品特性から，品目ごとに専門化された流通ルートを経由する。なかでも鮮度保持と速やかな価格形成・需給調整が求められる生鮮食料品については卸売市場流通（☞4-12）が中心的な役割を担ってきた。農協は共同販売により，組合員から販売委託された商品を選果・調整・保管し，有利販売を目指して集出荷段階を担っている。他方，漁協は産地市場を自ら運営し，流通・加工業まで含めた地域漁業の要となるとともに，消費地市場と結びつき，水産物流通（☞7-6）の円滑化に重要な役割を果たしている。

（宮入　隆）

KEYWORD

職能組合，地域組合，総合農協，沿海地区漁協，共同販売，産地市場

エシカル消費

　エシカル消費とは，人権や環境に配慮した買い物や消費行動のことをいう。2015年9月に国連で採択された持続可能な開発目標（SDGs）の目標は17あり，消費者庁によるとエシカル消費はそのうちの12に関係しているという。21世紀に入り，エシカル消費に関心をもつ人びとが増えつつある。

　フェアトレードは，エシカル消費の代表例である。「公平・公正な貿易」を意味するフェアトレードは，貿易の仕組みの一つである。取引においては，通常，立場の強い側の言い分が通りやすく，開発途上国で生産された原料や製品は生産に携わる労働者の生活さえ十分に支えるものにはなっていないことがしばしばである。また，一般に生産性をあげるために大量の農薬や化学肥料が使われることで，生産者の健康被害も生じている。フェアトレードは，一方的に提供する物資等の支援活動ではなく，開発途上国で生産された原料や製品を適正な価格で購入すること（一過性ではなく継続的に購入すること），現地の労働者が自らの力で品質の高い生産物を作りだし，自立して生活できるようになるための活動を支えることに力点が置かれている。これらの取り組みは，現地の生産者の生活の安定，子どもたちの学びの機会の増加，生産者たちが自らの仕事に誇りをもつことにもつながる。1997年設立の Fairtrade International の年次レポート（2019–2020）によると，2019年の国際フェアトレード認証ラベル製品は，72か国の開発途上国の農民と労働者170万人によって生産され，世界145か国で販売されている。バナナ，コーヒー，コットン，茶，砂糖をはじめ300種類以上が対象となっている。これらの取引を持続可能なものとするためには，自然環境の保護は不可欠である。

大量生産は一つ当たりのコストを引き下げ，商品価格を安く設定することができる。消費者は自分の好みにあった商品を比較的安価に購入できるようになる。こうした生産と消費との関係は，先進諸国においては企業の収益拡大と消費生活の豊かさに結びつくと考えられてきた。そのため，大量生産・大量消費・大量廃棄の仕組みは長い間，正面からの批判を受けることなく，ほぼ見過ごされてきた。だが，新しい動きもみられる。

　アパレル業界では，従来型の生産・販売体制の改善が緊急の課題となっている。先進諸国でのファスト・ファッションの売上増大により大量の古着が生み出された。それらの多くは貧しい国々に送られてきたが，食料とはちがって衣料品はすぐにはなくならない。買い手や貰い手が見つからない化学繊維を原料とした古着は開発途上国の浜辺や山中にうずたかく積まれてゴミの山と化している。企業は，売れ残りを減らし商品廃棄をなくすために，AI の活用等により多様な商品を小ロットで生産する事業の発展をめざし，廃棄を前提としたアパレル業界の慣習を変えていかなければならない。その一方で，売れ残りの衣類を EC でまとめ売りする企業の登場や，所有することにこだわらない消費や中古品の有効活用にかっこよさを見出すといった消費行動も広がってきている。Z 世代（1990年代半ば以降に生まれた世代）では，リサイクル商品やアップサイクル商品にレトロ感覚とエシカル消費の両面を見出す消費者も増え始めている。

　また，欧米諸国の一部では児童労働やサプライチェーンでの人権問題などを監視する枠組みが整備されてきている。

（森脇丈子）

9 流通政策

9-1　わが国の流通政策

　生産と消費を架橋する流通を対象とする公共政策は，多様な施策によって構成される。もっとも広く流通政策をとらえた場合，貿易政策あるいは国際的に適用される流通部門に対する諸政策もその範疇に含まれる。しかしながら，通常，流通政策は国内に適用されるものを指し，経済政策の観点から設定される政策と経済の外部領域に適用される政策から構成される。日本の場合，経済政策的流通政策として①小売商業調整政策，②流通機能効率化政策，③競争維持政策，④農産物流通政策が実施されている。2000年代以降，大型店の立地を都市環境との関連で調整する政策（大店立地法〔大規模小売店舗立地法〕☞9-4）や中心市街地活性化法などによって，経済の外部領域への適用を志向した政策が進められている。

　以上の諸政策の中から，小売商業調整政策を中心に，日本の流通政策の変遷と特質を解説する。わが国では中小小売業，なかでも小零細小売業の事業所数に占める比率が高く，これらの層を対象とした流通政策が戦前から実施されてきた。わが国初の小売商業調整政策は，1920年代以降に急成長した百貨店を規制対象とする百貨店法（1937年制定，☞9-2）である。同法は百貨店の新設や増設にたいして「許可制」という方式を採用し，戦時統制化が進む状況下であったが，中小小売業を保護する側面を色濃く有するものであった。戦後の1947年には独占禁止法の制定にともない，百貨店法は廃止されるが，1950年代の百貨店の再成長を背景に，中小小売業保護のために再制定された。

　1960年代に入ると，高度経済成長の下で流通近代化政策（☞9-11）が推進されるが，百貨店法の適用を免れ急成長したスーパーマーケットなど新興の大型店を規制対象とする必要が生まれ，規制対象を拡大する一方で，審査制度を「許可制」から「事前審査付届出制」に緩和し，大店法（大規模小売店法，☞9-3）が制定された。なお，大店法と同時に中小小売商業振興法が制定され，両法は「小売二法」と呼ばれた。大店法

による大型店出店規制は，第2次石油危機をへて不況が長期化した1970年代末から1980年代前半にかけて，法改正と行政指導によって強化されたが，景気が回復し始めた1980年代後半以降，国内大規模小売企業の要請と日米経済・貿易摩擦を背景にしたアメリカからの「外圧」によって規制緩和の方向をたどるようになった。大型店出店規制緩和は「バブル経済」崩壊後にいっそう促進され，経済的規制を原則廃止し，最小限の社会的規制にとどめる方針の下で，1998年にはまちづくりへの対応という新たな政策課題を掲げ，「まちづくり三法」（☞9−5）と称される大店立地法と中心市街地活性化法の制定および都市計画法の改正にいたった。

百貨店法以来，小売商業調整政策の政策原理は「大規模小売店舗における小売業の事業活動の調整」に置かれていたが，2000年施行の大店立地法によって小売部面における「需給調整」方式は放棄されるようになった。このような政策転換のもとで，2000年以後の小売事業所数は，1999年の約140万から2016年には約99万へと100万を下回るようになった。中心市街地の低迷も改善されず，2006年には中心市街地活性化法および都市計画法の改正が余儀なくされた。

そして，中心市街地活性化法や中小小売商業振興法とは別に，2009年に地域商店街活性化法が制定され，再び商店街に焦点を当て，その振興を図る政策が採用されるようになった。また，2000年代半ばから多くの地方自治体で，商店街組織の強化を目的に，各種の地域商業振興条例が定められた。近年では，プラットフォーマーであるインターネット通信販売（ネット通販）の拡大によって，さまざまな流通問題が生じている。それゆえ，公正競争維持の観点から，2020年にデジタルプラットフォーム取引透明化法（☞9−12）が制定された。 　　　　　　（佐々木保幸）

KEYWORD

小売商業調整政策，流通近代化政策，小売二法，まちづくり三法，
地域商店街活性化法

9-2　百貨店法

　百貨店法は戦前と戦後の2回制定されており，前者を第1次百貨店法，後者を第2次百貨店法とよぶことが多い。

　日本の百貨店は20世紀初頭に誕生したが，初期の百貨店は呉服店から発展したものが多く（☞3-6），買回品中心の商品構成であり中小小売業者への影響は比較的少なかった。しかし店舗の新設・拡張，新規参入による店舗の増加，取扱品目の拡張，近隣駅からの無料送迎，無料配達，出張販売，などによって広範囲から集客を行った。

　1923年の関東大震災により百貨店の店舗は大きな被害を受けたが，仮店舗などでいち早く営業を再開し，日用品の低価格販売により一般消費者を顧客とするようになった。さらに1929年の世界恐慌により経済状況が悪化したため，中小小売業者の百貨店に対する軋轢が増幅した。

　1932年に日本百貨店協会（1924年に五服会から改組）は日本商工会議所から営業方法の調整を要望され，同年8月に8項目の自制協定をまとめた。1933年に同協会は日本百貨店商業組合に改組され，自制協定とほぼ同じ内容の営業統制規定を定めた。しかし日本百貨店商業組合に未加入百貨店の営業攻勢により，加入百貨店も規定違反を行い，営業統制規定は充分な効果を発揮しなかった。そのため中小小売業者は百貨店法制定へと動き，国会では1932年の第63帝国議会以降，百貨店法について審議され，1937年の第71帝国議会において成立した。同法は，①百貨店の営業，店舗の開設・増床，出張販売などに対する許可制，②一定の売場面積（商工大臣の指定する地域では3000㎡，それ以外では1500㎡）基準を建物全体に適用する建物主義，③閉店時刻と休業日の明定，④百貨店業者の営業統制を目的とする百貨店組合の設置，などを特徴としているが，その後の戦時統制経済の進行とともに，実際に適用されることはほとんどなかった。

　戦後1947年に独禁法（私的独占の禁止及び公正取引の確保に関する法律☞9-7）が施行され，これによる百貨店の取締りが可能となり，営業

の自由を制限する百貨店法の存続には問題があるとGHQから指摘があり同法は1947年に廃止された。日本百貨店組合（1937年に日本百貨店商業組合から改組）は同法が廃止される4カ月ほど前に解散したが，1948年に日本デパートメントストア協会として設立された。

　終戦直後の百貨店はGHQに売場を供出しなければならず，また統制価格での販売を行う必要があり復興は容易でなかったが，朝鮮戦争頃から大きく発展するようになった。朝鮮戦争を契機として日本経済の復興が早まったが，休戦により不況になると大幅なデフレになり，中小小売業者の経営は戦前同様に悪化し，百貨店に対する軋轢を高めた。不況により百貨店に商品を納入する納入業者（戦前からの旧納入業者と戦後の新納入業者）間の競争も激しくなる。戦前から存在していた返品および派遣店員も規模が拡大し，旧納入業者から批判がおこり，公正取引委員会に対して陳情書が提出された。日本デパートメントストア協会は1952年に公正取引委員会から警告を受け，4項目の自粛を申し合わせた。1954年には東京都百貨店対策小売商連盟が結成され，百貨店は中小小売業者と納入業者から批判の対象となった。日本デパートメントストア協会は1954年に業務調整委員会を設置し，5項目の自粛を申し合わせた。しかし納入業者からの批判は収まらず，1954年末に納入業者との取引8項目について公正取引委員会は特殊指定した。

　納入業者との対立は特殊指定により規制されたが，中小小売業者との対立は収まらず，再び百貨店法制定運動がおこった。国会では，1955年に社会党案と民主党案が審議され，翌年に政府案が提出されて第2次百貨店法が制定された。その特徴は，前述した①③に関してはほぼ同じであるが④の条文がなくなっていること，また②については，売場面積基準は同じであるが，建物主義の条文がなくなっていることなど，違いがある。とりわけ，後者についてはその後のスーパーマーケットの発展による擬似百貨店問題を引き起こすことになった。そして，第2次百貨店法も，1974年の大店法の施行とともに廃止となった。　　　（河田賢一）

KEYWORD

第1次百貨店法，第2次百貨店法，許可制，建物主義，特殊指定

9-3 大店法

　大店法（大規模小売店舗における小売業の事業活動の調整に関する法律）は，百貨店法（☞9-2）の廃止を見すえて，1973年10月に制定（1974年3月施行）された。その目的は，消費者利益の保護や小売業の近代化をはかりながら，大型店出店の際には周辺の中小小売業者の事業活動に配慮することにあった。大店法は商業近代化を目指しながら，同時に出店や営業を規制するという二律背反しかねない目的を併せ持っていた。

　大店法制定の背景は，百貨店法のもと疑似百貨店（総合スーパー）がチェーンストアとして増加していたので，規制の範囲にスーパーマーケット（☞3-7）等を包含することにあった。規制対象は，小売業の店舗面積1500㎡以上（東京都特別区と政令指定都市は3000㎡）の建物である。百貨店法からの変更点は，「許可制」から「事前審査付届出制」になり，通産大臣が大店審（大規模小売店舗審議会）の意見をもとに判断することになった点である。特に，大店審は各地の商工会議所・商工会が商調協（商業活動調整協議会）に意見を諮り，「店舗面積」，「開店日」，「閉店時刻」，「休業日数」の4項目を調整するなど，「地元民主主義」にもとづいた仕組みとなった（満薗勇『日本流通史　小売業の近現代』有斐閣，2021年）。

　大規模小売店舗を出店するには，地元への事前説明と同意を取りつけ，非公式な事前商調協に時間をかける必要があり，さらに商調協が結審しても店舗面積は申請時より狭くなるケースが多かった。石巻市では全5件が申請時の面積の20～33%程しか認められなかった（草野厚『大店法経済規制の構造』日本経済新聞社，1992年）。地元商業者や商工会議所・商工会との協議によって，大規模小売店舗側が想定した営業が困難になり，出店を見合わせざるをえない事態は大型店出店紛争とも呼ばれた。

　大店法は1978年11月に改正（1979年5月施行）し，調整期間と事前調整期間の延長，店舗面積500㎡（第二種）超を加えて規制を強化した。

自治体も，大型店問題への対策として大規模小売店舗の出店にたいして，4項目についてより厳しい条件をつける「上乗せ」規制や新たな項目を加えた「横出し」規制も相次いだ。仙台市や京都市など「大型店出店凍結宣言」を行う自治体も続出した。通商産業省も1981年に大型店出店の年内凍結や「大型店問題懇談会」を設置し，1982年に出店抑制指導と事前説明の通達を出した。その結果，新規出店は抑制されていった。

日本政府は1980年代半ばに開放経済を模索し，80年代後半に大店法の運用適正化を検討したが，その方向性を決定づけたのは日米構造協議であった。日米構造協議の背景には日米の通商摩擦があり，アメリカは「スーパー301条（米国通商法301条：貿易不均衡による制裁権限）」による報復（輸入制限や関税引上げ）を検討し，自動車や家電，精密機器など直接的な係争分野だけでなく，直接的な係争分野ではなかった「流通分野：大店法の撤廃」を要求した。1989年から1990年までに5度の協議を経て報告書がまとめられる過程で大店法改正の時期を定めるなど大きな譲歩を盛り込むことになった（鈴木一敏『日米構造協議の政治過程─相互依存下の通商交渉と国内対立の構図』ミネルヴァ書房，2013年）。

大店法の規制緩和は，1990年から運用見直しが行われ，事前説明を6カ月以内，事前商調協も8カ月以内とした。大店法は1991年5月に改正（1992年1月施行）し，商調協が廃止された。さらに，1994年5月から運用基準が見直され，1000㎡未満の出店を自由化，閉店時刻と休業日数が緩和された。その結果，1985-1989年度の5年間で大規模小売店舗（第一種と第二種の合計）の届出数は3051件であったが，1990-1994年度では8084件で実に2.64倍となった（経済産業省「【参考資料】大規模小売店舗法（大店法）の届出状況について」，Webページ）。

大店法は2000年6月に廃止され，同時に大規模小売店舗立地法が施行され，大規模小売店舗の出店規制はなくなった。　　　　　　　（角谷嘉則）

KEYWORD

疑似百貨店，商調協，大型店出店紛争，日米構造協議，規制緩和

9-4　大店立地法

　大店立地法（大規模小売店舗立地法）は，大型店の出店を規制していた大店法（大規模小売店舗における小売業の事業活動の調整に関する法律☞9-3）の廃止にともない，2000年6月に施行された。これは，大型店の出店にかんして中小小売店の事業活動の機会を著しく侵害しないように保護することと，消費者の利益の向上という競争調整型の経済的規制から，大型店が出店することによって発生する交通渋滞，騒音，廃棄物などによる地域の住環境への悪影響を回避し，まちづくりや環境問題に対応するといった生活環境の保持を目的として，大型店の立地を計画的に規制する社会的規制への抜本的な政策転換がなされた。

　この法は，大型店の周辺地域の生活環境の保持を目的に，その施設の配置および運営方法について適切な配慮がなされることを確保するものであり，店舗面積1000㎡を基準面積とし，これを超える大型店の設置者は都道府県ないし政令指定都市に届出を行い，その施設の設置および運営方法について審査を受けなければならない。この審査は，大型店が周辺の地域の生活環境の保持を通じて小売業の健全な発達をはかる観点から，大型店を設置する者が配慮すべき事項にかんする指針にもとづいて行われる。具体的には，立地にともなう周辺地域の生活環境への影響について，駐車需要の充足など交通にかかわる事項，歩行者の通行の利便の確保，廃棄物減量化およびリサイクルについての配慮，防災対策への協力，騒音の発生にかかわる事項，廃棄物にかかわる事項，街並みづくりなどへの配慮など，大型店の周辺の地域住民や商業その他業務の利便の確保に支障をきたしていないか，あるいは生活環境の悪化につながっていないか，あらかじめ十分な調査・予測を実施し，適切な対応を行うことが必要とされている。

　また，大型店の設置者は，届出後2カ月以内に出店予定地のある市町村内において，届出内容を周知させるための説明会の開催が義務づけられている。その内容について問題があれば市町村や地域住民，地域事業

者などは都道府県に意見を提出できる。これを受けて，都道府県は届出から8カ月以内に設置者に意見表明し，設置者に改善策の提示を要求するが，内容が不十分である場合は，その提示から2カ月以内に改善のための勧告を行うことになっており，届出から勧告まで1年以内とされている。このように，審査の段階において市町村や地域住民の意見が反映されるのは大きな特徴である。

大店立地法は，改正都市計画法（1998年），中心市街地活性化法（中心市街地における市街地の整備改善及び商業等の活性化の一体的推進に関する法律，1998年施行，2006年に中心市街地の活性化に関する法律に名称変更）とともに「まちづくり三法」の1つとして施行された（☞9-5）。零細小売業者の店舗数の減少，とりわけ中心市街地における小売業の衰退と郊外部への店舗進出とその規模の大規模化などにみられる中心市街地の空洞化という社会問題の顕在化を食い止めようと，欧米諸国で用いられている都市計画の観点からの解決策として施行された。

大店立地法施行後に新設された大型店と施行前に設置されたそれとを比較すると，交通，防音，廃棄物，景観への対策や歩行者の利便性確保などの面では施行後に新設された方が対策が進んでおり（経済産業省調査），新設届出数においても大店法施行時よりも大店立地法施行後の方が少ないという。

しかしながら，結果的には地元との協議を避ける形で調整が簡単で交通網が整備されている郊外部への出店を強め，郊外部でのスプロールを促進している。そのため大型店にかんしてはやはり何らかの規制を行うべきであるという指摘がある。適用対象である大型店について小売業以外の大型集客施設も視野に入れる，大型店が退店する場合に発生する問題について大型店側に配慮を求める，大型店の出店にともなう周辺生活環境，地域経済や地球環境など広く社会的経済的な影響も考慮すべきである，という指摘をどのように実現していくかが問われる。（林　優子）

《KEYWORD》

大店立地法，大店法，改正都市計画法，中心市街地活性化法，まちづくり三法

9-5 まちづくり三法

　高度経済成長以降のわが国においては，モータリゼーションなどによって良好な住宅地が郊外へ拡大するのにともなって，中心部の定住人口が減るドーナツ化現象が進んだ。これにより中心部では店舗効率の低下による小売商業の経営悪化がもたらされ，さらには大型店が郊外立地を加速させたことから，郊外へのスプロール現象（無秩序な拡大）と中心市街地の空洞化が引き起こされた。

　これらの社会経済的な環境変化に加えて，1989年に米国の貿易赤字と財政赤字を背景に実施された日米構造協議において，それまで大型店の出店を規制していた大規模小売店舗法（大店法☞9-3）に対して，規制緩和が強く求められた。米国の主張は，大型店の出店規制が非関税障壁になっており，外国製品の日本への輸入を阻害し，より直接的には外資系小売企業の日本参入を困難にしているというものであった。

　以上のような流通環境の変化を受け，流通政策の大転換とされる「まちづくり三法」が1998年に制定された。まちづくり三法は，都市計画法，大規模小売店舗立地法（大店立地法☞9-4），中心市街地活性化法よって構成される。その基本的な考え方は次のとおりである。①都市計画法の改正（1998年11月施行）によって，都市マスタープランにもとづいた小売業を含む施設立地の適正化をはかる。②大店立地法（2000年6月施行）によって，周辺住民のライフスタイルに対応し生活環境を保全するという観点から大型店の出店を調整する。③中心市街地活性化法（1998年7月施行）によって，市町村などが主体的に基本計画を策定し中心市街地の活性化を進めるための施策を体系化する。

　しかし，実際には広域的な観点が反映されにくいために，改正都市計画法は郊外へのスプロール化を抑制することができず，また大店立地法が施行されていても大型店の郊外立地は拡大し続けた。したがって，中心市街地への支援策を強化しても有効に機能せず，さらに都市中心部の空洞化は進み，まちづくり三法は見直しを迫られることになった。

そのため2006年に中心市街地活性化法，2007年には都市計画法がそれぞれ改正され，まちづくり三法は新しい段階を迎えた。都市計画法の改正（2007年11月施行）においては，床面積1万㎡以上の大規模集客施設が立地できる用途地域が商業地域，近隣商業地域，準工業地域に限定され，郊外に行くほど規制が強化された。さらに，中心市街地活性化に取り組む市町村に隣接する自治体が大型店を誘致する際には，都道府県知事との協議や同意が必要とされ，広域調整を行うことになった。

また，中心市街地活性化法の改正（2006年8月施行）では，従来の市街地の整備や商業の活性化から，都市機能の増進や経済活力の向上へと視野を広げることで，都市政策と商業活性化策の一体化をはかることを基本理念としている。そのため法律の名称は，「中心市街地における市街地の整備改善及び商業等の活性化の一体的推進に関する法律」から「中心市街地の活性化に関する法律」に変更された。この他，内閣総理大臣による基本計画の認定制度が創設され，多様な都市機能の集約と商業等の活性化への意欲的な取組みに重点的な支援を行うなど，選択と集中の仕組みが強化されている。また，中心市街地活性化協議会への多様な関係者の参画を実現するために制度を改め，加えて地域密着の活動主体としてNPO（非営利組織）が積極的に位置づけられた。

大店立地法は指針の改定（2007年）にとどめられたが，まちづくりへの参加など個々の事業者に対して社会的責任の遂行を強く求めた。

少子高齢化，人口減少時代のまちづくりにおいては都市機能の集約が求められている。2013年の日本再興戦略では生活拠点を含むコンパクトシティの実現と多極連携ネットワークの構築を模索するなど，中心市街地は国家的な対応を求められるまで疲弊している。地域住民の視点に立って小売業，サービス業などを含む都市機能の適正配置を行うためにも，まちづくり三法の実効的な役割に対する期待は大きい。　　　　（草野泰宏）

KEYWORD

大店法，都市計画法，大店立地法，中心市街地活性化法，コンパクトシティ

9-6 大規模小売業者の優越的地位の濫用

　大規模小売業者の優越的地位の濫用とは，百貨店，スーパーマーケット，ディスカウントストア，ホームセンターなどの大規模小売店やコンビニエンスストア本部が，いわゆるバイイングパワーを利用して，事前の契約とは関係のない取引やあらかじめ合意された取引条件を事後的に変更させる取引を行うなど，納入業者に不利益を課す行為である。このような行為は，納入業者にたいし，取引における自由かつ自主的な判断を歪めるとともに，あらかじめ計算できない不利益を課すことから，当該納入業者はほかの納入業者との関係で競争上不利となり，一方，大規模小売業者は不当な行為による利益を享受することからほかの小売業者との間で競争上有利となる結果，納入業者間および小売業者間の公正な競争を阻害し，また，納入業者の取引の諾否・取引条件についての自主的な判断を侵害するため，独禁法（私的独占の禁止及び公正取引の確保に関する法律☞9-7）2条9項5号で定義される優越的地位の濫用として，19条にもとづいて禁止される。

　また，公正取引委員会は，独禁法71条にもとづき，特定の事業分野における特定の取引方法を不公正な取引方法として指定することが可能であり（特殊指定），公正取引委員会は，大規模小売業者の優越的地位の濫用にかんし，百貨店業告示（百貨店業における特定の不公正な取引方法〔1954年12月21日公正取引委員会告示7号〕）を指定し，運用してきたが，業態の多様化から適用対象とならない大規模小売業者が数多く出現したため，大規模小売業告示（大規模小売業者による納入業者との取引における特定の不公正な取引方法〔2005年5月13日公正取引委員会告示11号〕）を指定しており，これに該当する場合には一般指定に優先して適用される。公正取引委員会は，この大規模小売業告示の運用の透明性をはかり，また，事業者の予測可能性を高めるため，「大規模小売業者による納入業者との取引における特定の不公正な取引方法」の運用基準（ガイドライン）を策定し，かつ，大規模小売業者による優越的地位

の濫用行為全般につき，「流通・取引慣行に関する独占禁止法の指針」
においてその考え方を示している。

　大規模小売業告示が適用される大規模小売業者とは，一般消費者によ
り日常使用される商品の小売業を行う者ないしフランチャイズ・チェー
ンなどの特定連鎖化事業を行う者であって，前年度の総売上高が100億
円以上，または1500㎡（東京都特別区および人口50万人以上の市では3000
㎡）以上の面積の店舗をもつ者をいう。また，告示における納入業者と
は，大規模小売業者またはその加盟者が自ら販売し，または委託を受け
て販売する商品を当該大規模小売業者または当該加盟者に納入する事業
者をさし，ガイドラインによると，製造業者が卸売業者を介して商品を
納入している場合でも，大規模小売業者と製造業者との間で実質的な取
引条件の交渉が行われている場合にはこれに含まれる。告示は，大規模
小売業者による納入業者との取引における不公正な取引方法として，大
規模小売業者が購入した商品を返品すること（不当な返品），商品の購
入後に値引きを要求すること（不当な値引き），納入業者にとって著し
く不利益な条件で委託販売をさせること（不当な委託販売），特売など
に供する特定の商品を自己等の通常の納入価格に比べて著しく低い価格
を定めて納入させること（特売商品などの買いたたき），納入業者に規
格，意匠，形式等を指示し，納入させた商品の受領拒否（特別注文品の
受領拒否），自己の指定する商品を購入ないし役務を利用させること
（押付け販売），自己等の業務に従事させるため納入業者に従業員を派遣
させ，または自己等が雇用する従業員等の人件費を納入業者に負担させ
ること（納入業者の従業員の不当使用），上記に該当しないその他の不
当な経済上の利益の収受，上記の各要求にたいする拒否への不利益な取
扱い，納入業者による公正取引委員会への報告にたいする不利益な取扱
いを規定している。　　　　　　　　　　　　　　　　　　（渡辺昭成）

KEYWORD

独禁法，不公正な取引方法，大規模小売業告示，大規模小売業者ガ
イドライン，納入業者

9-7　流通系列化と独禁法

　戦後の1947年，アメリカの反トラスト三法（①シャーマン法：1890年制定，クレイトン法：1914年制定，③連邦取引委員会法：1914年制定）にならい，独禁法（私的独占の禁止及び公正取引の確保に関する法律）が公布（4月），施行（7月）された。独禁法は，「私的独占，不当な取引制限及び不公正な取引方法を禁止し，事業支配力の過度の集中を防止して，結合，協定等の方法による生産，販売，価格，技術等の不当な制限その他一切の事業活動の不当な拘束を排除することにより，公正且つ自由な競争を促進し，事業者の創意を発揮させ，事業活動を盛んにし，雇傭及び国民実所得の水準を高め，以て，一般消費者の利益を確保するとともに，国民経済の民主的で健全な発達を促進することを目的とする」（第1条）経済法であり，公正取引委員会がその運用主体となっている。実質的には，上記のアメリカの反トラスト三法より厳しい内容になっているといわれる。

　独禁法施行当初から製造企業が主たる対象で，1953年と1977年の二度にわたって緩和措置がとられたが，大手家電メーカーによるヤミ再販（再販売価格維持）や第1次石油危機に端を発する狂乱物価，カルテルの横行，これにコンシューマリズムの台頭なども加わって競争政策としての独占禁止政策は強化の方向で見直され，流通分野にも光があてられるようになった。

　1977年の独禁法改正時に，第3次産業のウェイトの高まりなど産業構造の変化を受け，公正取引委員会から流通分野における運用も重点的に行う必要性が強調され，1978年9月に公正取引委員会の私的諮問機関として独占禁止法研究会が設置された。同研究会は1980年に『流通系列化に関する独占禁止法上の取扱い』という報告書によって，流通系列化など流通過程における問題点をはじめて体系的に明らかにした。流通系列化にかんしては，「再販売価格維持行為」，「一店一帳合制」，「テリトリー制」，「払込制」，「専売店制」，「委託販売制」，「リベート」，「店会制」

にわけ，公正競争阻害の観点から判断基準が示された。

　しかしながら，違反にたいする罰則がきわめて緩く，現実には流通系列化にたいして大した歯止め効果をもたなかった。1989年から翌1990年にかけて開催された日米構造問題協議（Structural Impediments Initiative：SII）でアメリカ側から，系列化が外国企業の参入を阻害しているとの指摘がなされるとともに，独禁法の運用にかんしても非難が浴びせられた。国際化の進展も視野に入れて，1991年7月に『流通・取引慣行に関する独占禁止法上の指針』，同年9月には『流通・取引慣行に関する独占禁止法ガイドライン』が発表され，「再販売価格維持行為」や「非価格制限行為」，「リベートの供与」，「小売業者による優越的地位の濫用」などにかんして，独禁法の考え方が具体的に示された。

　これと相前後して公正取引委員会の機能の拡充・強化がはかられ，以後，運用は厳しくなっていったといってよい。流通系列化と深くかかわっているものとしては，1991年のビール寡占4社の同調的値上げにたいする指導，1993年の大手家電メーカー4社にたいする「市場想定価格」の排除勧告，資生堂の再販行為にたいする1995年の排除勧告など，厳格な運用を示す例については枚挙に暇がない。

　なお，再販制度にかんしては，1953年の独禁法改正で適用除外を受けて以降指定された商品（指定再販商品）が残存してきたが，1997年に全廃された。今日では著作物が法定再販商品として残るのみである。

　近年は，メーカーから小売業への流通の主導権のシフトが鮮明になり，また，国内外を問わずEC（電子商取引）の劇的な伸張のなか，GAFAMに代表される巨大IT企業にたいする独占禁止法の適用に重点がおかれ（☞9-12），流通系列化と独禁法との関係性は薄れているとみてよい。

（真部和義）

KEYWORD

独禁法，独占禁止政策，流通系列化，公正取引委員会，EC，GAFAM

9–8 景品表示法

　独占禁止法（☞9-7）（「私的独占の禁止及び公正取引の確保に関する法律」）を補完する法律として1962年に制定され，公正取引委員会の所管であった景品表示法（「不当景品類及び不当表示防止法」）は，消費者行政の一元化にともなって新しくできた消費者庁に2009年に移管された。その景品表示法の目的は，不当景品類と不当表示による顧客誘引を防止することである。過大な景品類や誇大表示などといった消費者を惑わす不当な顧客誘引行為を禁止することで，一般消費者の利益を保護しようというのである。

　景品表示法における景品類とは，顧客を誘引する手段として商品やサービスの取引に付随して提供する物品や金銭などの経済上の利益のことをいう。「景品」そのものは販売促進活動などにとって有効ということもありうるため，景品表示法ではそれ全体を禁止しているのではなく，過大な景品類の提供を防止するためにその最高額の制限等を行っているのである。

　景品表示法にもとづく景品類には，懸賞の方法によらないで景品類を商品の購入者や来店者など全員にもれなく提供する総付景品（ベタ付け景品），抽選やクイズの解答の正誤などの方法によって景品類を提供する一般懸賞，商店街などで事業者が共同して景品類を提供する共同懸賞の３つがある。そして，それぞれに表のように限度額を定めている。

　また，新聞業・雑誌業・不動産業など特定の業種については，告示により一般的な景品規制とは異なる内容の業種別の制限を設けている。なお，取引に付随することを条件としない，すなわち商品を買ったりサービスを利用したりすることなく，広く告知され誰でも応募できる，いわゆるオープン懸賞にはこの法律の景品規制は適用されないし，またその最高額も現在は設定されていない。

　一方，景品表示法では，消費者をだますような不当表示も禁止している。不当表示には，商品やサービスの品質や規格などについて実際のも

景品類の限度額

総付景品

取引価額	景品類の最高額
1000円未満	200円
1000円以上	取引価額の10分の2

一般懸賞

懸賞による取引価額	景品類限度額	
	最高額	総額
5000円未満	取引価額の20倍	懸賞に係る売上予定総額の2%
5000円以上	10万円	

共同懸賞

景品類限度額	
最高額	総額
取引価額にかかわらず30万円	懸賞に係る売上予定総額の3%

出所：消費者庁HP（2022年2月1日閲覧）

のや事実に反してライバル事業者のものよりも著しく優良であると消費者に示す優良誤認表示，商品やサービスの価格を極端に安くみせるなど取引条件について実際のものや事実に反してライバル事業者のものよりも著しく有利であると消費者に誤認される有利誤認表示がある。そのほか，不動産のおとり広告に関する表示，商品の原産国に関する不当な表示，有料老人ホームに関する不当な表示など，消費者に誤認されるおそれがあると認められ同法にもとづき内閣総理大臣が指定する表示も不当表示となる。

　表示のうち二重価格表示とは，販売価格と参考となる別の高い価格（比較対照価格）を併記した表示のことである。比較対照価格には，「市価」や「メーカー希望小売価格」あるいは「通常価格」などが用いられる。これは，内容が適正なものであれば消費者の商品選択や適正な価格競争の促進のために有効な場合もある。しかし，販売実績がない商品やその実績があっても最近相当期間にわたって販売されていないにもかかわらず，「当店通常価格」や「セール前価格」などといった表示を用いて過去の価格を比較対照価格とした場合などは，有利誤認表示に該当するおそれがある。　　　　　　　　　　　　　　　　　　　（番場博之）

KEYWORD

不当景品類，不当表示，消費者庁，優良誤認表示，有利誤認表示，二重価格表示

9-9　中小小売商業の振興にかかわる政策

　1990年代までのわが国の小売商業政策の体系は，公正かつ自由な競争を実現するための競争政策（独占禁止法等☞9-6），中小商業者を支援するための振興政策（中小小売商業振興法等☞9-11），中小商業者の事業機会の確保を目的とする調整政策（大規模小売店舗法☞9-3）の3つを柱としていた。これらのうち振興政策は，経営資源の脆弱性から，大企業と比べ競争上劣位にある中小商業者を適切な競争政策の下で，健全な競争主体として育成し，環境変化に適応することを支援することで，自立を促進するための政策をいう。

　振興政策の原点としては，大型店問題（百貨店）への対応があり，中小小売業を保護するために制定された商業組合法（1932年）があげられる。その後，組織化を目的とする中小企業等協同組合法（1949年），商店街振興組合法（1962年）が制定された。これらにより，商店街整備事業，店舗共同化事業，連鎖化事業（ボランタリー・チェーン☞9-10）を3つの柱として，それまでの保護政策から流通近代化政策へと振興政策は大きく転換した。こうした流れの中で，中小小売商業の総合的・体系的な振興を目的に，中小小売商業振興法（1973年）が成立した。

　中小小売商業振興法（小振法）の目的は，第1条で「この法律は，商店街の整備，店舗の集団化，共同店舗等の整備等の事業の実施を円滑にし，中小小売商業者の経営の近代化を促進すること等により，中小小売商業の振興を図り，もつて国民経済の健全な発展に寄与することを目的とする。」と記している。中小小売商業振興法の中核となるのは，高度化事業に対する支援措置である。高度化事業とは，中小小売商業構造の高度化に資する事業という意味で，企業規模が小さく，企業数が多く，その多数が生業的経営段階にとどまっている中小小売商業の構造改善を進め，振興指針に掲げられた内容を高度に達成する事業である。これらの目的を実現するために，小振法では，診断指導・人材育成等，資金面の支援措置，税制面の支援措置等の政策手段が採用されている。なお，

フランチャイズ・チェーン（FC）についても，特定連鎖化事業として
あげられているが，これは加盟店が不利益を被らないようにその運営の
適正化を目的とするものであり，支援措置ではない。

　高度化認定事業の多くは，投資額が相対的に小さな商店街の特定共同
施設事業に集中している。もっとも，高度化事業計画が概ね妥当と認定
されるまでに，組合は都道府県等による計画診断を受ける必要がある。
その過程では，組織内外の関係者との調整や承認に多大な時間的・労力
的負担を強いられる。こうした過程を通じ，商店街が将来の共通目標に
向け，自己組織化に取り組む姿勢は評価されてしかるべきである。

　しかしながら，中小小売商業の衰退や商店街の地盤沈下が進行し，経
営環境は好転の兆しが見通せない状況が続いている。空き店舗の増加や
施設の老朽化等により，中小商業者の企業家精神と投資意欲は萎縮し，
自己組織化を前提とする高度化事業の有効性は次第に薄れてきた。

　こうした実態を踏まえ，従来の振興―調整モデルからまちづくり政策
（☞9-5）へ，そしてデジタル技術を活用し地域の持続的発展のために商
店街を活用する新たな制度を導入する動きもみられる。具体的には，
「外部人材活用・地域人材育成事業（地域の持続的発展のための中小商
業者等の機能活性化事業）」，IT導入補助金に新たに「複数社連携IT導
入型」の枠を設け，商業集積地等でデジタル・マーケティングを導入す
る施策等を推進する。中小企業庁は，コロナ禍で変質した需要構造に対
応する供給体制を構築することで，新たな価値を創造しまちの未来を切
り開く商店街像を模索し，地域の変革と共に中小小売商業者のビジネス
機会を拡げる政策効果を期待している。　　　　　　　　　（福田　敦）

KEYWORD

中小小売商業振興法，商店街整備事業，店舗共同化事業，連鎖化事
業，流通近代化政策，高度化事業

9-10 ボランタリー・チェーンの活性化

（一社）日本ボランタリーチェーン協会は，ボランタリー・チェーン（VC）を「同じ目的をもつ独立事業者（小売業やサービス業）が主体的に参画・結合し，チェーン・オペレーションの仕組みを構築・活用して，地域生活者のニーズに対応した商品・サービスを提供する組織」と定義する。一般に，独立した中小小売業等にとって，安定的なサプライチェーンの構築と教育・情報化等のリテールサポートの取り組みは，自らの競争力を維持するうえで不可欠な課題である。VC 事業は，中小小売企業等が単独では解決困難な問題を，本部が供する諸機能を加盟店が選択・利用することで，独立性を担保したままオペレーションの問題を解決するビジネスシステムといえる。

わが国の VC 活動の本格的萌芽は1960年代にさかのぼる。それは当時の流通政策から推進された側面と存立基盤の縮小に危機感をもった先進的卸売業者の対抗手段として発生した側面がある。VC は個別的経営の統合をともなうことなく，また大きな設備投資を行うことなしにチェーン化による規模の経済を手に入れることができる。組織化しうる対象が広いため，中小小売業でも積極的な参加が期待できる。

1965年9月の産業構造審議会『小売商のチェーン化』（第3回中間報告）では，人材育成によるチェーン基盤の醸成，金融上の助成，店舗改造資金の融資，レギュラーチェーン（RC）に対する対抗措置を講ずるべきであるとする提言を受け，1966年に「中小企業近代化資金等助成法」の対象事業に「中小商業連鎖化事業」が追加され，流通近代化政策の1つの柱として地位を確保することになった。連鎖化事業の推進は1973年の中小小売商業振興法によって改めて位置づけられ，その後も中小小売商業振興政策の1つとして重要な柱をなしてきた。

1966年時点で VC 加盟店舗数は2万5000店であり，5年後にはおよそ6万店前後に達すると見込まれていた。2021年度の VC 実態調査によると，加盟店舗数（協会非加盟本部の加盟店を含む）は6万2130店であ

り，1970年頃の予測値としていた加盟店舗数と大きく変わっていない。2016年経済センサス（経済産業省）を参考にVCのポジションを確認すると，小売業全体に占めるVC加盟店（小売業）の割合は4.8％，VC加盟店総年商の割合は12.5％を占める。VC加盟店は小売事業所数の割合以上に年商割合が大きく，中堅・中小小売業の経営効率化に貢献している。VC本部は，加盟店に競争力ある商品（NBおよびPB）および推奨価格の提供，情報分析を通じた科学的な棚割り提案，効率的サプライチェーンの実現，人材教育の啓発，情報ネットワークの支援，コンサルティングの実施，現場ノウハウの共有等を通じ，加盟店の競争力および生産性の向上に大きく寄与している。

VC本部の中には，中小企業庁が構想する異なるシステム間で受発注データの交換を可能にする"産業データ連携基盤"に参加を検討するところもある。今日，AI（人工知能）やネットを含む大競争時代に，中小小売業が単独で経営課題に取り組むことは難しい。今後は本部の統率力を強化し，加盟店の生産性を向上する方策を追求することが必要である。

大手小売業が参入しにくい中山間地域の店舗運営やデイサービス併設型店舗の開発，ローカルプラットフォームの形成による困りごと解決の取り組み等，地域の生活者に寄り添う中小小売企業を経営面から支えるVC事業は，地域社会で持続可能な優れたビジネスシステムといえよう。中小企業の経営課題である事業承継や再投資促進等の観点からも再評価できる。VC事業の正当性を積極的に広報し，本部の論理が優先するフランチャイズ・チェーン（FC）事業とは異なる，VC事業に対する政策支援の必要性を訴求していくことが期待される。　　　　　（福田　敦）

KEYWORD

独立事業者，サプライチェーンの構築，リテールサポートの取り組み，中小商業連鎖化事業，ローカルプラットフォーム，事業承継

9-11　流通近代化政策

　流通近代化政策とは，「スーパーマーケット」と呼ばれる大規模小売業者の台頭（☞3-7）を受け，1960年代以降に展開された，流通部門の効率性を向上させ流通機能の高度化をはかるために実施された公共政策である。1968年の産業構造審議会中間答申『流通近代化の展望と課題』では，「国民経済の円滑な発展に貢献するため，流通部門（卸・小売業，運輸業，通信業等）の遅れを是正し，流通各分野の均衡に留意しつつ，体系的，斉合的に経営基盤を強化改善すること」と定義された。

　この時期の政策課題は，小規模で多数の流通業者（特に小売業者）から構成され，多段階構造をもち，複雑な商慣行をもつとされた日本の流通構造を，いかに効率的な流通構造に転換していくかということであった。目標とされた流通の経済効率性改善を実現するために，流通業者の体質改善や合理化，大規模化，協業化・連鎖化，合併，多角化・専門化を推進することとなる。この中で重視されたのは，中小小売業者の連鎖化事業，特にボランタリー・チェーン（VC☞9-10）など組織化への支援，店舗の共同化への支援，アーケードやカラー舗装といったハード整備と共同販売促進事業のようなソフト事業とによる商店街活性化への支援であった。主として小売業者の事業規模拡大を推進することで，規模の経済性を活かし，流通効率性の上昇を意図したといえる。

　流通近代化政策から派生した，物流や情報流通の整備に重心をおいた政策が，流通システム化政策ということになる。流通システム化政策とは，1960年代末から1970年代前半にかけて実施された，生産から消費にいたるまでのさまざまな流通活動や制度からなる流通機構全体を1つのシステムとみなし，個別段階に限定せず，取引の連鎖からなる流通過程全体の効率的な運営を支援しようとする施策である。

　具体的には，取引条件や伝票・契約書式の共通化・標準化，受発注の電子化，チェーン・オペレーションの推進などといった商的流通・情報流通のシステム化，コールド・チェーンの推進，物流センター整備とい

った物的流通のシステム化，パレットといった物流手段の共通化や共通商品コードの制定のような規格化が，実施された。

　流通システム化政策の背景として，流通近代化政策のもとで個別企業や特定流通段階レベルでの効率性は高まったとしても，流通過程全体でみた場合その改善は部分最適にすぎず，政策当局にとっては，流通過程全体の効率性改善という全体最適がより重要であったことが考えられる。

　また巨大メーカーにより特定商品の流通経路で流通系列化が進められており，メーカー間の競争がシステム間競争の様相を呈し始めていた（☞2-11）ことも，流通過程を１つのシステムとみなして，その全体的・総合的な効率性を改善し，さらに機能の高度化をはかろうとする政策の根拠づけとなったものと考えられる。この際，同業界の企業は競争関係にあるため，共通化，規格化，標準化を進めるには公共政策として推進することが必要だったのである。

　流通近代化政策や流通システム化政策といった名称はその後使われなくなるが，個別段階の合理化や流通システムの効率性向上といった考え方は残り，その後作成される政府の流通ビジョンに現れる。たとえば，『80年代の流通産業ビジョン』では情報化社会への基盤整備や標準化など，『90年代の流通ビジョン』では中小小売業者や卸売業者の体質改善・強化など，『21世紀に向けた流通ビジョン』では，効率化への障害となっている取引慣行問題や物流システムの効率化，情報化推進のためのビジネス・プロトコルの標準化などが指摘されている。特にその後の情報処理・情報伝達技術の発展にともない，効率性重視の支援策では，流通BMSのような企業間をつなぐ流通活動のインフラ整備としての役割が重要となっている。流通近代化政策も流通システム化政策も流通の効率性を向上させるが，前者は中小企業の効率性引き上げに力点が置かれているのにたいし，後者は情報化投資が巨額なこともありそうした性格が薄れる傾向にある。　　　　　　　　　　　　　　　　　　　　（川野訓志）

KEYWORD

流通システム化政策，流通ビジョン，連鎖化，コールド・チェーン，流通系列化

9-12 巨大デジタルプラットフォーマー規制

　プラットフォームとは，システムやサービスの基盤となるシステムやモノを指す。プラットフォーマーとはそのプラットフォームを人や企業が利用することによって新しい価値を生む場を提供する主体のことである。グーグル（Google），アップル（Apple），フェイスブック（Facebook）[1]，アマゾン（Amazon），マイクロソフト（Microsoft）と呼ばれるガーファム（GAFAM）は，インターネットを介してその場を提供するプラットフォーマー型ビジネスとして世界中で活動し牽引している（☞10-12）。

　このような巨大デジタルプラットフォーマー（巨大 PF 企業）による市場の寡占化を背景として，2020年5月に「特定デジタルプラットフォームの透明性及び公平性の向上に関する法律」が成立し，2020年6月に公布された。2021年4月に特定 PF 企業としてアマゾン，楽天，ヤフー，アップル，グーグルが指定された。

　本法はデジタル市場という新しい市場における公正かつ自由で透明な競争環境の整備を目的に制定された。この法律では，指定された巨大 PF 企業はプラットフォームを利用する企業や消費者にたいして，取引条件の開示や変更等の事前通知を義務づけられている。これにより取引の透明性を向上させることが目的である。また指定された巨大 PF 企業は，自主的な取引の公平性の確保や苦情処理のための自主的な体制整備にたいして，自己評価を付した報告書を毎年1回提出しなければならない。この提出された報告書にもとづいて，経済産業相が把握し，評価を行うことで，指定された巨大 PF 企業に改善要求や必要に応じた対処の要請ができるのである。

　しかし，この法律は，事前に規制を行うことによるイノベーションの阻害や技術革新の維持促進という観点も考慮された結果，事後的な規制を行うことで透明性・公正性の確保を目的とした法律となっている。海外の規制をみてみると，欧州連合（EU）が制定した「オンライン仲介

プラットフォームの公正性・透明性の促進に関する規則（Platform-to-business：P2B 規制）」[2]があり，2019年 7 月に公布され，2020年 7 月に施行された。

P2B 規制は日本と同様に公平性と透明性を確保するために制定され，この適用によって不当な取引慣行の改善や自社が享受している有意な条件を提示することにより，透明性を確保することが目的で制定されている。さらに2022年 3 月には EU の欧州委員会・議会・理事会においてデジタル市場法（Digital Markets Act：DMA）に合意した。規制対象は市場に大きな影響力をもっている巨大 PF 企業が対象となり，コンテンツ配信サービス，SNS，検索サービス，プラットフォーム提供などで他社から得たデータの活用を制限したり，自社サービスを優遇したりすることを制限するものである。

このように，巨大 PF 企業にたいする規制を行う必要性があるのは，デジタル市場の急激な成長と巨大 PF 企業の寡占化にある。そのプラットフォームを利用する企業や消費者に対して透明性と公正性を確保した取引を行い，市場において健全に新しいプラットフォーム型ビジネスにたいする参入の促進・競争が行われるための急速な法の整備が求められ，規制をする一方で，新規参入やイノベーション促進のための規制緩和も求められている。この点は，他の国も同様に規制と競争という観点を考慮しながら法整備を進めている。

（注）

(1)現在社名はメタ・プラットフォームズに変更。

(2)REGULATION（EU）2019/1150 OF THE EUROPEAN PARLIA-MENT AND OF THE COUNCIL of 20 June 2019 on promoting fairness and transparency for business users of online intermediation services.　　　　　　　　　　　　　　　　　　　（山口夕妃子）

KEYWORD

プラットフォーム，プラットフォーマー，ガーファム（GAFAM），透明性，公平性，P2B 規制，巨大デジタルプラットフォーマー（巨大 PF 企業）

9-13 海外の流通政策(1)アメリカ

アメリカには，連邦政府レベルで大規模商業施設の出店を規制する法律は存在しない。商業施設の立地規制は，ゾーニングにもとづいて行われている。ゾーニングは，特定の土地利用のみを認めたり，土地利用に条件を付けたりすることを目的とする制度である。ゾーニングなどの都市計画は州政府の権限であり，都市計画法は州法として定められている。そして，各州は大半の都市計画権限を自治体に委譲し，多くの自治体ではゾーニング条例を制定している。

アメリカではゾーニングによる立地規制を基本としつつ，自治体によってはリテール・サイズ・キャップ（Retail Size Cap），画一的店舗規制（Formula Business Ordinance），事前影響調査（Community Impact Report）を実施している。これらは，大規模商業施設の出店を抑制し，中小小売業との競争を調整する流通調整政策的な色彩をもつこともある。

サンフランシスコ市では，大規模商業施設の立地が可能な「ダウンタウン商業地区」において，一定規模以上の商業施設の出店を認めない「リテール・サイズ・キャップ」が導入されている。また，同市の一部地区では，画一的店舗規制条例により，チェーン店の出店を規制している。ロサンゼルス市では，大規模商業施設の立地を商業系に限定するとともに，出店予定者には既存店への影響，税収，雇用など「事前影響調査」を求め，個別審査を行っている。

他方で，流通振興政策（まちづくり政策）的な制度として，「BID（Business Improvement District）」があげられる。BID とは，区域内の不動産所有者が地域の発展を目指して事業を行い，必要財源は不動産所有者からの負担金に求める制度である。　　　　　　　　（南方建明）

KEYWORD

ゾーニング，リテール・サイズ・キャップ，画一的店舗規制，事前影響調査，BID

9-13　海外の流通政策⑵イギリス

　イギリスの小売商業政策には大別して，①出店規制政策，②営業時間規制政策，③競争政策があるとされる。これらはそれぞれ，①1990年都市・農村計画法（Town and Country Planning Act 1990），②1994年日曜営業法（Sunday Trading Act 1994），③1973年公正取引法（Fair Trading Act 1973），1980年競争法（Competition Act 1980），1998年競争法（Competition Act 1998）といった法律にもとづきなされてきた。

　2000年3月に1998年競争法，2003年6月に1998年競争法の改革法である2002年企業法（Enterprise Act 2002）がそれぞれ完全施行されて以降，競争政策全般にかかわる規制と体制が大幅に拡充され，その一環として大規模小売業による反競争的行為に対する規制が強化されてきている。これには，両法が違法性の基準を「公共の利益」から，EU法に倣って「競争に与える影響」に改めた事情がある。

　イギリスには，小売業のみの立地および構造に直接かかわるような法制度が存在せず，ドイツなどと同じく都市計画の角度からの規制が行われているにすぎない。同国では市場競争原理が重視され，そのため流通活動の内面への介入が控えられた。同国の小売市場においては，DIY（Do It Yourself：ホームセンター）の4社寡占（4社で市場シェア80％超）をはじめとしてグロサリーなど小売売上高の上位集中度の高さが特徴であったが，1990年代後半以降，とりわけ2000年代以降，競争政策において小売商業政策に大きな変化がみられるとはいえ，今日においてもそれを大きく修正するようなものになっているとはいいがたい。実際，今日のグロサリー市場をみても5社で75％超（2022年12月5日）と非常に高い市場シェアとなっている。　　　　　　　　　　　（真部和義）

KEYWORD

都市・農村計画法，出店規制政策，営業時間規制政策，競争政策，小売売上高の上位集中度

9-13 海外の流通政策(3)フランス

フランスで流通政策が本格的に行われるようになるのは、戦後の経済成長期以降のことである。1960年代に入って、流通部門の近代化が企図される一方で、ハイパーマーケット（HM）が急成長し、中小小売業者が商店数を減少させるなど、フランスの小売商業構造が大きく変化した。

流通近代化を図る小売商業振興政策と中小小売業保護を図る小売商業調整政策が、1973年に制定されたロワイエ法（商業・手工業基本法）に結実した。同法は大型店に対する出店調整のみならず、都市計画や独占禁止政策、若年層の雇用対策、商業者に対する社会保障制度を盛り込んだ総合的な法体系をなしている。同法は、1996年にはラファラン法（商業・手工業の振興・発展に関する法律）へと改定され、大型店にたいする出店規制が強化された。1990年代後半以降、同法の運用は緩やかになり、2008年には市場競争を重視する経済近代化法（LME）が制定された。LMEでは、1000㎡以上の商業施設の新設や拡張等は、従来どおり県商業施設委員会による審査にもとづく許可を必要とされる。出店事業者が県委員会での裁定に不服のある場合は、国家商業施設委員会での再審査を要求できる。

今日、HMを運営する流通企業はインターネット経由で商品を注文し、HMの駐車場に設置された専用コーナーに取りに行くドライヴ（drive）と呼ばれる形態を増設しているが、2014年にアルー法（住居を有する権利と都市計画に関する法律）が制定され、その設置に一定の規制が行われるようになった。その他、インターネット書籍販売における無料配達を制限する通称「反アマゾン法」やスーパーなどに対して食品廃棄禁止法が制定されている。　　　　　　　　　　　　　　　　　　　（佐々木保幸）

KEYWORD

ハイパーマーケット（HM），ロワイエ法，ラファラン法，経済近代化法（LME），反アマゾン法

9-13 海外の流通政策⑷ドイツ

　大手小売業の激しい競争が展開し，他方で消費者の環境意識が高いドイツでは，英米に比べて厳しい規制を中心とした流通政策が採用されてきた。同時に，EU統合の動きと歩調を合わせて値引き禁止法の廃止など規制緩和が進んできている。

　ドイツの小売業の出店は，商業調整でなく都市計画の一環として行われてきた。建設法典などの法体系によって連邦全体から市町村まで，土地利用の計画が明確に規定され，中心市街地に置くべき商品分野と郊外に配置すべき分野などを区別して商業施設の配置を決めている。結果として小売業者の出店戦略はかなり制限される。しかし近年，産業構造の変動にともなう工場閉鎖などに対応して，地域振興策として郊外型の大規模ショッピングセンターの開発が許可されるなどの運用もみられる。

　小売業の営業時間は平日で6時〜18時（土曜は14時）とし，日曜・祝日の営業を禁止した閉店法（1956年制定）は，旅行者相手の営業とみなされる駅構内の店舗やガソリンスタンドとベーカリーなど一部の業種を除き，全店舗に適用されていた。その背景には，労働・生活条件を守る労働組合運動や安息日を主張するキリスト教の生活文化の定着がある。しかし全欧的な規制緩和の動きや大規模小売資本の圧力によって，1997年以降に改定が進み，連邦レベルでは土曜も含めて平日6時から20時まで営業時間が拡大し，さらに州別に営業時間の拡大が進んできている。

　他方で環境意識の高まりから，小売店におけるプラスチック製買い物袋の規制から始まり，2021年にはプラスチック容器の使用禁止の動きや飲料容器の回収のためのデポジット制度の定着など小売業への環境規制が進みつつある。

（齋藤雅通）

KEYWORD

建設法典，都市計画，閉店法，営業時間，環境規制

9-13 海外の流通政策(5)韓国

　韓国の流通政策が本格的に整備されていくのは1980年代からである。1961年制定された「市場法」の廃止（1986年）によって流通産業の近代化を目的とした「卸売・小売業振興法」，「消費者保護法」「公正取引法」「訪問販売などにかかわる法律」などが施行された。1988年ソウルオリンピックの開催による好景気もあって，「流通市場3段階開放計画」の施行（1988年）を通じ，それまで外国からの投資に閉鎖的であった流通構造を変える政策が進められた。そのことは，1993年に登場した「割引店」とよばれる大型ディスカウンターの「大型マート」の発展・拡大のきっかけとなる。その後，「流通産業発展法」が制定（1997年）されたことで，中小事業主保護への方針が打ち出された。それはチェーン化の育成や専門商店街団地の建設，流通情報化の推進や人材育成への支援を進めることであった。

　このような中小流通業の支援政策が徐々に進められていく一方で，2000年代に入ると大規模小売業の拡大とともに大手小売グループらによるSSM（Super Supermarket）が集合住宅街への集中的な出店を契機に発展していく。

　SSMは拡大を続け，中小流通業の競争力を低下させた。そのようなSSMへの規制の要求は高まり，ようやく2010年，①「流通産業発展法」の改訂と②「大・中小企業相生協力促進に関する法律（相生協力法）」の制定にいたる。①は大型店舗の開設・増設の登録制，保存区域での出店制限，休業義務などであり，②は共存協力法として大企業と中小企業の両極化を解消する目的があるものの，効果は十分に発揮されていない。　　　　　　　　　　　　　　　　　　　　　　　　　（金　度渕）

KEYWORD

流通市場3段階開放計画，流通産業発展法，大・中小企業相生協力促進に関する法律（相生協力法）

9-13　海外の流通政策⑹中国

　改革開放前の中国では，消費財の流通は全国購買販売協同組合（共同合作社）によって行われた。都市部での流通は商業部系統，農村部は供銷合作社によって管理されていた。商業部の支配のもと，食品，百貨，紡績，文化用品などの専業公司が設立されていた。各公司は，各省，市，自治区および県レベルの政府の管理下において，３段階の卸売市場を消費財と生産財でそれぞれ設立していた。こうした３段階２重構造において，都市流通の場合，メーカー→１次卸売→２次卸売→３次卸売→小売→消費者という形で流通し，行政機関と流通企業が一体化したいわゆる「政企合一」の体制ができあがっていた。また，農村では，メーカー→市供給センター→区（県）供給センター→基層供給センター→消費者といった形で流通活動が行われていた。

　1970年代末，改革開放政策に転換してから，中国は「三多一少」（多種の所有形態，多様な経営方式，多数で少段階のチャネル）といわれる開放型の流通システムの構築を主要な目標として改革を行い，そこでは計画配給の商品と物資はしだいに市場流通に委ねられるとともに，卸売業の管理権は中央政府から地方政府に委譲された。総じてみれば，中国は，1970年代末から従来の計画経済における流通体制の改革と流通近代化の促進に重点を置き，2001年のWTO加盟を機に流通の開放政策が実施された。その後，中国政府は流通政策体系の整備に乗り出し，「反壟断法」と呼ばれる独占禁止法（2007年），改正不正競争防止法（2017年）などが公布された。近年，中国では，電子商取引法（2019年）が施行されるなど，流通産業のデジタル化に対応する法整備やルール作りが着々と進んでいる。　　　　　　　　　　　　　　　　　　　　　　（柳　偉達）

KEYWORD

　３段階２重構造，政企合一，三多一少，流通近代化，流通政策体系

2020年代における商店街と百貨店に対する政策方向

　商店街と百貨店は，それぞれ長い歴史を有している小売業の集積と形態である。第9章では，商店街および百貨店にたいする流通政策の展開が解説された。商店街には戦後の流通近代化政策以降さまざまな振興政策が講じられ，百貨店にたいしては戦前・戦後の百貨店法が適用された。両者はともにスーパー等の新興小売業の成長に影響を受け，商店街は1980年代以降，百貨店は1990年代以降低落傾向をたどっている。

　それ以来，両者の活性化は急務となり，とりわけ商店街については，地域商店街活性化法のような流通政策が，各時期において新たに実施されてきた。そして，2020年代に入り，経済産業省内に専門の研究会が設置され，「地域コミュニティにおける商業機能の担い手である商店街に期待される新たな役割〜『商店が集まる街』から『生活を支える街』へ」（2020年6月）と「百貨店研究会報告書」（2021年7月）が相次いで発表された。

　前者では，人口減社会の中で地域のコミュニティの維持を重視し，商店街政策を「商機能」の向上から「地域コミュニティの維持のために必要な，地域の住民やコミュニティのニーズに応える役割・機能を高めること」を目的とする方向へと転換し，それらを進める施策への重点的な支援を掲げている。商店街政策は，中小小売商業振興法や中心市街地活性化法，地域商店街活性化法等が施行されるにともない，商機能と都市機能への志向が経済社会背景に合わせて変遷してきたが，2020年代には都市機能に着目した政策へと比重を移したことがうかがえる。

　後者では，「百貨店という業態が今，大きな危機に直面している」という認識のもとで，DXにも対応する情報化の推進とともに「地域社会との連携・社会的課題解決に向けた重要プレイヤー」としての役割を強調している。商店街，百貨店ともに，都市や地域における諸機能が重視され，そこに持続可能性を見出す方向が模索されている。　　　　　　　　　　　　（佐々木保幸）

10 流通の情報化

10-1 情報化と流通

流通と情報

　市場経済システムにおいては，直接には個別資本の利潤率を最大にしようとする行動が織りなされて，結果として社会的に必要な財が生産・供給されるような生産体制が編成される。このプロセスを媒介し，効率化するのが流通を担当する商業資本である。その独自的機能は，商業資本が多数の産業資本の生産物を選択的に取り扱う（多数回転を媒介するとも表現する）という形態的特性に由来するものであるが，これは情報というタームを導入すれば，何らかの方法で売れ筋情報・死に筋情報を獲得することを通じて行われる。その意味では個別商業資本は，情報取り扱い（情報処理）業であるということもでき，総体としての商業資本は一種の社会的情報処理機構としての機能を持つということになる。したがって，情報活動ないし情報処理に関する技術との親和性は元来，特に高いといって良い。

流通とテクノロジー

　これまでも流通パラダイムの変革は技術革新によって引き起こされてきた。たとえば，19世紀の中頃，蒸気機関車や蒸気船の発明や通信網の発展によって物流革命が起こり，デパートが登場したり，通信販売が開始されたりした。20世紀になってからは自動車や冷蔵庫の普及，道路網の整備などにより，チェーンストアやスーパーマーケットが流通シーンを飾ってきた。これらのテクノロジーによる流通パラダイムの変革は，流通を支える周辺部分である土木・建築，通信，交通，包装，保管等の技術的領域で引き起こされてきたところに特徴がある。それに対しICT（情報通信技術）は周辺的な領域での革新のみならず，商業資本の中核的機能そのものを高度化する点で，他の技術と大きく異なる。

デジタル技術＝ICT の特性

　ICT は過去の技術のすべてに入り込み，それを高機能化するという特性を持つ。また，コンピュータや通信の発達によって，ネットワーク

の形成・促進・高度化が進んだ。その結果，商業資本の情報処理業としての機能が著しく強化されることになった。たとえば，EOS，POSシステム，EDI（流通BMS）などがそうした技術の代表である。受発注業務，商品管理，販売管理等が効率化・高度化した。売れ筋ないし死に筋情報の発見も客観的にかつ効率的に行えるようになった。

eコマース（電子商取引）の展開

1995年前後からのインターネットの急速な普及・発展により，eコマース（ECともいう）が急速に発展し新たな流通チャネルとして定着するとともに，メーカー直販や産直の普及など従来の流通システムにも大きな影響が及び始め，とりわけスマートフォン（日本では2008年に登場）の普及と利用が進んだ結果，BtoC（企業・個人間）ビジネス領域（小売）においてデジタル化（情報化）が進展することとなった。生活世界（日常生活）との接点に位置する商業資本は，元来生活様式のあり方や変化と双方的関連性をもつ。スマートフォンの普及によって日常行動のデジタルデータ化とその収集が進展し，AI（人工知能）の進化もあって，消費者・生活者の行動や利便性に沿った業務展開（業態の変容等）が加速している。

今後の展開

ICTの発展は，今後も流通現象にさまざまな影響や変革をもたらすことであろう。業種によっては，データや情報の収集力及び分析力の獲得/強化が進む結果，産業資本自らが社会的な生産編成のためのエージェントとして参加することを可能にすることも考えられる。しかし，商業資本の機能の現実的な遂行形態がそれによって変化することはあっても，その本質的な機能は変わらず，さらに高度化されていくであろう。

（福田　豊）

KEYWORD

流通パラダイム，デジタル技術，eコマース（EC，電子商取引），POSシステム，EDI，流通BMS

10–2　情報化の歴史

　IT（情報技術）革命，IT イノベーションの進行を情報化と表現する。日本では，1980年代後半に通信のデジタル化が進み，情報処理技術と通信技術を IT という用語で表現することが多くなったが，インターネットの低廉・高速・大容量のブロードバンド化につれて，双方向性のあるコミュニケーションの重要性が再認識され，21世紀初頭より ICT（情報通信技術）と記されることも少なくない。

　情報化の推進力は，コンピュータとインターネットである。まずコンピュータは半導体チップの製造・応用技術の発達とともに1970〜1990年代に飛躍的な進化をたどり，個人の家庭までパソコンが普及した。インターネットは，冷戦終結後のアメリカで1990年商用利用解禁，1991年無償利用の情報閲覧システム WWW（World Wide Web）の公開などにより，パソコン普及と一体化して世界的規模で急拡大した。日本でも1993年にインターネットの商用利用が可能となり，1995年以降利用者が急増していった。また，ポータルサイトとして1995年には Yahoo! の本格稼働，1998年には Google の開設もみられ，検索エンジンの活用によるインターネット・ショッピングの可能性を高めた。

　商品管理の画期的ツールとなった POS システムの導入はバーコードの開発とともに進展している。バーコードは，アメリカで1960年代後半に，レジ精算時の入力ミスを防止するツールとして開発されたのだが，このような本来のニーズに加えて，販売時点で単品管理を行えることに，大きなインパクトがあった。1970年代前半にアメリカのスーパーマーケットで POS システムが採用されるようになり，1973年全米食品チェーン協会によりバーコードを用いた共通商品コードが作成され，食品スーパーへの POS システム導入が広がった。日本でも1978年には JAN コードが導入され1979年にはスーパーでの POS システムの実験的導入が行われ，1982年のセブン－イレブン全店舗への POS システム導入を経てほかの商品分野のバーコード化も進んだ。POS システムは，EOS とと

もに実需にあった品揃えや在庫圧縮，物流の効率化にも活用され，コンビニ業態成長の強力な武器となっていく（☞3-8）。

　流通チャネルのネットワーク化による効率化とコスト削減の試みは，製販企業間の電子データ交換 EDI（Electronic Data Interchange）として展開されるが，1980年代には VAN や専用線に依存し，1990年代には比較的低コストで利便性において優れているインターネットの活用により本格化した。アメリカのアパレル業界団体は1980年代に原料から完成品の販売にいたる総供給連鎖期間圧縮のためのチャネル革新＝QR（Quick Response）運動を展開し成果を得た。1990年代には同様の試みが食品業界にも広がって ECR（Efficient Consumer Response）と呼称された。このように EDI は QR や ECR に見られる製販同盟として広がってきたが，1990年代後半以降，メーカーへのサプライヤーをも包摂した SCM（Supply Chain Management）としてさらなる広がりをみせる（☞6-2）。インターネットの普及が，中小企業を含む多くの企業間で技術・コスト両面からも容易に情報を共有しながら，「全体最適」のための協業（collaboration）を可能にした。これにより，市場成熟化と多様化，製品の短サイクル化に対応した SCM 展開の条件が整い，調達期間短縮・調達コスト削減・在庫削減・商品回転率上昇の連鎖が本格化した。日本のネットワークは，当初1985電気通信事業法（＝規制緩和）により急速に普及した VAN や専用線による EDI として進行したが，1990年代にはインターネットが爆発的に普及した。これに対応して1997年以降，楽天市場や Yahoo!，Amazon Japan 等のショッピングサイトが開設され，BtoC の急拡大をもたらすことになる。

　21世紀に入りブロードバンドとスマートフォンが普及すると，2020年には m（mobile）コマースが物販系の過半となっている。2010年代後半には，eBay & Myer，Alibaba，日本でも Parco 等が VR（virtual reality）コマースと呼ばれる仮想空間でのリアルな購買体験を提供し始めている。　　　　　　　　　　　　　　　　　　　　　　　（白戸伸一）

KEYWORD

ICT，POS システム，EDI，ブロードバンド，m コマース

10–3 ウェブ・マーケティング

　ウェブ・マーケティングとはインターネット（以下，ネットと省略する）を活用したマーケティングのことである。マーケティングとは商品の価値実現にかかわる体系的な対市場活動であり，一連の技法と思想体系からなるが，ウェブ・マーケティングの特徴はその技法にあらわれる。

　1990年代後半以降ネットは急速に世界に広がった。IoT（モノのインターネットへの接続）機器，特にスマートフォンの小型・高性能化はネット利用者を飛躍的に拡大した。さらに近年は GPS（全地球無線測位システム）と連動させるなど詳細な顧客情報が取り込まれている。ネットの技術的特性は，①接合の容易さ，②空間の世界的広がり，③双方向性，④同報性，⑤非同期性，⑥匿名性，⑦情報伝達の高速性，⑧伝達情報の量的・質的発展，⑨情報取り扱い費用の低減，⑩情報蓄積の容易さなどである。営利企業はウェブ・マーケティングを利潤獲得に活用している。

　ウェブ・マーケティングでは，市場調査で獲得される顧客情報の質と量が飛躍的に向上する。企業はネット上に蓄積された「ビッグデータ」から潜在顧客の情報を取り出し，コンピュータ解析して活用している。店舗の POS 情報は，ある店で，ある売り方をした，ある時点の商品販売情報に過ぎないが，「ビッグデータ」では個人の趣味や関心に加え，その日の訪問地域や店舗など消費者行動全般にわたる情報が得られる。ネット経由の市場調査には，電話や手紙などと比べた費用削減や，新製品に対する迅速な反応把握，手軽さによる回収率向上などの利点もある。

　製品開発においては，開発工程への消費者の取り込みがある。苦情や要望の把握はもちろん，ホームページなどを使って新製品アイデアの募集も行われている。企業側は市場調査や製品開発を低コストで実施でき，思いも寄らない発想をわずかばかりの賞品などと交換に入手している。

　販売促進も大きく変化した。インターネット広告が急速に伸びた結果，日本でも2019年に，メディア別広告費で初めてテレビメディアを追い越

した。その種類も当初のバナー広告から，検索連動型広告，アフィリエイト広告，SNS広告などへと多様なタイプが次々と登場している。SNSで発信される消費者の声を口コミと意識する企業は販売促進の操作対象にしている。また，PR（パブリック・リレーションズ）の１つとして，自社のホームページ作成・充実に力を入れている企業も多い。

一方，リピーターなど登録した顧客に電子メールを送信する形の販売促進も活発化している。その利点は，①情報配信コストの低減，②ターゲットの絞り易さ，③顧客の購買履歴に合わせた商品推奨による購入確率の向上，④宣伝効果の即時的検証などである。

チャネル政策も変化している。音楽，ゲーム，コンピュータなどのソフトや，書籍・新聞など商品自体を電子化できる分野では，ネットを物流チャネルとするウェブ配信が広がっている。そうでない分野でもネットは接続環境があれば，いつでも，どこからでも利用できるので，取引チャネル（商流）として大きな意味をもつ。ネット販売の伸長はそれを示している。そこでは検索の容易さが１つの重点をなし，優秀なアプリの開発が差別化と顧客の囲い込みに役立っている。一方，店舗とネットを連動させるオムニチャネルに力を注ぐ小売業も増えている。また資金流でも，取引と金融口座との連動や，使った分だけ払う従量課金制度など支払い手段が発展している。

他方，様々な社会問題も起きている。企業が取り込む個人情報の保護問題のほか，大量に送られてくる宣伝メールの迷惑問題などもある。

ネットの活用で相対的に消費者のパワーが増したのは事実であるが，企業とのパワー関係が逆転したわけではない。企業の公開情報は一部にとどまり，依然として企業優位の情報格差が存在する。またネット利用による中小企業の新たな成長可能性が生まれる半面，他方では独占資本への従属が強まる側面も存在している。実体としての情報技術の発展と，その利用の社会的形態を区別する視点が重要である。　　　（佐久間英俊）

KEYWORD

IoT，インターネット広告，オムニチャネル，個人情報の保護問題，消費者の取り込み，情報格差

10-4　インターネット広告

　インターネット広告とは，PC，タブレット，スマートフォンなどの
モバイル端末に出稿される広告を意味する。Wi-Fi などの通信環境の進
化によって大容量のデータが容易に配信できるようになりインターネッ
ト広告は著しい成長を遂げている。広告主からみたインターネット広告
のメリットとしては顧客ターゲット層が絞りやすい点にある。ユーザー
が閲覧やクリックしたデータ（ログ）に基づいて広告効果の測定ができ，
広告主は運用段階で顧客ターゲット層へのアプローチの変更や改善が可
能である。広告費に関しても表示回数によって課金されるインプレショ
ン課金やクリックされた回数によって課金されるクリック課金などの料
金体系が存在している。電通によると2021年の国内総広告費は 6 兆7998
億円であり，そのうちインターネット広告費は 2 兆7052億円（39.8％）
を占めており，テレビ・新聞・雑誌・ラジオのマスコミ 4 媒体広告費の
合計 2 兆4538億円（36.1％）を上回った。そして，インターネット広告
の中でも最も成長が期待されるのはスマートフォン等のモバイル分野で
あるとされる。すなわち，広告主は広告フォーマットの主流がスマート
フォンやタブレットの縦型に合わせ，上下にスクロールされる特性があ
ることを意識しなくてはならない。インターネット広告には主に以下の
種類がある。

① バナー（ディスプレイ）広告

　最も一般的なインターネット広告である。アクセス数の多い「ニュー
スサイト」などに出稿することで認知拡大を実現する。ユーザーはバナ
ーと呼ばれる広告をクリックすると専用ウエブサイトにアクセスし，よ
り詳細な情報の入手や商品やサービスの購入が可能になる。

② リスティング（検索連動型）広告

　Google や Yahoo！などの検索エンジンにおいて，検索結果に対応し
て表示される広告であるリスティング広告がある。広告を検索キーワー
ドに紐付けすることによって，自社の製品やサービスの有望な潜在顧客

を自社サイトに誘導することが可能になる。人気の検索ワードはオークションで単価が決定されるため，広告費が高額になるデメリットもある。

③　リターゲティング広告

　過去に Web サイトや EC サイトにアクセスしたユーザーに対して，その閲覧情報に基づいて，ユーザーが別のサイトにアクセスした際に表示される広告である。関心の高いユーザーに対しての広告はコンバージョン率が高いため購買に結びつきやすい。

④　ネイティブ広告

　あたかも閲覧している記事に溶け込むような広告であり，「ニュースサイト」ならば記事の形式で表示される広告である。関心の高いユーザーを説得するコンテンツの質が問われるため広告出稿にかかる費用も高くなる場合がある。インスタグラムやツイッターなどの SNS の投稿の間に表示される広告はインフィード広告と呼ばれ，ネイティブ広告の代表的な形式である。

　近年，インターネット広告における個人情報の保護は重要な問題となっている。2018年の欧州委員会の GDPR（一般データ保護規則）や2020年米国カルフォルニア州での規制強化にみられるように，個人のサイト閲覧履歴情報であるクッキー（Cookie）は本人の事前の承認なしに使用することはできない。国内でも同様に2020年に改正個人情報保護法によって本人の事前同意であるオプトインが義務化された。このような背景にはアクセスしたウエブサイトの運営者以外に個人の閲覧情報が取引されている問題がある。消費者側も2020年３月の消費者庁による「デジタル・プラットフォーム利用者の意識・行動調査」では，８割以上が行動ターゲティング広告の設定を外したいと考えているという結果が示された。

（唐沢龍也）

KEYWORD

バナー（ディスプレイ）広告，リスティング（検索連動型）広告，ネイティブ広告，クッキー（Cookie），行動ターゲティング

10-5 キャッシュレス決済(1)振込・口座振替

情報通信技術の発達を背景に，コンピュータやインターネットを利用した電子商取引が拡大するとともに，電子的な決済が求められるようになった。この電子的な決済全体についてキャッシュレス決済という用語が使われる。この用語は，銀行券や硬貨などの現金を使用しないで情報技術を用いて支払いを行うことを指している。キャッシュレス決済には，銀行の預金口座を利用した決済として，振込・口座振替，クレジットカードやデビットカードによる決済，さらに決済サービス会社が発行する電子データをカードに保有させて買物を行う電子マネーやスマートフォンを利用したコード決済がある。

振込・口座振替は，商品およびサービスの支払いが，銀行の預金口座間の電子送金によって行われる決済方法である。このうち振込は，顧客からの指図により，現金または顧客の預金口座の資金を他の預金口座に移動する場合の決済である。また口座振替は，光熱費や水道代などの公共料金の支払いの「自動引落し」として，定期的に代金を顧客の銀行口座から他の預金口座に移動させる場合の決済を指す。

これらの電子決済では，銀行預金が商品やサービスを購入する貨幣の役割をはたしている。そのさい中央銀行を中心とした銀行間のネットワークを利用して決済が行われ，全銀システム（全国銀行データ通信システム）や日銀ネット（日本銀行金融ネットワークシステム）が稼働している。全銀システムは，金融機関における振込・口座振替などの個々の支払指図を送受信して集計し，金融機関ごとに受払差額（交換尻）を計算する。その結果を日本銀行に送信し，日本銀行における各金融機関の当座預金の付替え（一方の引落しと他方の入金）によって清算されている。

(竹内晴夫)

KEYWORD

キャッシュレス決済，全銀システム，日銀ネット

10-5　キャッシュレス決済(2)クレジットカード, デビットカード

　クレジットカードによる決済は，商品およびサービスの購入代金がクレジットカード発行会社から信用を受けることによって後払いできるしくみを指す。クレジットカード発行会社は利用者の商品およびサービスの購入代金を立替え，一定期間後に利用者の預金口座から代金を引き落として支払いを受ける。支払方法としては翌月1回払いや2回払い，ボーナス一括払い，毎月定額の支払いを行うリボルビング払いや分割払いなどがある。加盟店は数％をカード会社の手数料として支払う。

　クレジットカードは，インターネット通販などで利用が増えて決済金額が伸び続けており，キャッシュレス決済の中で大きな割合を占めている。利用者側から現金に比べて使いすぎてしまうリスク，個人情報の漏洩や偽造カードの発生などのセキュリティ上の問題，店側からは手数料や専門端末の費用負担などの問題があげられる。

　デビットカードは，金融機関のキャッシュカードを買物の支払いに利用できるようにした決済サービスの名称である。買物の支払いを行う際，カードに紐づけられた預金口座から買物の支払金額が即座に引き落とされる。デビットカードによる支払いは，銀行預金を利用した決済であり，カードが行っているのは銀行預金の移転指図である。

　デビットカードは，クレジットカードと比べると，与信審査が不要，預金の額が利用限度額となる，加盟店の支払う手数料が代金の1〜2％と比較的安いというのが特徴である。国内の預金取扱機関のキャッシュカードを利用できる J-Debit に加えてブランドデビットがあり，国際的なクレジットカード発行会社（JCB，VISA，銀聯国際など）の提供するネットワークを利用して国内外の店舗やインターネットショッピングで決済できるようになっている。　　　　　　　　　　　（竹内晴夫）

KEYWORD

J-Debit，ブランドデビット

10–5 キャッシュレス決済⑶電子マネー

電子マネーとは，あらかじめ IC（集積回路）カードなどに電子的な貨幣データをチャージ（入金）して買物を行う決済システムである。情報化の進展を背景に，少額決済用の現金を取り扱う費用を節約するために開発され，銀行以外の決済サービス会社が電子マネーの発行機関となった。使い方は，決済サービスを行う店舗などで IC カードを入手した上で，専用の機器で現金を支払って IC カードに金銭データを保有させる。買物を行う際には，IC カードに保存された金銭データから商店の端末機で買物金額に相当する金額を引き去る。商店は決済データを電子マネー発行機関に送って手数料を差し引いた額の支払いを受ける。

IC カードを用いた電子マネーに加えて，携帯電話上に非接触 IC チップを搭載したモバイル電子マネーが実現されている。これによってこれまで専用装置や券売機などの場所に限定されていたチャージが銀行口座からネット経由で可能になり，電子マネーの利便性が増加している。

電子マネーは，IC カードに銀行とは異なる発行機関の発行する電子データを記録して決済を行う点に特徴がある。この点は，銀行預金の移転指図を行うクレジットカードやデビットカードと異なっている。こうした前払式の支払手段の発行に関しては資金決済法によって規制されており，一定の制限（払戻しの原則禁止，供託の義務など）のもとで決済サービス会社が発行するデータが貨幣の役割をはたしている。

電子マネーは，現金の輸送や保管，計算などにかかる現金取扱費用の節約の他，顧客の囲い込みや販売を促進することもねらいとして，主に交通系や流通系企業などによって取り入れられている。電子マネーによる決済額は増加傾向にあるが，増加のスピードは遅くなっている。

（竹内晴夫）

KEYWORD

IC カード，資金決済法，モバイル電子マネー

10–5　キャッシュレス決済⑷コード決済

　金融技術の革新を背景に，電子マネーの発展型ないしキャッシュレス決済の新たな展開として，コード（QRコード，バーコード）決済が増加している。コード決済は，買物の際，スマートフォン（以下，スマホと略す）の決済アプリケーション（以下，アプリと略す）上のコードを読み込む形で行われる。決済アプリにチャージ（入金）したデータは，決済サービス会社の金銭データであり，これが貨幣の役割を果たしている。

　コード決済の方法は，まずスマホに専用の決済アプリをインストールした上で，現金や登録した銀行口座の預金を用いてアプリ上に入金し金銭データを保存する。買物の際の支払いは，スマホ上の決済用コードから店舗側や利用者側の情報，利用金額を読み取り，利用者の決済アプリ上の残高から利用金額が引き落とされる。その際，利用者が自分のスマホ画面にコードを表示させ，それを店側がスキャナーで読み込む「ストアスキャン方式」と店側が提示したコードを利用者のスマホで読み取る「ユーザースキャン方式」がある。前者は，店側が専用のスキャナーやリーダー，端末などの機器を用意する必要がある。後者は，上記の専用機器が不要となり小規模店舗で導入しやすい。

　コード決済では，入金の簡便性，決済の迅速性や利便性が従来の電子マネーより格段に向上した。また利用者同士の割り勘機能や個人間の送金機能も追加され，貨幣のやり取りの利便性が広がった。さらに，電子マネーだけでなくクレジットカードやデビットカードも利用可能となった。

　コード決済は，店側や利用者側の双方で現金決済の場合にかかる費用や手間を一段と節約するものとして期待され，利用者数や決済金額が増加している。決済サービスを行う企業は，決済手数料収入の拡大とともに，証券投資やネット通販などさまざまな事業を展開している。

（竹内晴夫）

KEYWORD

コード決済，ストアスキャン方式，ユーザースキャン方式

10-6　POS

　POS（ポス）とは Point of Sale の略語であり，日本語では「販売時点情報管理」と訳される。POS の目的は単品管理，つまり単品目ごとの販売時点情報をコンピュータに記録し活用することによってさまざまな業務を効率化することであり，そのための仕組みを POS システムと呼ぶ。販売時点情報は，精算をする際に商品別に付けられたバーコードや電子タグから識別子を読み取ることで収集する。読み取って得た販売時点情報はレジスターに登録され，コンピュータによって管理される。

　POS システムを導入するメリットは大きく 2 つある。ひとつはハードメリットと呼ばれる直接的な効果である。POS システムでは，商品の価格はあらかじめレジスターに登録され，精算時にバーコードや電子タグを読み取ることで登録された価格が精算に反映される。そして，合計金額が自動で計算される仕組みになっている。つまり，商品の識別子を読み取るだけで正確な精算処理を行うことができるのである。これにより従業員の精算処理のミスによるトラブルや，従業員が無断で知人や親族に商品を低価格で売る（アンダーリング）といった不正行為の発生を防ぐことができる。また，従業員が商品の価格を参照したり覚えたりして入力する必要がなくなるため，店舗の取り扱い品目を大きく増大させることができる。2010年代後半から小売店舗で顧客が自身で精算処理をおこなうセルフレジが急速に普及しているが，これは商品の識別子をスキャンすることさえできれば顧客でも正確に精算処理ができるという点で，ハードメリットの新たな一例といえる。

　POS システムの導入にはソフトメリットと呼ばれる副次的な効果もある。ソフトメリットは単品別の販売時点情報を収集できることによって生じる。たとえば，販売時点情報を集計することで商品ごとの在庫状況を確認し正確な発注管理をすることができる。また，チェーン傘下の他店舗と販売動向を比較することもできる。さらに，POS システムで収集した単品販売時点情報と性別，年齢，購買履歴などの顧客情報や，

天気，道路通行量などといった情報と組み合わせて分析することによって，未来の販売数量を予測することができる。小売店舗において顧客情報を収集し始めた初期においては，精算時に従業員が購買者の年齢層と性別を入力するボタン（客層ボタン）を用いていたが，従業員による顧客の見た目の判断では正確な年齢を把握することができなかった。しかし，ポイントカードの普及により，顧客の正確な年齢を把握することができるようになった。さらに，ポイントカードを導入すると顧客の識別子と単品購買時点情報を紐づけることができるため，顧客の購買履歴を通時的に把握することができるようになった。これにより，優良顧客の識別や顧客の購買行動の傾向やタイプを把握することが可能となり，企業はクーポンや会員特典の付与などを通じた顧客ひとりひとりの購買行動に対応したプロモーションを開発するための示唆を得ることができる。顧客個人の識別子と紐づいた POS を ID-POS と呼ぶ。

　POS システムの特性を整理すると以下の 7 つにまとめることができる。

①詳細性：絶対単品と呼ばれる販売最小単位で商品を把握することができる。

②即時性：ネットワークを用い，リアルタイムに情報をキャッチできる。

③網羅性：情報の一部分ではなく，販売実態を多角的に把握でき，大容量の蓄積が可能なことから相互の関連を分析できる。

④経済性：情報収集自体のために費用をかける必要はなく，精算処理をした際に同時に情報を収集できる。

⑤省力性：動作経験が少なくとも簡単に・自動的にデータが収集でき，人手が削減される。

⑥真実性：買い物をした事実を元にしているため，データの収集に思惑や予測が入らず真実性が高い内容となっている。

⑦簡便性：詳細なデータが特に手をかけることなく簡便に収集できる。

（野村拓也）

KEYWORD

POS，販売時点情報管理，単品管理，セルフレジ，ID-POS

10-7　e コマース

　e コマースとは一般にインターネットを介した商取引のことで，広義にはコンピュータやネットワークを介した電子的な商取引全般をさす。この言葉は electronic commerce からきていて，EC や電子商取引ともいう。e コマースは主体別に分類され，企業間取引は BtoB（Business to Business），企業対消費者間は BtoC（Business to Consumer），消費者間取引は CtoC（Consumer to Consumer）と呼ばれる。

　わが国における e コマースはインターネットが普及し始めた1990年代後半に本格化した。BtoB では受発注業務効率化のための電子的データ交換（EDI：Electronic Data Interchange）が早くから浸透しており，インターネットを介した取引としては，ウェブ上で売り手企業と買い手企業が自由に取引できる e マーケットプレイスや e コマースサイトの導入などが進んだ。BtoC では楽天市場やヤフーショッピング，アマゾンといった大手企業によるモール型の e コマース市場が形成され，実店舗をもつ既存の小売業やメーカーも参入し，小売市場は仮想と現実とが交錯する競争の段階に入った。CtoC はオークションサイトの相次ぐ登場で消費者間の売買が広まった。2012年のフリマアプリの登場後は，市場はさらに拡大傾向にある。

　経済産業省の電子商取引実態調査より，BtoB の2020年の市場規模は334兆9,106億円で，コロナ禍の影響で前年より縮小したものの，EC 化率は33.5％と伸びており，商取引の電子化が進んでいる。EC 化率とは，全ての商取引金額（商取引市場規模）に対する電子商取引市場規模の割合である。業種別では，EC 化率が高いのは製造業で，輸送用機械や食品，電気・情報関連機器が6割を超えている。卸売業では流通業者間のEDI 標準である流通 BMS（Business Message Standards）の導入が進行中のため EC 化率は増加傾向にあり，30.6％であった。

　BtoC の2020年の市場規模は19兆2,779億円で，コロナ禍のため前年比830億円の減少となり，1998年の調査開始以降，初の減少となった。BtoC

はカテゴリごとに，モノの販売である物販系分野，宿泊予約やチケット販売などのサービス系分野，電子出版や音楽・動画配信などのデジタル系分野がある。各分野とも拡大を続けていたが，コロナ禍の外出自粛で物販系分野が大幅に増加し，反対にサービス系分野は減少した。なお，物販系分野のEC化率は8.08％であった。BtoCでは近年スマートフォン経由のeコマースが拡大しており，物販系分野でのスマートフォン比率は50.9％と半数にのぼった。また，音楽・動画配信などのデジタル系分野を中心に定額制のサブスクリプションサービスが拡大しており，最近では物販系分野にも広まりつつある。BtoCは消費者向けであるため競争や新サービスの展開が早く，ネット販売と実店舗販売の競争激化や，コンテンツがインターネット経由で直接流通するデジタル系分野での浮沈が顕著である。また消費者にとっての情報漏えいへの不安や，物販系分野での宅配便の増加による社会問題など懸念材料も多い。

CtoCの2020年の推定市場規模は1兆9,586億円とされ，伸び率は前年比12.5％であった。この成長はフリマアプリによるところが大きい。しかしCtoCでは模倣品の出品や不当表示，債務不履行や人気商品の高額転売など問題が絶えないため，近年は公正な取引環境の構築に向けて事業者団体が設立されたり，消費者庁での提言がなされたりしている。

最後に，2020年の世界のBtoCのeコマースの推計市場規模は4.28兆USドルで，EC化率は18.0％であった。また越境ECの市場規模も2019年は7,800億USドルと推計され，年平均約30％の成長率で2026年には4兆8,200億USドルに達すると予測されている。この成長市場において，わが国も十分に存在感を示していくことが期待されている。

（伊藤祥子）

KEYWORD

BtoB, BtoC, CtoC, EDI, EC化率, 流通BMS

10-8 AIとビッグデータ

　流通業に関わるメーカー，卸売業，小売業の企業にとって，今後「AIとビッグデータ」にどのように向き合うかは喫緊の経営課題である。小売業には，膨大なデータが日々蓄積されている。例えば，小売企業各社が発行するポイントカード上の顧客データ，販売データ，商品データ，在庫データ，物流（配送）データなどは，全てビッグデータそのものである。しかし，このようなビッグデータが，実際の流通業のビジネスに活用され，お客様の買物体験の向上，商品開発，適正な品揃え，店舗内サービスの質向上等に活かされているかというと答えは「NO」である。なぜ流通業ではこのような貴重なビッグデータを自分たちのビジネスに活かしきれないのか。その背景を理解することが，AIとビッグデータとの関係を理解する第一歩になる。その背景としては，今日，コロナ禍を経て，生活者の消費・購買行動の変化，すなわち，「モノ」から「コト」へ，そして，「ヒト」へ基軸移動，それに伴い，オムニチャネル，DXの流れがある。コトラー（Kotler, P.）の「Marketing 5.0」，SDGs関連の「Society 5.0」においてもこれからの時代は，情報化の時代を経て，「人間中心社会」になると述べている。生活者は，Well-beingに生きるために，日常生活のカスタマージャーニーの中で，リアルとデジタルの顧客接点をバランスよく活用し，自己実現出来るかにかかっている。したがって，流通業は，生活者の大きな意識変化に対し，環境変化適応業として，自らの顧客接点で得た貴重なビッグデータをビジネス上の目的，経営成果達成のためにメーカー，卸売業，小売業が連携し，どのように有効活用すべきかを問う必要がある。ビジネスで大切なことは，因果関係を明らかにすることである。因果関係を解明するためにビッグデータは必要である。流通業は，ビッグデータから各々の企業のビジネス上の目的，経営成果を得るための最適解を求めるために，AIの力を借りるべきである。ビッグデータは，小売企業内だけで蓄積するものではなく，流通業全体で有効活用すべきである。小売サプライチェーン

全体においてリアルタイムでビッグデータを蓄積し，お客様の買物の利便性，顧客の買物体験の向上のために，流通業が一体となる必要がある。

　以下では，AIとビッグデータを活用した事例として，福岡のディスカウントストア業態のトライアルグループ（株式会社トライアルホールディングス）とリテールAI研究会が，いかにして流通業の「ムダ・ムラ・ムリ」を解消すべく，AIとビッグデータを活用してきたかを紹介する（永田洋幸・今村修一郎「AIを小売・流通の現場に実装する方法」『ダイヤモンド・ハーバード・ビジネスレビュー』2021年）。本論文のキーメッセージは，以下の3つである。1つ目は，「データサプライチェーンの構築」，2つ目は，「レトロフィット」，3つ目は，「オペレーションドリブン」である。上記3つの概念を統合し，簡潔に説明すると，以下となる。「ビッグデータは，リアルタイムで流通業全体で保有すべきものである。そうしないとAIは，個別各社のデータだけでは，最適解を導くためのアルゴリズムを学習し，向上し得ないのである。その際，流通業各社は，自社の既存の基幹システムをビッグデータやAI活用のためにすべてを一気に刷新しようとはせず，必要に応じ，一部新しいシステムやツールを導入すべきである。そして，流通業各社は，店舗という場において，お客様の利便性，顧客の買物体験向上のためにビッグデータとAIを活用し，常に仮説検証（＝PDCA）を回すべきである」。トライアルグループでは，3つの概念を「スマートストア」として体現しようと日々実験を重ねている。具体的取り組み事例としては，詳細は割愛するが，「スマートショッピングカート」，「商品レコメンド」，「リテールAIカメラ」，「AI棚割り」，「デジタルサイネージ」，「決済ゲート」の6つに力点を置いている。AIとビッグデータの活用は，自動車の自動運転の発展過程同様，段階を追って進めていくことが肝要である。トライアルグループでは，「完全入力（レベル0）」から「完全AI化（レベル5）」の6段階に分けて進めている。　　　　　（中見真也）

KEYWORD

データサプライチェーン，レトロフィット，オペレーションドリブン，スマートストア，Marketing 5.0，Society 5.0

10-9 IoT と流通システム

インターネットは，今日，これまでの歩みとは異なるより高度な発展段階へと移行しつつある。それを理解するキーワードが IoT である。IoT とは，Internet of Things（モノのインターネット）の略称である。身の回りのあらゆるモノ（機械や装置）にセンサーが内蔵されインターネットにつながり，モノ同士，またモノと人間が相互に通信可能となる。IoT の世界は，ヒト同士だけでなく，あらゆるモノがネットワーク接続されることにより形成されるネット社会の新たな局面に他ならない。

総務省『情報通信白書』によると，世界中で接続されている IoT デバイスの数は，2023年には340.9億個まで増加すると見込まれている。カテゴリー別にみると，スマホや PC など成熟期にある「通信」部門と対照的に高成長が見込まれる市場は，スマート家電やコネクテッドカー等の「コンシューマー」部門，スマート工場やスマートシティに象徴される「産業用途（工場・物流・インフラ）」部門，ならびにデジタルヘルスケア市場の拡大が予想される「医療」といった部門である。

IoT 化した世界において，接続された個々のモノから収集される膨大な情報は，クラウド上に随時蓄積されビッグデータとなる。それを AI が解析しフィードバックする循環プロセスを通じ，モノは自らの情報処理・制御能力を向上させ「スマート化」してゆく。モノがあたかも自らの意志をもつように他のモノに指示を出すことで私たちの消費生活が維持され，私たちが自己の分身（アバター）による買い物行動を当然のように行う日が到来するのも，そう遠くないのかもしれない。

IoT の進展が流通活動に及ぼすインパクトとして，以下の点が指摘できよう。まず第1にカスタマイズ生産のさらなる高度化である。消費者と企業が常時接続され，製品の製造から流通，使用に至る全ての段階がつながることで，カスタマイズ生産の精度は格段にアップする。究極にカスタマイズされた1点ものの製品が，コスト的にも時間的にもこれまでの量産品と変わらない（あるいはそれを超える）レベルで生産・購入

可能になるだろう。

第2に製造業のサービス業化である。IoT 活用により使用・消費段階での製品の状態把握やその制御が可能になると，モノとしての製品販売ではなく，消費者の利用状態に応じた課金型サービスモデルの導入が進展するだろう。企業や消費者にとって製品はサービスの提供・享受のための単なる物的基盤にすぎなくなり，モノの「所有」から「利用」への価値観の転換が進むことになる。第3に需給マッチングの最適化である。インターネットでつながったヒトやモノの稼働状況がリアルタイムで把握可能なため，需要と供給のマッチングが容易になる。米国 Uber の配車サービスや Airbnb の P2P 宿泊サービス事業から理解できるような，遊休資源の有効活用も可能となろう。

IoT は，人間，機械，天然資源，生産ライン，ロジスティックス，都市インフラ，ライフスタイル，リサイクルフローなど，私たちの経済生活と社会生活の全てをプラットフォーム上で結びつけ，各領域の経済成果を劇的に向上させることが可能である。これまで資本主義社会は，市場交換と私的利益のために，人間と環境の生態学的な相互依存関係を断ち切り囲い込むことによって発展してきた。IoT はその関係を逆転させ，生態系の複雑な構成の中へ人類が自らを再統合する循環型経済社会の実現のための革新的テクノロジーとなりえるかもしれない。

IoT が近年勢力を増しつつあるシェアリングエコノミーの発展を支え，テクノロジー面でのソウルメイトとなると主張するのは，文明評論家リフキン（Rifkin, J.）である。IoT により，財・サービスの生産・流通にかかわる「限界費用」が極限まで削減される結果，財・サービスは実質的に無料化しシェア可能になると彼はいう。資本主義的市場に代わる新たな経済モデルとしてリフキンが期待するのは，水平的で対等な，自主管理・協働的活動の場としてのシェアリングエコノミー領域の拡張なのである（柴田裕之訳『限界費用ゼロ社会』NHK 出版，2015年）。

（大野哲明）

KEYWORD

IoT，スマート化，モノの「所有」から「利用」へ，シェアリングエコノミー

10-10 デジタルトランスフォーメーション

　デジタルトランスフォーメーション（Digital Transformation, 以下DX）の推進によって，生産性の向上やコスト削減，新ビジネス創出などへの期待が高まっている。DX の概念を最初に提唱したのは，スウェーデンのウメオ大学のストルターマン（Stolterman, E.）教授であり，彼によると，DX とは AI や IoT などの ICT の浸透によってビジネスや人々の生活のあらゆる側面をより良い方向へと変革させることを意味する。2018年，経済産業省では「DX 推進ガイドライン」を公表し，DXとは企業がビジネス環境の激しい変化に対応し，データとデジタル技術を活用して，顧客や社会のニーズをもとに，製品やサービス，ビジネスモデルを変革するとともに，業務そのものや，組織，プロセス，企業文化・風土を変革し，競争上の優位性を確立することと定義している。

　近年，多くの企業が競争優位の確立に向けた変革の必要性から，DXへの取り組みを推進している。たとえば，音楽・映像配信のサブスクリプションサービス，配車や民泊仲介のシェアリングサービスなどは DXの一例である。流通・小売業における DX の実践としては，実店舗，ECサイト，そしてソーシャル・メディアなどあらゆるチャネルをシームレスに連携させ市場と双方向につながる統合的なチャネル管理としてのオムニチャネルをあげることができる。

　一方，DX 推進にあたっては，様々な壁に突き当たるケースも散見される。2019年，NTT データ経営研究所は国内企業14,509社を対象に DXの取り組み実態についてアンケート調査を実施した（日本企業のデジタル化への取り組みに関するアンケート）。アンケートの結果，DX に取り組んでいる企業は43.4％であり，企業規模が大きいほど取り組み企業の比率が高くなる傾向にあった。売上1,000億円以上の大企業では77.9％の企業が，売上500億円未満の中堅企業では34.0％の企業が DX に取り組み中であると回答している。しかし，「DX の取り組みはこれまでのところ上手くいっていると思うか」という問いに対して，「強くそう思

う」「概ねそう思う」と回答した企業は42.4%であった。一方で，「そう思わない」「あまりそう思わない」という割合は47.6%に上り，DXへの取り組みが上手く進んでいない企業の方が多数派であった。とりわけ，DX取り組み企業がどのような内容に取り組んでいるかについて調べた結果，「業務処理の効率化・省力化」が84.0%で突出していて，「業務プロセスの抜本的な改革・再設計」では61.1%であった。

DXの目指すところは，デジタル技術を駆使したビジネスの手法やビジネスモデルの改革をもたらすことである。上記の調査結果からはDXへの取り組みによる成果としては，「ビジネスモデルの抜本的な改革」が16.9%，「顧客接点の抜本的な改革」が19.8%であった。「業務処理の効率化・省力化」では40.5%，「業務プロセスの抜本的な改革・再設計」では22.7%であり，業務効率化のみに導入成果がみられる。

2020年12月，経済産業省が発行した「DXレポート2（中間取りまとめ）」では，企業側の変革への認識の低さが指摘された。独立行政法人情報処理推進機構（IPA）がDX推進指標の自己診断結果を収集し，2020年10月時点での回答企業約500社におけるDX推進への取組状況を分析した結果，全体の9割以上の企業がDXにまったく取り組めていないか，散発的な実施に留まっている状況であることが明らかになった。自己診断に至っていない企業が背後に数多く存在することを考えると，企業全体におけるDXへの取組は全く不十分なレベルにあると認識せざるを得ない。

デジタル化の浸透というビジネス環境の変化に対応し，調達から製造，出荷，販売・マーケティング，サービスといった価値連鎖はもちろん，ビジネスモデル，組織，プロセス，企業文化・風土を変革し，データとデジタル技術を活用した新たな価値創造が重要である。　　　（井上善美）

KEYWORD

DX，ICT，データ，デジタル技術，ビジネスモデル，オムニチャネル

10-11 省人化/無人化店舗

　省人化店舗の代名詞である米国の Amazon GO は，Amazon の本社があるシアトルをはじめ，NY などいくつかの大都市で展開されている。Amazon は，Amazon GO を通じて，無人化店舗を目指しているのではない。Amazon は，世界一顧客志向を目指している会社であるため，無人化を良しとは考えていない。EC であれ，リアル店舗であれ，「お客様にとって最も買物しやすい環境とは何か？」を常に考えた結果，省人化店舗に至ったのである。

　Amazon GO の店内に入る際，事前に Amazon GO 専用アプリを導入する必要がある。その際，Amazon 本体と紐づけた自身の望む決済手段を事前に登録する必要がある。次に，店内の入場ゲートでアプリ上の QR コードをかざし，入場する。入場後，お客様は店内を自由に歩き回り，欲しい商品をバスケットに入れるだけでよい。買物を終了後，レジで精算する必要はなく，そのまま退場ゲートを出れば買物は終わりである。Amazon GO での一連の買い物行動（＝スクリプト）だけ見ると無人化店舗ではないかと錯覚するかもしれない。確かに，店内での買い物行動は，全てセルフサービスであるため，従業員と話すことはない。しかし，もし欲しい商品が欠品していたり，あるいは，欲しい商品について聞きたいことが発生したりした場合，お客様は，どのような行動をとるのであろうか。無人化店舗だと，お客様の希望にすぐに応えることは出来ない。Amazon GO では，店内に従業員が常駐しており，上記のようなお客様の悩みに素早く対応している。また，商品の欠品ロスを防ぐため，Amazon GO の従業員は，棚の状況を常に観察し，適宜，商品の補充を行っている。Amazon GO では，お客様の買物自体は，全てセルフサービスだが，リアル店舗として必要な部分は，従業員が介在することにより，店舗の人感を残し，店舗への信頼性，満足度向上を図ろうとしている。Amazon は，オムニチャネル戦略上，EC 同様，リアル店舗である Amazon GO においても顧客にとって便利な先進のテクノロジーを導入

し，顧客の買物体験の向上を図ろうとしている。同時に，ECでは補足しきれなかったお客様のリアル店舗での買物行動を顧客IDの統合により，お客様のカスタマージャーニー上の買物行動の特性を理解しようとしている。

省人化店舗とは，店舗運営に関する業務内容を見直し，ムダな工程や作業を削減し，機械やIoTによる自動化等に伴い，人員を減少させた店舗である。次に，無人化店舗とは，スマートフォンやAIを活用した認証技術やセンサー，カメラ，GPSなどの導入に伴い，レジ対応スタッフなどの人的オペレーションを不要にした店舗である。

今後，省人化店舗，あるいは，無人化店舗を模索する上での課題は，以下の2点である。1つ目は，お客様の買物ニーズを踏まえ，省人化店舗，あるいは，無人化店舗を選ぶことである。無人化店舗は，病院，老人ホーム，学校，企業のオフィスなどの立地において，患者，家族，高齢者，学生，従業員がちょっとした物を買う場合に適している。一方，省人化店舗は，従来のリアル店舗の進化形と位置づけ，従業員不足を解消する労働生産性の向上，および，サービスの質向上の両立を目指すべきである。2つ目は，技術的な問題ではなく，規制緩和の問題である。具体的には，現在，コンビニやスーパーなどでは，酒やたばこは，年齢確認が必要となっており，無人化店舗では物理的に対応することが出来ない。今後，無人化店舗を小売企業が検討する際，本問題を国，ならびに，行政としてどのような判断を下し，法改正を検討すべきかが重要となる。

最後に，日本の流通革命を牽引し，商業界を創設した倉本長治の言葉を紹介する。「店はお客様のためにある」。オムニチャネルやDXが進む中，今日において，ITやAI，ビックデータ解析などのテクノロジーがいくら進もうとも決して「顧客視点」の重要性は変わらないのである。価値は，顧客が決めるのである。オムニチャネル，DXは，顧客戦略そのものである。　　　　　　　　　　　　　　　　　　　　　　（中見真也）

KEYWORD

顧客戦略，オムニチャネル，顧客視点，カスタマージャーニー，DX

10-12 プラットフォーム企業

　プラットフォーム（Platform）とは，企業や消費者などの第三者にとって，インターネット上のビジネスの基盤となる「場」のことである。もともとプラットフォームという言葉は，自動車業界では部品を載せて自動車を組み立てる車台，情報通信業界では機器やソフトウェアを作動させるために必要なシステム環境といった基盤として捉えてきた。今日では，従来の基盤という意味を含めて，製品・サービス・情報が集まる「場」を提供し，その「場」を通して，第三者間の直接的な交換を可能にするビジネスを指すキーワードとして利用されている。このようなビジネスを展開する組織体をプラットフォーム企業，あるいはプラットフォーマー（Platformer）と呼ぶ。

　ICT の発展を背景に，GAMMA（グーグル，アップル，メタ・プラットフォームズ；旧フェイスブック，マイクロソフト，アマゾン）を中心としたプラットフォーム企業が次々と誕生し，企業や個人が参加できるプラットフォームを構築してきた。他方では，スマートフォンの普及や製品のサービス化の進展により，ウーバーや滴滴出行などのライドシェア，エアビーアンドビーなどの民泊といった様々な分野で，共有を目的とした個人間で直接取引できるプラットフォームも構築されている。

　プラットフォーム企業は多種多様であるが，それらは基盤となるプラットフォームの役割に則して，次の４パターンに分類することができる（小宮昌人・楊皓・小池純司『日本型プラットフォームビジネス』，日本経済新聞出版，2020年）。①仲介型プラットフォーム企業の代表例は，ウーバー，エアビーアンドビー，楽天，メルカリなどである。これらは，製品・サービス・情報の提供者と利用者をプラットフォーム上でマッチングする役割を担う。主な収益源は，マッチング手数料である。②オープン OS（Operating System）型プラットフォーム企業の代表例は，アマゾン「AWS」，マイクロソフト「アジュール」などである。これらは，サービスの OS として機能し，第三者のアプリケーションを含むサービ

スを提供する役割を担う。主な収益源は，OS 使用料と個別アプリケーション収益から得られる収益手数料である。③ソリューション提供型プラットフォーム企業の代表例は，アリババ「アリペイ」，ペイペイ，トヨタ「MSPF」などである。これらは，特定分野に特化した横断的機能を持つデジタル・ツールを提供し，それらのビジネス活動を支援する役割を担う。主な収益源は，個別サービス提供に対する対価と月額契約などの定額課金である。④コミュニケーション・コンテンツ型プラットフォーム企業の代表例は，メタ「フェイスブック」，ネットフリックス，ラインなどである。主な収益源は，広告収入，有料版の月額課金やコンテンツの都度ダウンロードに伴う課金である。

　以上から，プラットフォーム企業は，利用者に直接サービスを提供するのではなく，プラットフォーム上の製品・サービス・情報を一体化し，新たな利用価値を提供することに特徴がある。この場合，ネットワーク効果（Network Effect）が働き，プラットフォームや，そこで提供されるサービスの利用者が増加するほど，その利用価値は高まっていく。

　しかしながら，近年では，中国や新興国の企業が急成長し，欧米・中国・新興国間での競争が激化している状況にある。特にライドシェアでは，アメリカのウーバーが70カ国以上で展開しているものの，2016年には中国の滴滴出行がウーバーの中国事業を，2018年にはシンガポールのグラブがウーバーの東南アジア事業を買収する動きが見られた。このように，高度な技術を持つプラットフォーム企業は，同異業界への参入を通じてプラットフォームを形成し，展開速度が速く，展開規模もグローバルに拡大するため，顧客の意思決定への影響も大きい。それゆえ，様々な業界において，新たなプラットフォーム企業の台頭やそれらによる競争激化が進行しており，企業は創造的かつ連続的な対応能力，具体的には IoT（モノのインターネット）や AI（人工知能）を融合したプラットフォームビジネスモデルを構築していくことが求められている。

（キム　リーナ）

KEYWORD

プラットフォーム，プラットフォーマー，GAMMA，ネットワーク効果

10–13 コンテンツ流通

　コンテンツ（contents）は本来，内容や中身などを意味する英単語であるが，情報産業分野では，コンピュータやネットワークを通じてやりとりされる教養や娯楽のための情報内容をさす。具体的には文芸，ニュース，写真，映画，音楽，マンガ，アニメ，ゲームなどである。コンピュータやネットワークで利用するためデジタルコンテンツ，またインターネットを介すことからウェブコンテンツや通信系コンテンツともいう。

　インターネット経由のコンテンツ流通は，無償提供や広告収入による無料のものと，ユーザーが料金を支払う有料のものとがある。後者の市場規模は拡大傾向にあり，令和3年版情報通信白書によると，通信系コンテンツの2019年の市場規模は4兆2,868億円，前年比1.1％で，デジタルとそれ以外のすべてのメディアを含む広義のコンテンツ市場全体の35.9％であった。この広義のコンテンツ市場における通信系コンテンツの割合（ネット化率）は，2009年からの10年間で3倍以上に増えている。2019年の通信系コンテンツ市場の内訳は，ゲームや映画など映像系が約6割，書籍やコミックなどテキスト系が約3割，音楽など音声系が約1割である。このうち市場規模が最も大きく，成長しているのはゲームで，2015年からの5年間で市場規模は1.4倍に拡大して，2016年には1兆円を超えている。これにはスマートフォンでのゲームアプリの利用増加が影響している。映像系ではネットオリジナル番組，テキスト系では電子コミックが伸びており，音声系は横ばいである。

　コンテンツ流通の近年の大きな特徴は，ストリーミングとサブスクリプションの普及である。ストリーミングとは，インターネットを通じてコンテンツを利用するさいに，データを受信しながらリアルタイムに再生をおこなう方式のことである。それまではユーザーの端末にコンテンツのデータを転送し保存するダウンロードが一般的であったが，ストリーミングでは端末の保存容量を気にせずにコンテンツを楽しめる。サブスクリプションとは，ユーザーが定額料金を支払い，一定期間自由にコ

ンテンツを利用できるサービスのことである。この2つを組み合わせた定額制サービスが動画配信や音楽配信，電子コミックなどで急速に広まり，市場をけん引している。また，スマートフォンの普及にともなうモバイルコンテンツ市場も成長していて，上述の定額制による電子コミックや動画，ゲーム（モバイルコンテンツ市場の約6割）の売上に貢献している。

　コンテンツ流通では，紙や光ディスクなど従来の物理的なメディアによる流通とインターネット経由の流通とで，産業の浮沈が顕著である。たとえば出版業界では，全国出版協会の統計から，紙の国内出版市場は1996年をピークに年々減少を続けており，とくに雑誌は激減している。対照的に電子書籍市場は年々増大しており，なかでも電子コミックは電子書籍市場全体の9割を占める。また音楽レコード業界では，日本レコード協会資料によると，2021年までの10年間のオーディオの生産実績・金額はともに約5割減少しているが，音楽配信サービスの売上は年率では微増を続けている。これらに書店やレコード店などの減少という実態もあわせると，通信系コンテンツの台頭が物理的な世界にもたらす影響は多大である。なお，総務省の調査から2019年の各ネット化率は，映像系で37.8%，音声系で50.9%，テキスト系で29.5%であった。

　最後に，広義のコンテンツ市場は世界的にも拡大しており，ネット配信も今後さらに増えるとみられ，ゲームやマンガ，アニメなど日本の有力コンテンツにはいっそうの期待が寄せられている。しかし，国内外を問わずインターネット上ではコンテンツの違法コピーや違法アップロードなどの著作権法上の問題が山積しているため，これらへの対策強化が喫緊の課題となっている。　　　　　　　　　　　　　（伊藤祥子）

KEYWORD

デジタルコンテンツ，通信系コンテンツ，ネット化率，ストリーミング，サブスクリプション，著作権

10-14 デジタルエコノミー

経済システムのデジタル化

　デジタル化とは情報化のことである。軍事研究を別とすれば，最も早くから情報通信技術の利活用が広範囲にわたって進んだのは経済領域で，それは世界的に見ても1960年の中頃に主にサービス業（金融，運輸・旅行等の業界）で開始され，製造業において本格的に展開されるようになったのは1970年代中頃のME（マイクロエレクトロニクス）化によってであった。その経済的インパクトは極めて大きかった。

国家戦略としてのデジタル化

　その後，国も情報化をいわば国策（国家戦略）として推進するようになり，その際のキャッチフレーズないしかけ声が「デジタルエコノミー」であった。直接的にはアメリカ商務省の Emerging Digital Economy という報告書がきっかけとなり，アメリカばかりでなく日本においてもデジタルエコノミーの推進が声高に叫ばれる時期が到来した。日本では「e-Japan 戦略」（2001年／インフラ整備を目指す）から始まり，「e-Japan 戦略II」（2003年／利活用を推進）等が提示された。次々と新たな切り口を採用しながら新戦略が打ち出されてきたが，2010年代中頃からデジタルデータの利活用が一つの焦点となった。「世界最先端IT国家創造宣言（2013年）」，「世界最先端IT国家創造宣言・官民データ活用推進基本計画（2017年）」などがそれに当たる。このような動きの中で，「IT」化から「デジタル」化へと標語が変化した理由の一つは，インフラの整備は進んでいるが，その利活用が遅れているというところにあったと言える。つまりは，新たなキャンペーンないしかけ声が必要になったわけである（一種の差異化・差別化とも言える）。そのポイントは，組織構造や組織と組織との関連性など，経済・社会の制度設計への本格的取組にある。

2020年代のデジタルエコノミー（デジタルエコノミー2.0）

　2000年前後のデジタルエコノミーと現在のデジタルエコノミー（デジ

タルエコノミー2.0と言えるかも知れない）とでは，どちらも情報通信技術の開発，利活用が経済領域で進む点で同じであるが，その技術的背景の違いに応じて，インパクトの範囲・深さ，そしてその質が大きく異なっている。技術的背景における近年の最大の要因の一つはスマートフォンの普及である。本格的普及は iPhone の発売（日本では2008年）であった。それは，日常生活シーンでのインターネット利用（e コマースや SNS など）を促進した。そこから発生する大量の雑多なデータ（非構造化データに分類される）は，クラウド（2010年前後からクラウドコンピューティングサービスが出そろった）に集積され，AI（人工知能）を用いて分析されることにより，ある種の規則性や傾向の発見を可能とし，新たな知見の創出やビジネスの形成につながることになったのである。

デジタル社会の中のデジタルエコノミー

　非構造化データは，機械的・自動的処理には不向きな「非定型的な処理」を必要とするものであり，そのままでは活用が困難なものであった。しかし，適切な変換・加工によって AI 処理が可能となり，産業システムの利用へと道が開かれると同時に生活世界と産業システムの連携（場合によってはその融合さえ）が進むことになった。デジタルエコノミーは，ますますデジタル化社会の有機的一部として機能し始めている。新たなビジネスモデルの創造や，従来の組織構造や人と人との繋がり，そして企業間の関係性の変革が進展したりするからである（これを DX：デジタルトランスフォーメーションと呼ぶことがある）。この分野では不断の技術革新が進行するので，その動向については絶えずチェックすることが必要である（いわゆる WEB3.0や5G-第5世代移動通信システムなど）。

（福田　豊）

KEYWORD

ME化，スマートフォン，クラウドコンピューティング，非構造化データ，AI，DX

コロナ危機と越境 EC

　中国のアリババが2013年に「天猫国際（Tmall）」を開設したことを端緒に，現在では越境 EC 市場を司るグローバルなプラットフォーム企業（「アマゾン（中国では海外購）」や「京東商城（JD.com）」など）が群雄割拠している。

　国連貿易開発会議（United Nation Conference on Trade and Development：UNCTAD）の2021年データによると，コロナ危機直前である2019年の世界 EC 販売額に占める越境 EC の割合とその販売額は約 9 ％（約4400億ドル）であり，また上位の10ヵ国・地域（中国や米国，英国，香港，日本など）がそのうち約75％（約3320億ドル）を占めていた。

　また，国際郵便機構（International Post Corporation：IPC）が2020年に40ヵ国の越境 EC 利用者 3 万3594人を対象にオンラインで実施したアンケート調査の結果によると，越境 EC での購入先（B to C のみ）について中国では第 1 位が日本（約24％）であり，オーストラリアが約13％，米国が約12％であった。ただし，越境 EC での購入先で日本が第 1 位になるのは中国のみであり，米国や他のアジア・大洋州諸国，欧州諸国ではおしなべて中国が第 1 位であった。

　コロナ禍の2020年においても，ウィズコロナの現在においても越境 EC は活発であり，とくに日本企業や米国企業の越境 EC はともに巨大な中国市場や中国政府による越境 EC システムの整備などから恩恵を受けている。また，日本に対しては巨大企業のみならず中小企業にも中国のプラットフォーム企業から商品の強い引き合いがあり，規模の大小を問わず企業がこのチャンスにどれだけ関与できるかが 1 つの課題となっている。

　　　　　　　　　　　　　　　　　　　　　　　（井上真里）

参考文献

1．基礎理論

①森下二次也『現代の流通機構』世界思想社，1974年。

②森下二次也『現代商業経済論〔改訂版〕』有斐閣，1977年。

③山口重克『競争と商業資本』岩波書店，1983年。

2．マーケティング

①森下二次也監修『マーケティング経済論〔上巻〕』ミネルヴァ書房，1972年。

②田村正紀『マーケティング行動体系論』千倉書房，1971年。

③マーケティング史研究会編『マーケティング研究の展開（シリーズ・歴史から学ぶマーケティング）』同文舘出版，2010年。

3．小売業

①マクネア，マルカム・P（鳥羽達郎訳・解説）『「小売の輪」の循環—アメリカ小売業の発展史に潜むダイナミクス』同文舘出版，2022年。

②矢作敏行『コマースの興亡史—商業倫理・流通革命・デジタル破壊』日本経済新聞出版，2021年。

③鳥羽達郎・川端庸子・佐々木保幸編著『日系小売企業の国際展開—日本型業態の挑戦』中央経済社，2022年。

4．卸売業

①日本流通学会監修，木立真直・齋藤雅通編著『製配販をめぐる対抗と協調—サプライチェーン統合の現段階』白桃書房，2013年。

②宮下正房『卸売業復権への条件—卸危機の実像とリテールサポート戦略への挑戦』ディスカヴァー ebook 選書，2021年。

③田中隆之『総合商社—その「強さ」と，日本企業の「次」を探る』

祥伝社新書，2017年。

5．サービス業

①ドゥロネ，J.-C & ギャドレ，J（渡辺雅男訳）『サービス経済学説史—300年にわたる論争』桜井書店，2000年。

②フロリダ，R（小長谷一之訳）『クリエイティブ都市経済論』日本評論社，2010年。

③茂木信太郎『食の社会史』創成社，2019年。

6．ロジスティクス

①苦瀬博仁編『ロジスティクス概論—基礎から学ぶシステムと経営〔増補改訂版〕』白桃書房，2021年。

②柴崎隆一編，アジア物流研究会著『グローバル・ロジスティクス・ネットワーク—国境を越えて世界を流れる貨物』成山堂書店，2020年。

③鈴木邦成・大谷巖一『すぐわかる物流不動産—倉庫から物流センターへと進化したサプライチェーンの司令塔』白桃書房，2016年。

④山本裕・男澤智治編著『物流を学ぶ—基礎から実務まで』中央経済社，2020年。

7．農林水産物流通

①日本農業市場学会編『農産物・食品の市場と流通』筑波書房，2019年。

②木立真直・坂爪浩史『食料・農産物の市場と流通』筑波書房，2022年。

③藤田武弘・内藤重之・細野賢治・岸上光克『現代の食料・農業・農村を考える』ミネルヴァ書房，2018年。

8．消費・協同組合

①岩間信之編著『都市のフードデザート問題—ソーシャル・キャピタルの低下が招く街なかの「食の砂漠」』農林統計協会，2017年。

②杉浦市郎編『新・消費者法これだけは〔第3版〕』法律文化社，2020年。

③協同組合事典編集委員会編『新版協同組合事典』家の光協会，1986年。

9．流通政策

①加藤義忠・佐々木保幸・真部和義『小売商業政策の展開〔改訂版〕』同文舘出版，2006年。

②岩永忠康・西島博樹編著『現代流通政策』五絃舎，2020年。

③番場博之編著『基礎から学ぶ流通の理論と政策（第3版）』八千代出版，2021年。

10．流通の情報化

①阿部真也・江上哲・吉村純一・大野哲明編著『インターネットは流通と社会をどう変えたか』中央経済社，2016年。

②経済産業省『令和2年度産業経済研究委託事業（電子商取引に関する市場調査)』2021年。

③総務省『情報通信白書』（各年版)。

索　引

329

331

332

336

338

編集後記

『現代流通事典』の初版が刊行されたのは2006年であった。日本流通学会設立20周年事業として当時の企画委員会が多大な努力をして完成したものである。実際に今回の第3版に携わってみると当時の企画委員長であった大石芳裕先生，佐久間英俊先生の努力がいかなるものであったかを痛感した。その後，2009年に第2版を出版し，今度の第3版は35周年の記念事業である。

学術的という初版からの出版意図は変えていない。構成も変えなかった。10の分野があり，それぞれの分野で15項目がある。ただ項目は大きく変わった。初版が刊行された2006年から16年，初版や第2版の記述では現代的ではない箇所が増えていた。問題とされる項目とその内容は大きく変化し，以前のものを大きく書き換えなければならなくなった。35周年事業として『現代流通事典』の改訂が選ばれた理由はそれであった。分野代表者を全員入れ替えて新しい人にすることが会長・副会長会議で方針として決定された。

白桃書房の大矢栄一郎社長と出版の話し合いを持った段階では，まだ具体的な項目も執筆者も決まっていなかったので，ある程度は前版の内容が使えるということで話していた。しかし企画が進み項目と執筆者が決まっていくと前版のほとんどは使えなくなり，全くと言ってよいほど新しい書物に変わってしまった。もちろん第1章のように，ほとんど変えていない箇所もあるが，それ以外の章は前版の原型は項目数だけと言った状態となった。

その中で第1章は項目も執筆者も変えていない。内容もほぼそのままである。これは理論が普遍的であるということの現れでもあるが，理論的な側面が学会で論じられる機会がなくなったことも反映している。執筆者も所属に元が付く先生が増え，故人も増えた。新しい流通現象が現れているのだから，それに対応する理論は求められていると思うのだが，ここ20年の間の理論的な進展はないといってよいだろう。寂しい限りで

ある。別にかつての理論が無用だということではない。それを基盤に新しい現象に適応できる付加が求められていると感じたのである。

　この第3版は日本流通学会35周年事業なので，第36回全国大会に間に合うように計画された。しかし残念ながら間に合わせることができず責任を感じている。この編集後記も第36回全国大会を終えて書いているという為体である。前企画委員長の福田敦先生から引き継ぎ，私が分野代表者の選出から項目の決定過程に携わってきたが，段取りの悪さから分野代表者の先生方には多大な迷惑をかけ，煩わしい思いをさせることとなってしまった。ひとえに私の責任である。

　それでも『辞典』ではないという，初版から引き続く学術的内容という点では達成できたのではないかと感じている。流通・マーケティングの分野では現状説明的な内容の書物が数多く出されているが，新しい現象・話題にも適切に学術的に対応している『事典』としての性格は失っていないと感じている。これも各章の分野代表者の先生・各執筆者のおかげである。

　またこのような学術的内容の濃い書物の出版を快く引き受けていただいた白桃書房には深く感謝している。私とのやり取りをはじめとして各分野代表者の先生，執筆者の方々とのやり取りをテキパキとやっていただき，私に的確な指示を出していただいた。このおかげで出版の遅れも最小限にとどまった。大矢社長を始め白桃書房の皆さんに，心より感謝申し上げる。

　　2022年11月吉日

　　　　　　　　　　　　　　　　　　　　　　　　　宮崎　卓朗

■監修者紹介

坂爪　浩史（さかづめ　ひろし）

1964年　群馬県沼田市生まれ
1987年　北海道大学農学部農業経済学科卒業
1993年　北海道大学大学院農学研究科博士後期課程修了　博士（農学）
1996年　鹿児島大学農学部助教授
2013年　北海道大学大学院農学研究院教授（現在にいたる）
2020年　日本流通学会会長（現在にいたる）
〈主要著書〉
『現代の青果物流通』筑波書房，1999年
『中国大都市にみる青果物供給システムの新展開』（共編）筑波書房，2002年
『中国野菜企業の輸出戦略』（共編）筑波書房，2006年
『格差社会と現代流通』（共著）同文舘出版，2015年
『新たな食農連携と持続的資源利用』（共著）筑波書房，2015年
『北海道農業のトップランナーたち』（共著）筑波書房，2021年
『食料・農産物の市場と流通』（共編）筑波書房，2022年

■編集者紹介

日本流通学会（にほんりゅうつうがっかい）

1987年11月創立。流通・商業・マーケティングのみならず農林水産物流通，流通政策・経済法，物流・情報，サービス，消費者問題・協同組合，貿易・国際流通など，広範な分野の研究者で構成される学際的研究組織。5つの地域部会での研究報告，全国大会での研究報告・シンポジューム・講演会，学会誌『流通』の発行，共同研究図書の刊行，などの諸事業を行っている。

■現代流通事典［第3版］　　　　　　　　　　　〈検印省略〉
（げんだいりゅうつう　じ　てん）

■ 発行日——2006年11月16日　初　版　発　行
　　　　　　2009年10月16日　第　2　版　発　行
　　　　　　2023年 3 月31日　第3版第1刷発行

■ 監　修——坂爪浩史（さかづめひろし）

■ 編　集——日本流通学会（にほんりゅうつうがっかい）

■ 発行者——大矢栄一郎

■ 発行所——株式会社　白桃書房（はくとうしょぼう）

　　　　　　〒101-0021　東京都千代田区外神田5-1-15
　　　　　　☎03-3836-4781　📠03-3836-9370　振替00100-4-20192
　　　　　　http://www.hakutou.co.jp/

■ 印刷／製本　藤原印刷株式会社

©SAKAZUME, Hiroshi & JSDS 2006, 2009, 2023 Printed in Japan
ISBN978-4-561-65243-4 C3563